安璐 李纲 著

科研文化机构的
主题特征可视化挖掘

中国社会科学出版社

图书在版编目(CIP)数据

科研文化机构的主题特征可视化挖掘 / 安璐, 李纲著 . —北京：中国社会科学出版社，2016.7

ISBN 978-7-5161-6989-6

Ⅰ.①科… Ⅱ.①安… ②李… Ⅲ.①图书馆工作—信息化—研究 Ⅳ.①G250.7

中国版本图书馆 CIP 数据核字（2015）第 251175 号

出 版 人	赵剑英
责任编辑	喻　苗
特约编辑	王福仓
责任校对	胡新芳
责任印制	王　超

出　　版	中国社会科学出版社
社　　址	北京鼓楼西大街甲 158 号
邮　　编	100720
网　　址	http://www.csspw.cn
发 行 部	010-84083685
门 市 部	010-84029450
经　　销	新华书店及其他书店
印刷装订	三河市君旺印务有限公司
版　　次	2016 年 7 月第 1 版
印　　次	2016 年 7 月第 1 次印刷
开　　本	710×1000　1/16
印　　张	18
字　　数	262 千字
定　　价	68.00 元

凡购买中国社会科学出版社图书，如有质量问题请与本社营销中心联系调换
电话：010-84083683
版权所有　侵权必究

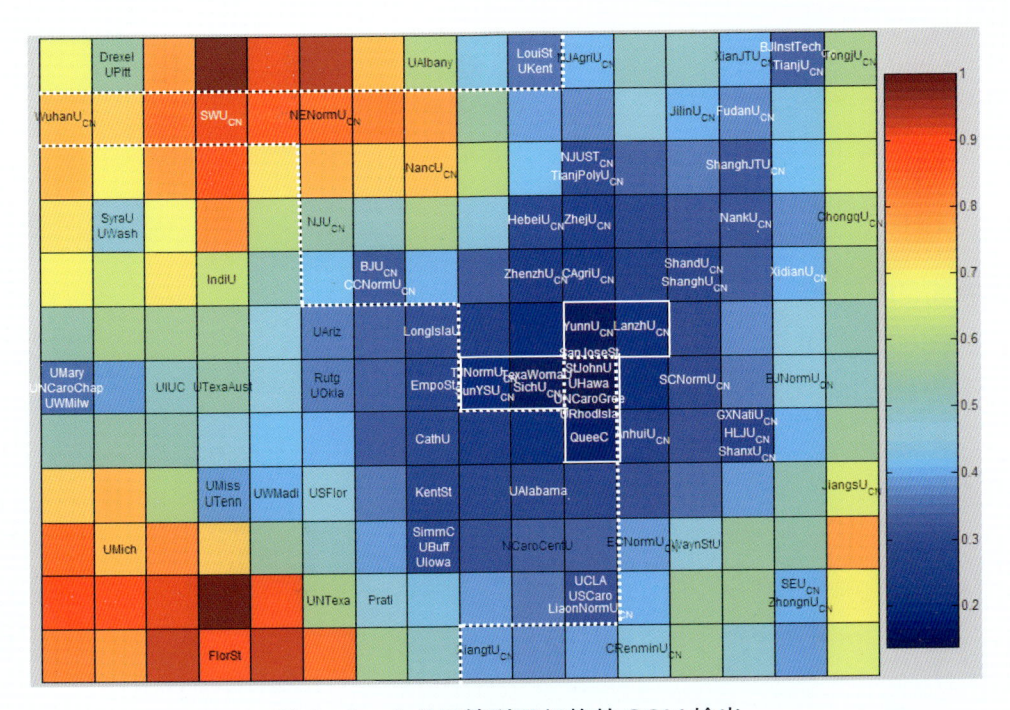

图 4—3 中美图情科研机构的 SOM 输出

注：图中的白色虚线为中美图情机构所映射位置在 SOM 输出中的边界。

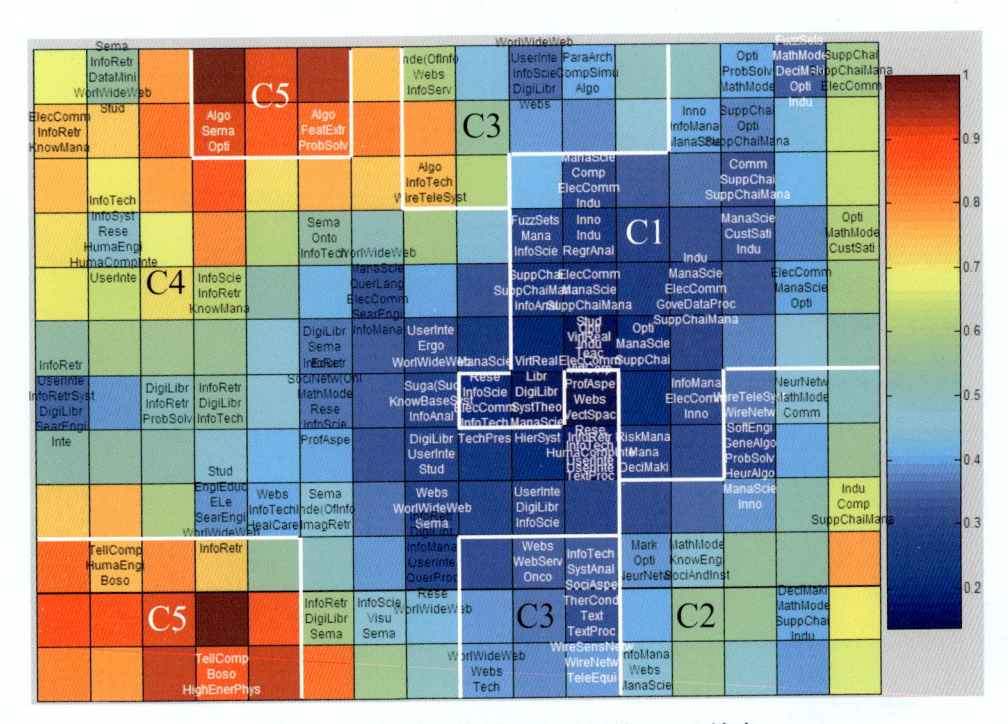

图 4—4 标注最频繁受控术语的 SOM 输出

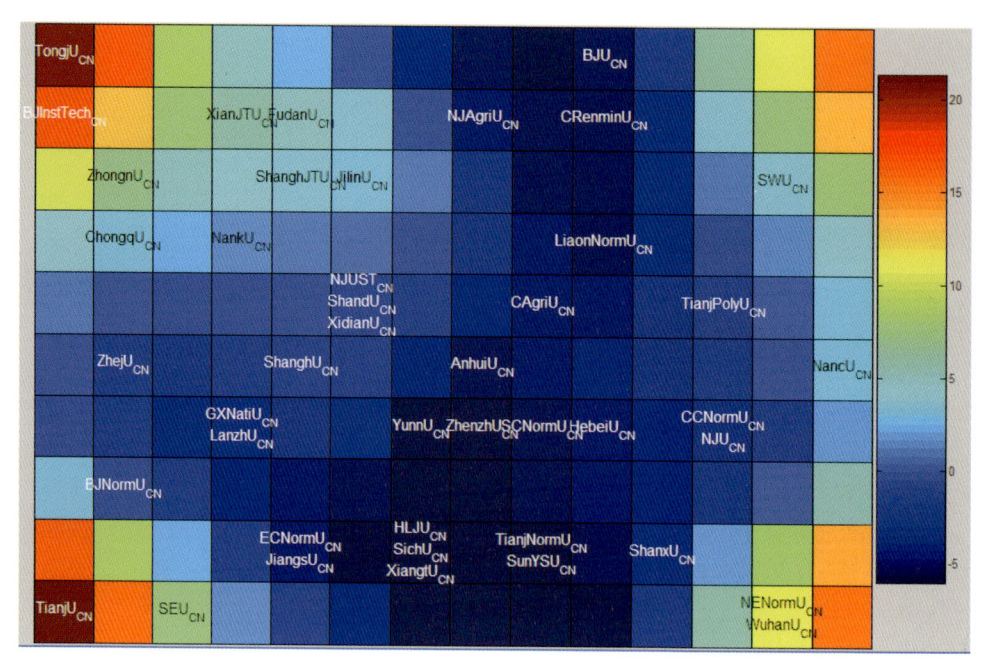

图 4—8 中国图情机构的前十个热点研究领域的综合成分图

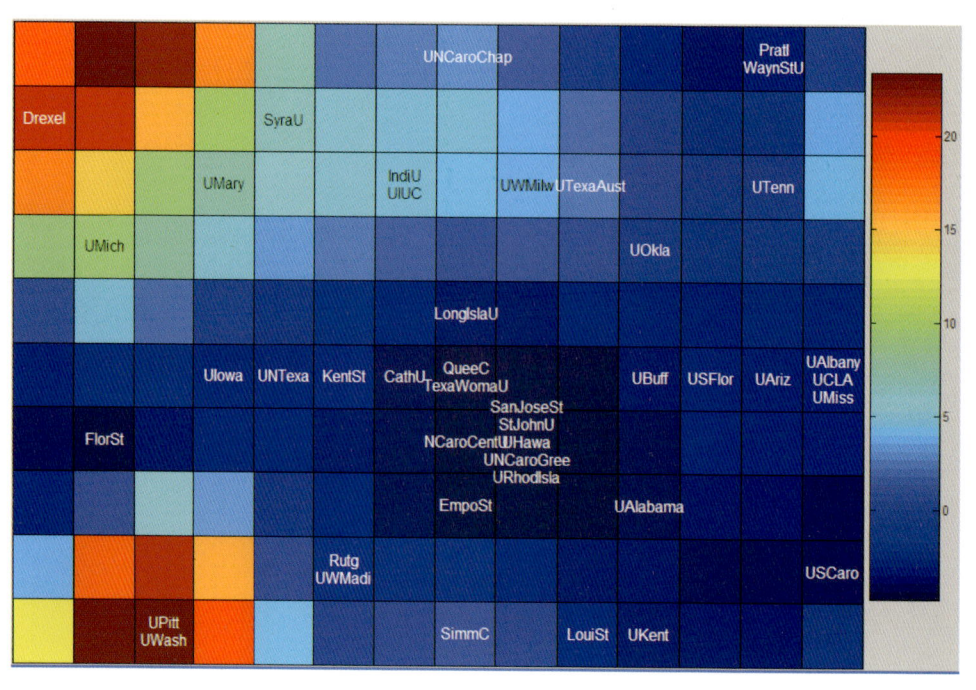

图 4—9 美国图情机构的前十个热点研究领域的综合成分图

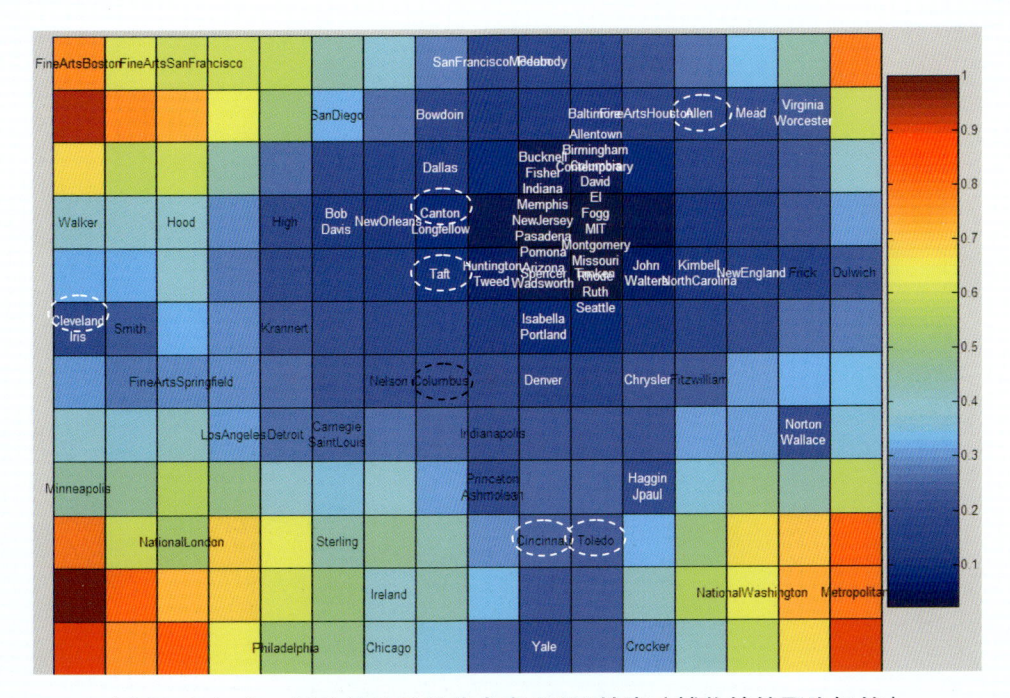

图 8—8（a） 博物馆涉及的艺术家 SOM 输出（博物馆缩写为标签）

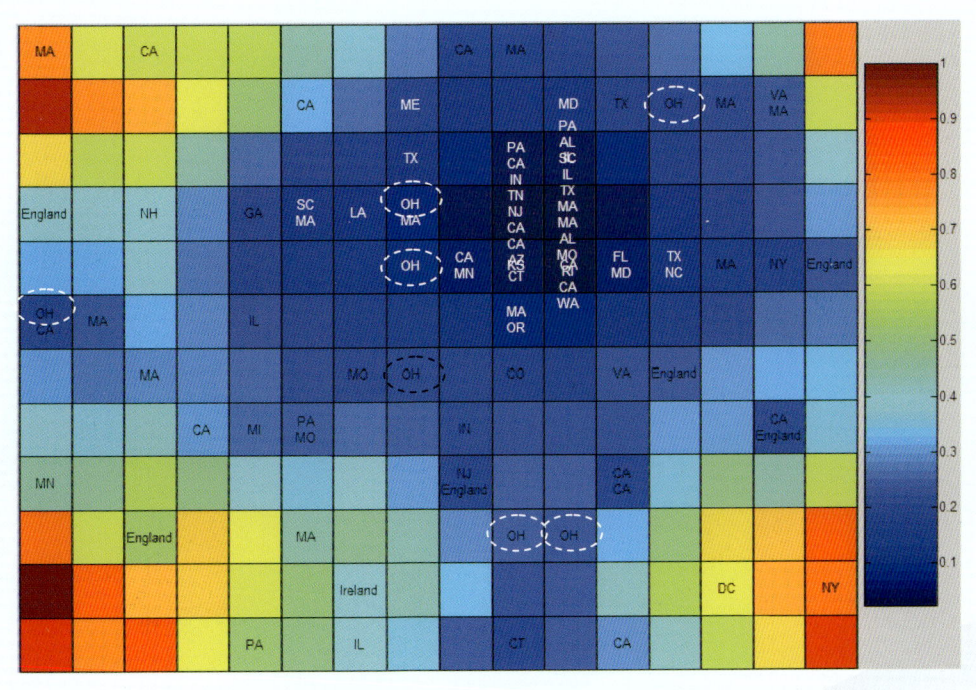

图 8—8（b） 博物馆涉及的艺术家 SOM 输出（国家或州缩写为标签）

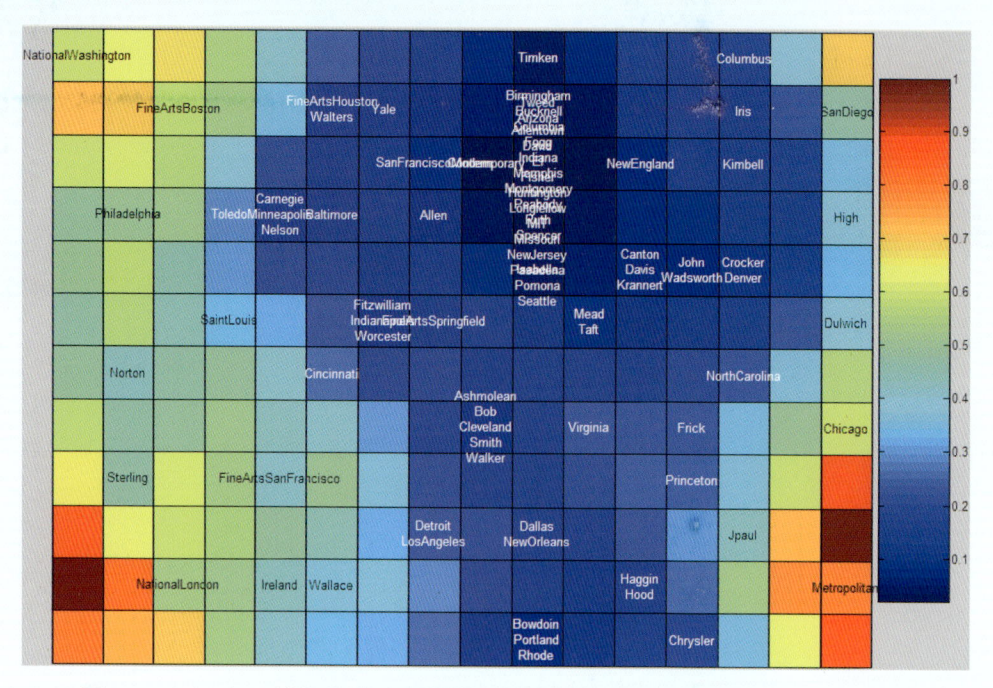

图 8—10（a） 博物馆的主题相似性 SOM 输出（以博物馆缩写为标签）

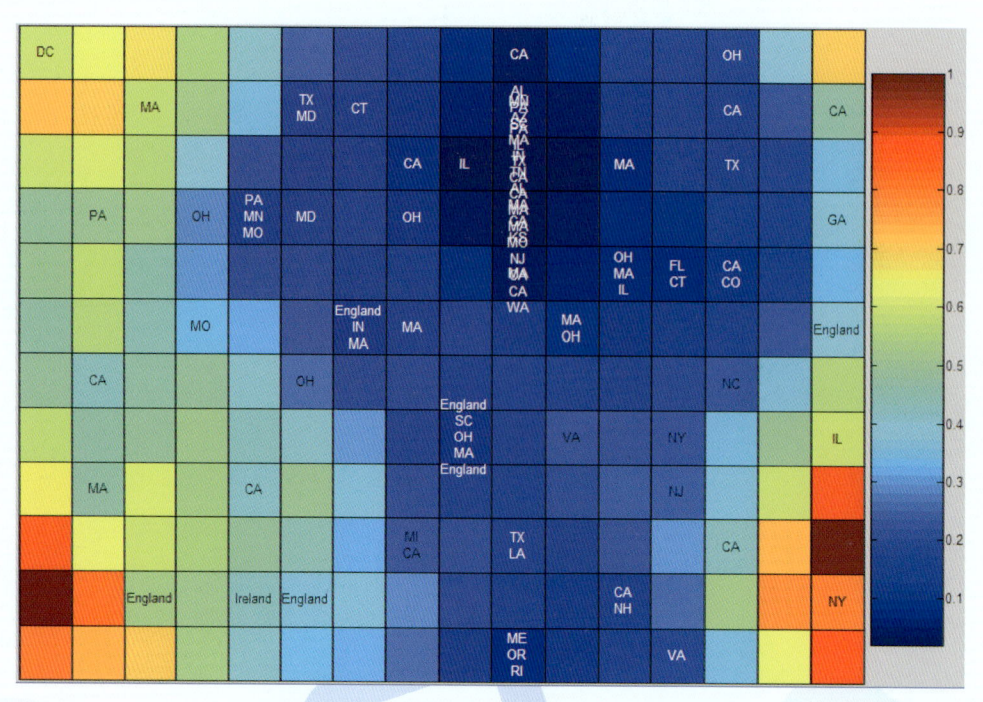

图 8—10（b） 博物馆的主题相似性 SOM 输出（以州或国家缩写为标签）

序

　　这是一本关于科研文化机构的可视化主题挖掘的书。它为探索机构之间的智力与主题联系提供了全面的方法、课题、实验与案例研究。本书的主要作者安璐博士在完成此书时正在我院做访问学者。我有幸阅读了本书的早期手稿，并与她讨论了其中的方法与实验。毫无疑问，这是一本及时的佳作。

　　20多年来，我作为信息可视化与知识图谱的研究者，阅读并评审了无数关于文本挖掘与信息可视化的项目与应用。应用文献计量学与可视化方法和技巧来揭示学术文献、作者、引文网络、社会网络、网站、研究团队甚至国家的主题特征的例子有很多。本书所涵盖的内容有颇多新颖之处。在本书中，一个国家的科研机构并不是作为一个整体来看待。相反，从比较两国的研究主题，到对于新兴或热点研究主题的研究，再到研究领域的演化，作者突出了每所机构的作用，详细分析其主题特征。读者就好像配备了一部显微镜，能够更好地理解每所被调查的机构在每个主题上的现状与趋势。

　　本书最突出的特点在于，作者在书中所描述的众多研究课题中如何选择分析单元。作者持续探索了科研文化机构及其所涉及的主题术语之间的联系。机构与主题术语均为分析单元。两者都可以作为信息网络中的节点或联系。众所周知，新的分析单元的选择与处理通常会带来新领域的研究。文献计量学始于引用模式作为分析的焦点。当焦点从文献引文转移到作者共引时，新的作者智力关系的分析就诞生了。当焦点转移到网络时，我们就有了网络信息计量学，转移到科学技术时，就有了科学计量学。虽然所有这些领域具有相似的研究方法与工具，但是它们的产生与应用有很大的区别，每一个领域都提供了一种理解复杂信息网络的新方式。本书的焦点是科研文化机构。当揭示出机构之间的主题关系模式时，我们会从中学到什么？不同科研机构与领域的创新趋势或模式是什么？科研机构在对新兴研究主题的参与度上有何相似性与差异？本书回答了这些问题。

本书对于分析方法，尤其是利用自组织映射进行数据分析方面做出了显著的贡献。自从1991年，我首次将自组织映射引入信息检索以来，许多研究者在数据分析与信息检索的不同领域都应用了自组织映射方法。本书应用自组织映射方法来分析科研机构的研究主题，以及艺术博物馆所拥有的法国艺术品的艺术家与主题。作者应用一种有趣而新颖的自组织映射输出方式，称为综合成分图来识别对热点主题做出显著贡献的科研机构。自组织映射方法使用户能够观察对象（本书中的科研机构与博物馆）在属性（对应于研究主题、艺术家与主题）上的全面分布，而不仅仅是将对象聚类。

本书讨论的另一种新方法是如何区分研究主题的新颖性与热度，以及如何量化科研机构对新兴与热点研究主题的贡献度。虽然许多研究者提出探测或识别新兴和热点主题的解决方案，但是研究科研机构对新兴和热点主题的贡献度是一种崭新且有启发性的视角。作者提醒我们，科研机构对新兴和热点主题的贡献度能够比新兴和热点主题本身提供更加细致且有用的洞察力，即使不投入更多的注意力，至少也值得投入同等的注意力。

在实践方面，本书对于希望提升其信息管理实践的文化机构尤其有帮助。本书介绍了一种全面的方法论，可视化地分析艺术博物馆的藏品数量、主题和艺术家的构成。作者探索了欧洲和北美的90多所博物馆的7000多件法国艺术家的作品，构建了基于博物馆的艺术家或主题结构向游客推荐博物馆的机制。

整体上，本书既包括深刻的理论探索，也拥有丰富的实验结果。所提出的方法对于分析和可视化地显示科研文化机构的主题特征是可靠且有用的。我向可视化主题分析、科研文化机构管理、信息可视化、知识图谱与知识发现领域的学生与研究者推荐此书。

林夏博士
信息学教授
德雷塞尔大学计算与信息学学院
美国宾夕法尼亚州费城
2015 年 5 月

安璐译

前　言

科研文化机构是国家科技创新与文化交流的主体。随着科学技术的发展与人类知识的积累，科研文化机构所产出的学术文献及收藏的知识存储日益丰富。为了更好地掌握科研文化机构的科学产出与文化收藏的主题特征，我于 2011 年申报了国家社会科学基金项目"科研组织的研究领域可视化挖掘研究"（项目号：11CTQ025），并和李纲老师、余传明老师等人一起开展了相关研究。2014 年我到美国德雷塞尔大学计算与信息学学院做访问学者，有幸与著名的信息可视化与知识图谱专家林夏教授一起共同研究科研文化机构的主题特征可视化挖掘。

本书共分九个章节。第一章导论部分概述了国内外关于科研文化机构的主题特征可视化挖掘的相关研究与不足，提出了本书的研究内容。第二章论述了科研文化机构的主题特征可视化挖掘的理论基础，包括科研文化机构的主题识别与分析、新兴主题与热点主题的识别与分析、科研文化机构的主题演化以及信息可视化的理论基础。第三章论述了科研文化机构主题特征可视化挖掘的方法论，包括潜在狄利克雷分配模型、聚类分析、非相关文献的知识发现以及社会网络分析等方法如何应用于科研文化机构主题特征的可视化挖掘，以及 CiteSpace，VOSviewer，Sci^2，Treemap 和主题图等工具与科研文化机构的主题特征可视化挖掘之间的关系与应用。

第四章是科研机构研究领域的可视化比较研究。以中美图情科研机构为例，以 EI 数据库及其为文献分配的受控术语为数据来源与主题线索，利用自组织映射（SOM）方法对两国图情科研机构的研究领域进行可视化比较，识别出蜂群机构、枢纽机构与里程碑机构，根据科研机构的主题特征，确定国内外潜在合作机构，利用SOM和多维标度（MDS）对被调查的科研机构进行主题聚类，对两国图情科研机构的热点与特色主题进行比较，并利用自定义的综合成分图（CCP）揭示了对热点主题做出主要贡献的科研机构。

第五章是科研机构对新兴主题的贡献度可视化分析，建立了一种区分主题的新兴程度并进行加权的方法，构建了科研机构对新兴主题的贡献度计算并可视化显示的方法，识别中美图情科研机构的新兴主题，计算并利用树图可视化地显示各科研机构对新兴主题的贡献度大小。

第六章是科研机构对热点主题的贡献度可视化分析，建立了一种区分主题的热点程度并进行加权的方法，构建了科研机构对热点主题的贡献度计算并可视化显示的方法，识别中美图情科研机构的热点主题，分别利用SPSS工具和MDS方法对热点主题进行层次聚类与多维尺度分析，计算并利用树图可视化地显示各科研机构对热点主题的贡献度大小，并结合第五章的分析结果，将被调查的科研机构按照新兴与热点程度划分为四个类别。

第七章是科研机构研究领域的演化研究，以中国知网为数据来源，将最近15年的数据划分为三个时间段，利用树图方法可视化地分析了不同时期国内图情科研机构的论文数量、热点主题以及各科研机构的研究侧重点的变化。

第八章是博物馆藏品特征的可视化挖掘。以Getty研究所的法国艺术家博物馆数据库为数据来源，利用树图工具、三维投影等方法可视化地提示了被调查的博物馆的藏品数量、藏品主题数量、构成与特征、艺术家的数量、专长与作品材质、尺寸特征，利用自组织映射方法对博物馆藏品的艺术家构成与主题特征进行了可视化分析，分别建立了面向艺术家偏好与主题偏好的博物馆游览推荐机制。

第九章是总结与展望，归纳了科研文化机构主题可视化挖掘的研究意义与用途，总结所建立的科研文化机构主题可视化挖掘的方法体系与应用，指出研究的不足之处以及未来的研究方向。

本书由李纲老师制定内容框架并审定全稿，我负责全书的大部分内容撰写与修改。李纲老师、余传明老师和杨书会参加了第四章关于科研机构研究领域的可视化比较研究，林夏老师、董丽、潘青玲、张馨文参加了第五章关于科研机构对新兴主题的贡献度可视化分析，秦佳佳参加了第六章关于科研机构对热点主题的贡献度可视化分析，郭雨橙参加了第七章关于科研机构研究领域的演化研究。

本书系国家社会科学基金项目"科研组织的研究领域可视化挖掘研究"和国家自然科学基金项目"大数据环境下基于领域知识获取与对齐的观点检索研究"（项目号：71373286）的研究成果之一。感谢美国德雷塞尔大学 Philly Codefest 2015 委员会为本书的研究提供 Getty 研究所的法国艺术家数据库的数据。

安璐

2015 年 3 月于美国费城

Foreword

This book is about visual topical mining of research and cultural instituions. It provides a comprehensive coverage of methods, projects, experiments, and case studies on the exploration of intellectual and topical connections between and among institutions. The main author of the book, Dr. Lu An, was a visiting scholar in my institution while she was completing this book. I was fortunate to read early manuscripts of the book and discussed with her about the methods and projects described in the book. I have no doubt that this is a timely and excellent piece of work.

As an information visualization and knowledge mapping researcher for more than twenty years, I have read and reviewed numerous projects and applications of text mining and information visualization. There are many examples of employing bibliometric and visualization methods and techniques to reveal the thematic features of academic litertures, authors, citation networks, social networks, Web sites, research groups and even nations. What is covered in the book is something new and novel. In this book, the research institutions of a nation were not considered as a whole. Instead, the role of each institution was highlighted and their thematic features were analyzed in detail, from the comparison of research topics between two nations, to the studies on emerging or salient research topics, and to the evolvement of research fields. Readers will get a better understanding of the currency and trend of each investigated research institution on each topical theme as if they were equipped with a microscope.

The most distinguished feature of this book is how the authors chose the unit of analysis for many of the research projects described in the books. The authors consistently explored the connections between research and cultural institutions and subject topic terms that they involved. Both the institutions and the topic terms are the unit of analysis. Both can be treated as nodes or links in the information network. As we know, selection and treatment of new unti of analysis will often lead to new fields of studies. Bibliometrics started when citation patterns are the focus of analysis. When the focus was moved from document citations to author co-citations, a new field of author intellectual relationship analysis was born. Moving to the Web, we have webometrics, and to sciecce and technology, we have scientometrics. While all these fields share similar research methods and tools, their achievements and applications are very different, each providing a new way of understanding complex information networks. In this book, the focus is research and cultural institutions. What will we learn when patterns of topical relationships among institutions are revealed? What are the trends or patterns of innovation in different research institutions and different domains? What are the similarities and differences among research institutions in term of their engagement to new research topics? This book has answers to these questions.

The book also makes significant contributions to the analysis methods, in particular the use of Self-Organizing Map for data analysis. Since I introduced the Self-Organizing Map technique to the field of information retrieval in 1991, a lot of researchers employed the SOM technique in many different aspects of data analysis and information retrieval. In this book, the SOM technique was employed to analyze the research topics of research institutions and the artists and subjects of French art works held by art museums. An interesting novel SOM display named Compound Component Plane was also applied to identify the research institutions that made significant contributions to the salient subjects. The SOM technique enables users to observe the comprehensive distribution of objects (research institutions and museums in this book) among attributes (research topics, artists and subjects correspondingly) instead of merely clustering objects.

Another new approach discussed in the book is how to differentiate the novelty and salience of research topics and how to quantify the contributions of research institutions to emerging and salient research topics. While many researchers propose solutions to detect or identify emerging and salient research topics, it is a new provoking perspective to study the contributions of research institutions to emerging and salient research topics. The authors remind us that the contributions of research institutions to emerging and salient research topics provide more fine-grained and useful insights than the emerging and salient research topics themselves and are at least worthy of equivalent if not more attention.

On the practical side, the book is particularly useful for cultural institutions which want to improve their practice of information management. The book introduces a comprehensive methodology to visually analyze the quantities, subjects and artists of the collections held by art museums. More than seven thousand art works by French artists in over ninety notable musenms in Europe and North America were explored, and mechanisms of recommending art museums to the tourists were constructed either based on the artist or subject structure of the museums.

On the whole, this book contains both insightful theoretical exploration and rich experimental results. The proposed methods are sound and useful for analysis and visualization of the topical features of research and cultural institutions. I would recommend this book to students and researchers in the fields of visual topical analysis, research and cultural institution management, information visualization, knowledge mapping, and knowledge discovery.

Xia Lin, Ph. D.
Professor of Informatics
College of Computing and Informatics
Drexel University
Philadelphia, Pennsylvania, USA
May, 2015

目 录

第一章 导论 …………………………………………………（1）
 第一节 问题的提出 …………………………………………（1）
 第二节 国内外相关研究 ……………………………………（4）
 第三节 研究内容 ……………………………………………（31）

第二章 科研文化机构的主题特征可视化挖掘的理论基础 …（33）
 第一节 科研文化机构的主题识别与分析 …………………（33）
 第二节 新兴主题的识别与分析 ……………………………（43）
 第三节 热点主题的识别与分析 ……………………………（51）
 第四节 科研文化机构的主题演化研究 ……………………（53）
 第五节 信息可视化 …………………………………………（55）

第三章 科研文化机构主题特征可视化挖掘的方法论 ………（57）
 第一节 科研文化机构主题特征的分析方法 ………………（57）
 第二节 科研文化机构主题特征可视化挖掘的工具 ………（67）

第四章 科研机构研究领域的可视化比较 ……………………（77）
 第一节 研究目的与方法 ……………………………………（77）
 第二节 数据来源与收集 ……………………………………（84）
 第三节 中美图情科研机构的研究主题相似性分析 ………（87）
 第四节 潜在国内与国际合作机构分析 ……………………（94）
 第五节 机构聚类的主要研究领域分析 ……………………（97）
 第六节 中美图情机构的热点与特色研究领域识别 ………（116）

第七节　热点研究领域的主要贡献机构识别………………（118）
　　第八节　小结……………………………………………………（121）

第五章　科研机构对新兴主题的贡献度可视化分析……………（123）
　　第一节　研究目的与方法………………………………………（123）
　　第二节　数据来源与收集………………………………………（127）
　　第三节　中美图情领域的新兴主题识别………………………（129）
　　第四节　国内图情科研机构对新兴主题的贡献度研究………（132）
　　第五节　美国图情研究机构对新兴主题的贡献度研究………（135）
　　第六节　小结……………………………………………………（138）

第六章　科研机构对热点主题的贡献度可视化分析……………（140）
　　第一节　研究目的与方法………………………………………（140）
　　第二节　数据来源与收集………………………………………（145）
　　第三节　热点关键词的识别……………………………………（146）
　　第四节　热点关键词的聚类分析………………………………（150）
　　第五节　国内图情科研机构对热点主题的贡献度分析………（163）
　　第六节　美国图情研究机构对热点主题的贡献度研究………（168）
　　第七节　小结……………………………………………………（171）

第七章　科研机构研究领域的演化………………………………（175）
　　第一节　研究目的与方法………………………………………（175）
　　第二节　数据来源与收集………………………………………（177）
　　第三节　图情科研机构出版物的主题演化……………………（177）
　　第四节　热点研究主题在科研机构出版物中的演化…………（180）
　　第五节　图情科研机构研究重点的演化………………………（183）
　　第六节　小结……………………………………………………（187）

第八章　博物馆藏品特征的可视化挖掘…………………………（188）
　　第一节　研究目的与方法………………………………………（188）
　　第二节　数据来源与收集………………………………………（190）

第三节　博物馆藏品概况的可视化分析 …………………（191）
　　第四节　艺术家的专长与特征识别 …………………………（198）
　　第五节　面向艺术家偏好的博物馆游览推荐研究 …………（209）
　　第六节　面向主题偏好的博物馆游览推荐 …………………（223）
　　第七节　小结 …………………………………………………（234）

第九章　总结及展望 ………………………………………（236）

附　录 ………………………………………………………（238）
　　附录1　被调查的中美图情科研机构列表 …………………（238）
　　附录2　被调查的博物馆名称、地点和标签对照表 ………（242）

参考文献 ……………………………………………………（247）

第一章

导　论

第一节　问题的提出

科研文化机构是科技创新与文化传播及交流的主要贡献者与承担者，其范围既包括高等学校与科研院所，也包括从事艺术教育与研究、文献保存、文物保护、文化娱乐、新闻出版等事业的组织。科研文化机构的发展吸引了科研资助机构、高等教育系统、科研文化机构自身、研究人员与公众等的广泛关注。与文化机构不同的是，科研机构是国家创新体系建设的重要组成部分和创新主体之一，担负着基础性、战略性和前瞻性的研究工作。科研机构作为一种知识密集型组织，其生命力和竞争力在于不断创新并产生新知识，注重科技创新。因此，理想的科研机构除了杰出的科研绩效之外，还应当在所处学科的热点与前沿领域占据领先位置，在若干重要的研究领域保持平衡与竞争优势。文化机构则应当力求文化资源的丰富性、有序组织与优化配置，更好地为研究人员及公众提供高质量的文化服务。

为了实现这些目标，科研机构需要科学有效地评价其过去与现在的研究主题，对未来的研究领域进行积极的筹划，而不是任其发展。文化机构则应当在更加广泛深入的层次上揭示其文化资源的内在特征，如资源的主题与创作者特点，与国内外同行的文化资源内在特征进行横向与纵向比较，发现自身的不足以及潜在的合作交流对象与手段，为公众提供引导性的文化成果利用指南。

在科研机构的评价过程中，研究领域的识别、分析与比较是必要的前提、评价内容与手段。科研机构的研究领域可以从多种渠道予以追踪，如科学出版物，包括图书、期刊、会议论文集、研究报告、专利等的标题、主题词、关键词、分类号、引文等。利用各种统计计量方法、先进的数据挖掘方法，如人工神经网络、机器学习、信息可视化等方法深入地分析各科研机构的研究领域的特点、相似性与差异、热点、前沿与特色、发展趋势等，有助于科研机构与研究人员全面深入地掌握特定学科领域的发展状况，了解特定科研机构的优势与不足，发现所在学科领域的前沿与发展趋势，促进科研机构之间的合作与交流。

文化机构为了更加广泛深入地分析揭示其文化资源的内在特征，需要采用数字化的手段，对其文化资源进行彻底的梳理与整理，建设文化资源数据库，从中提取描述文化资源外在特征与内在特征的属性与属性值，利用各种统计、计量及可视化的知识发现方法对文化资源的主题、创作者及其他特点进行探索与建模。其研究发现有助于文化机构更好地了解自身文化资源的状况及其与国内外同行机构的比较差异，有效识别最佳的合作交流同行机构，为研究者与公众提供科学的文化资源利用指南。

对科研文化机构的主题特征进行可视化挖掘具有重要的现实意义，具体表现在以下几个方面。

第一，有助于研究主题与子领域的识别与界定。科学出版物与文化资源涉及众多的研究主题与资源主题，这些主题的表述形式多种多样，不同的作者可能给予相同的主题以不同的关键词或标题词，而许多看似不同的主题之间却存在一些内在或外在的联系与相关性。因此，有必要对科研文化机构的科学出版物与文化资源进行主题分析，科学地识别与界定关键词、标题词与主题、分类号、子领域之间的关系，为科研文化机构的研究领域或资源特色评价奠定基础。

第二，为新进入的研究者与公众提供所关注领域的引导。新进入的研究者与公众往往不明确或不清楚某领域的研究重点、有意义的主题及未来的发展方向。通过分析科研机构对新兴与热点主题的国内外研究现状、特点与演化过程以及文化机构对重要文化资源的存储、各类文化资源的特点，可以帮助新进入的研究者与公众了解国内外该学科领域或文化领域的主题结构与分布，提高研究者与公众对某些外部事件或新兴技术、资源的关注度，为其提供所关注领域的引导。

第三，有效帮助科研文化机构的管理者从机构层面发现学习的标杆与不足。通过分析国内外同行机构的研究主题、新兴与热点主题、文化资源的特色主题的发展状况与趋势，能够及时探询该学科领域各研究主题或文化资源主题的现状与进展情况。有助于研究者及时把握科学研究与文化交流的动态，迅速发现自身与先进的科研文化机构之间的差距，从而确定或修改研究计划或文化交流规划，挖掘具有价值或发展潜力的研究主题或文化资源主题，或是预测研究趋势。

综上所述，对科研文化机构的主题特征进行分析挖掘具有重要意义。然而，科研文化机构的主题特征分析是一项艰巨的任务。随着科学技术与人类文明的发展，科学出版物与文化资源的存量日益庞大，且增长速度之快令人惊叹。各种科学文献数据库，如国外的 Web of Science、Scopus、Wiley 等，国内的中国知网、万方数据、重庆维普等如雨后春笋般涌现。这些数据库动辄收录数千种期刊、几十万篇会议论文与博士和硕士学位论文、几千种参考书与年鉴、数百种报纸以及几乎所有的专利全文。究其原因，各科研机构的研究人员越来越以高产的速度产出科研成果。据中国科学技术信息研究所发布的 2013 年度中国科技论文统计结果，2013 年我国作者为第一作者的论文共 20.41 万篇，其中 82.77% 的论文产自高校。[①] 文化机构的资源存量同样丰富。以美国纽约大都会艺术博物馆为例，其藏品数量高达 200 万件。[②] 如此数量庞大的科学出版物与文化资源所涉及的主题数量，即使进行严格的规范化，在同一学科领域内仍然可能高达数千个。一般的统计计量方法无法处理如此高维的数据，需要利用人工神经网络、机器学习与信息可视化等方法对这些

[①] 晋浩天：《2013 年度中国科技论文统计结果发布》，《光明日报》2014 年 10 月 29 日。
[②] "大都会艺术博物馆"（http：//zh.wikipedia.org/wiki/%E5%A4%A7%E9%83%BD%E6%9C%83%E8%97%9D%E8%A1%93%E5%8D%9A%E7%89%A9%E9%A4%A8）。

海量的高维主题予以分析与揭示。因此，本书旨在建立一套较为完整的科研文化机构的主题特征可视化挖掘的方法，并以特定学科的科研机构与艺术博物馆为例，演示该方法的实施过程。其研究结果有助于科研文化机构定期开展类似的分析与挖掘工作，了解自身与同行机构的研究与资源的主题状况和发展趋势。

第二节　国内外相关研究

国内外关于科研文化机构主题特征可视化挖掘的相关研究可分为三个方面，即科研机构的主题分析、文化机构的主题分析以及可视化方法研究。

一　科研机构的主题分析

关于科研机构的主题分析，诸多医学[1][2]、情报学[3]、会计学[4]、犯罪学[5]与材料科学[6]的学者进行了大量的研究。早期的研究主要是计算特定研究领域的各个机构的研究产出的数量，缺乏对特定研究

---

[1] Shen, J., Yao, L., Li, Y., Clarke, M., Gan, Q., Fan, Y., Li, Y., Gou, Y., Zhong, D., & Wang, L., "Visualization studies on evidence-based medicine domain knowledge (series 1): Mapping of evidence-based medicine research subjects", *Journal of Evidence-Based Medicine*, Vol. 4, No. 2, 2011, pp. 73–84.

[2] Shen, J., Yao, L., Li, Y., Clarke, M., Gan, Q., Fan, Y., Li, Y., Gou, Y., Zhong, D., & Wang, L., "Visualization studies on evidence-based medicine domain knowledge (series 2): Structural-diagrams of author networks", *Journal of Evidence-Based Medicine*, Vol. 4, No. 2, 2011, pp. 85–95.

[3] Moed, H. F., Moya-Anegón, F., López-Illescas, C., & Visser, M., "Is concentration of university research associated with better research performance?", *Journal of Informetrics*, Vol. 5, No. 4, 2011, pp. 649–658.

[4] Daigle, R. J., & Arnold, V., "An analysis of the research productivity of AIS faculty", *International Journal of Accounting Information Systems*, Vol. 1, No. 2, 2000, pp. 106–122.

[5] Reid, E. F., & Chen, H., "Mapping the contemporary terrorism research domain", *International Journal of Human-Computer Studies*, Vol. 65, No. 1, 2007, pp. 42–56.

[6] Huang, Z., Chen, H., Chen, Z. K., & Roco, M. C., "International nanotechnology development in 2003: Country, institution, and technology field analysisbased on USPTO patent database", *Journal of Nanoparticle Research*, Vol. 6, No. 4, 2004, pp. 325–354.

主题的详细分析①②。

之后，一些研究者不仅区分出特定领域的重要科研机构，而且识别出领先的研究主题。但是，他们没有详细调查科研机构与其研究主题之间的关系③④⑤，仅有少数几位学者研究了科研机构与其研究主题之间的关系。但是，其主要目的是揭示机构研究的专注性是否与更好的研究绩效相关联⑥。

由此可见，人们较少在特定领域针对各机构的子领域进行深入的分析，如在图情领域。虽然一些文献计量机构，如 ISI Web of Knowledge 会定期研究揭示不同学科的科研机构的学术活动，但是这些研究通常是聚集在高校或广泛的学科层次。例如，在 Web of Knowledge 中，图书馆学情报学（Library and Information Science）与其他的一些学科一起被包括在一般社会科学（Social Science, General）这个学科中。用户只能得知一所高校在一个广泛的学科，如一般社会科学中的研究活动，而难以识别特定领域，如图情领域的一个学院或系的研究活动。

科研机构的主题分析可以揭示机构之间的潜在合作，测量一个高校或国家的研究领先性。博亚克（Boyack）⑦ 提出一种根据识别其论文落入相同论文聚类的作者，从而识别两个机构之间合作机会的方法。作者设计了一个合作潜在指数，用于测量所有美国高校与

---

① An, L., Zhang, J., & Yu, C., "The visual subject analysis of library and information science journals with self-organizing map", *Knowledge Organization*, Vol. 38, No. 4, 2011.

② *Apply to join iSchools* [2015-01-18]. http://ischools.org/members/apply-to-join/.

③ Allen, S. and Swanson, D. R., "Information Science Pioneer, 1924-2012", *UChicago News*, December 6th, 2012. [2012-12-06]. http://news.uchicago.edu/article/2012/12/06/don-r-swanson-information-science-pioneer-1924-2012.

④ An, L., & Yu, C., "Self-organizing maps for competitive technical intelligence analysis", *International Journal of Computer Information Systems and Industrial Management Applications*, Vol. 4, No. 1, 2012.

⑤ *Arrowsmith System* [2015-03-17]. http://en.wikipedia.org/wiki/Arrowsmith_System#cite_note-1.

⑥ An, L., Yu, C., & Li, G., "Visual topical analysis of Chinese and American Library and Information Science research institutions", *Journal of Informetrics*, Vol. 8, No. 1, 2014.

⑦ Boyack, K. W., "Using detailed maps of science to identify potential collaborations", *Scientometrics*, Vol. 79, No. 1, 2009, pp. 27-44.

Sandia 国家实验室之间的潜在重合性。卡瓦斯和博亚克（Klavans & Boyack）[①] 开发了一种新方法来测量一所高校与三个国家的研究领先性。该方法考虑研究者的多学科活动，并被证明与传统方法相比，该方法能够更准确地测量国家层次的研究领先性。

现有的文献通常是采用统计学、文献计量学、内容分析或其他方法来研究机构的研究绩效或特定领域的研究主题。少数研究采用一些可视化技巧，如主题图[②]、内容图分析[③④]、块建模来识别核心作者与机构，或是识别特定领域的主要主题与领域。但是，关于研究领域的研究主题之间相似性的可视化分析却很少进行。后续笔者将生成若干全面的可视化输出来显示各机构组之间的合作潜力。

关于图情领域科研机构的主题研究现状，大部分国内外图情领域的研究者仅涉及一个特定的主题，如知识管理[⑤]、数字图书馆[⑥]、竞争情报[⑦]等，不能全面反映图情领域的主题研究状况。大多数图情领域的主题研究是静态的，不能反映不断变化的研究主题动态。少数期刊论文研究了图情领域的研究热点发展趋势[⑧]。然而，其时间跨度较短，未能反映该学科的长期发展历程。大多数研究使用统

[①] Klavans, R., & Boyack, K. W., "Toward an objective, reliable and accurate method for measuring research leadership", *Scientometrics*, Vol. 82, No. 3, 2010, pp. 539-553.

[②] Blessinger, K., & Hrycaj, P., "Highly cited articles in library and information science: An analysis of content and authorship trends", *Library & Information Science Research*, Vol. 32, No. 2, 2010, pp. 156-162.

[③] Mammo, Y., "Rebirth of library and information science education in Ethiopia: Retrospectives and prospectives", *The International Information & Library Review*, Vol. 43, No. 2, 2011, pp. 110-120.

[④] Sethi, B. B., & Panda, K. C., "Growth and nature of international LIS research: An analysis of two journals", *The International Information & Library Review*, Vol. 44, No. 2, 2012, pp. 86-99.

[⑤] 李婷婷：《图书情报学领域中的知识管理研究综述》，《四川图书馆学报》2011年第4期，第94—96页。

[⑥] 王素琴：《近十年来我国数字图书馆研究综述》，《现代情报》2005年第8期，第97—99页。

[⑦] 李纲、吴瑞：《国内近十年竞争情报领域研究热点分析——基于共词分析》，《情报科学》2011年第9期，第1289—1293页。

[⑧] 王倩飞、宋国建、苏学、吕少妮、天永晓、朱启贞：《关键词词频分析透视2003—2007年情报学领域研究热点》，《情报探索》2009年第8期，第33—34页。

计或定性方法，不能反映科研机构及其研究领域之间的关系。

二 新兴主题及其探测方法与实践

1. 新兴主题概念的提出

早在1965年，著名学者普赖斯（Price）就已经提出研究前沿的概念，通过自定义即时指数推断相互引用最近发表文章的趋势，用于描述特定研究领域中引用时间比较短的一类文献。① 他认为，一个研究前沿大概由40—50篇最近发表的论文组成，也可理解为是在某一时段内以突现文献（Burst Article）为知识基础的一组文献所研究的问题。在特定的科学领域内，研究前沿则是指研究人员在分析突现文献和突现词（Burst Terms）的基础上，结合对施引文献（Citing Articles）的分析，利用频繁引用文章的主题来综合判断和探测一个研究领域的发展状况。②

2002年松村等（Matsumura et al.）人提出新兴主题（Emerging Topics）的概念，它是指在某个当前正在研究的特定科学领域中，研究人员发现新的一组由多个关键词或词组来表示的主题领域簇，可用来表示该域中极具发展潜力的研究方向或趋势。③ 随后，康特斯达斯等（Kontostathis et al.）学者提出新兴研究趋势（Emerging Trend），即随着时间推移逐渐引起学者兴趣及被讨论的主题领域。也可理解成探索某一特定领域中的焦点、热点，在挖掘最新的变化趋势时进行主动提示的过程。④ 新兴研究趋势是目前文献挖掘中一个新兴的研究方向，它能够揭示某个特定领域在一定时间内显示出来的研究方

---

① Price, D. J., "Networks of Scientific Papers", *Science*, Vol. 149, No. 3683, 1965, pp. 510–515.

② Titus, M. A., "No college student left behind: The influence of financial aspects of a state's higher education policy on college completion", *Review of Higher Education*, Vol. 29, No. 3, 2006, pp. 293–317.

③ Matsumura, M. N., Matsuo, Y., Ohsawa, Y., & Ishizuka, M., "Discovering emerging topics from WWW", *Journal of Contingencies and Crisis Management*, Vol. 10, No. 2, 2002, pp. 73–81.

④ Mawhinney, T. C., "Total quality management and organizational behavior management: An integration for continual improvement", *Journal of Applied Behavior Analysis*, Vol. 25, No. 3, 1992, pp. 524–543.

向的变化情况。深入挖掘文献集合中包含的时间相关信息具有重要的意义：借助计算机技术去主动探测（emerging trend）可以提高科研人员和情报人员对科学研究动态及时把握和处理的能力，提示他们注意某些外部事件或者新兴的技术对研究领域的影响，帮助他们快速地探询研究方向的进展情况，有利于其确定或修改研究计划。

国内关于新兴主题的认识与国外学者相似。杨良选等人认为，研究前沿（research fronts），又称科学研究前沿，是指某一时点上某一焦点领域和出现的具有发展潜力的研究方向，是科学发展中最先进、最有发展潜力、最新的研究主题。[①] 侯海燕也用研究前沿进行了概括，根据引文聚类[②]将其定义为一组突现的动态概念和潜在的研究问题，知识基础（intellecture base）是它在科学文献中（即由引用研究前沿术语的科学文献所形成的演化网络）的引文和共引轨迹。[③]

关于对新兴研究趋势的判断过程，黄（Hoang）将其分为主题描述（Topic Representation）、主题界定（Topic Identification）、主题判断（Topic Verfication）三个部分，并加入了研究人员、研究机构、文献来源等关注主体的考虑。同时还根据文献的统计结果和挖掘法计算赋予每个主题六个属性值，根据这六个属性值来确定每个主题的受关注程度和有用性：用属性值1、属性值3、属性值5、属性值6的平均值来衡量主题受关注的程度，用属性值2、属性值4、属性值5、属性值6的平均值来衡量主题的有用性。主题根据受关注程度和有用性属性值可分为：受关注程度和有用性的属性值均大于0为新兴主题；受关注程度大于0而有用性小于等于0则为潜在的新兴研究趋势（Potentially Emerging Trends）；受关注程度和有用性的衡量值均小于等于0为已过时研究趋势（Obsolete Trends）；受关注程度小于等于0而有用性大于0则为不显著但对研究有影响的

[①] 杨良选、李自力、王浩：《基于CiteSpace Ⅱ的研究前沿可视化分析》，《情报学报》2011年第8期，第883—889页。

[②] Staw, B. M., Sandelands, L. E., Dutton, J. E., "Threat-rigidity effects in organizational behavior: A multilevel analysis", *Administrative Science Ouarterly*, Vol. 26, No. 4, 1981, pp. 501-524.

[③] 侯海燕：《科学计量学知识图谱》，大连理工大学出版社2008年版。

趋势（Creative Trends）。[1]

2. 新兴主题探测方法的研究

许多学者都在新兴主题的探测方面提出了多种方法，开发了相关的原型系统。从自动化角度，可分为需要专家或用户介入的半自动化系统以及基于机器学习方法的全自动化系统。殷蜀梅从技术方法角度，将新兴主题探测方法分为文献计量学法、机器学习法和共引聚类网络分析法，[2] 并指出新兴主题的探测需要统计文献中术语出现的频率、与主题相关的关键词的共现频率，且与信息抽取和命名实体识别技术息息相关。

文献计量学方法通常应用于科研论文的统计、量化，通过对某学科的文献数量进行计算分析来追溯某一学科的研究现状及趋势；同时通过对科研发展过程的需求关系、内部结构的变更情况等潜在的动态趋势进行定量分析、评价和预测，可以有效帮助科研人员了解目前该学科的研究前沿和发展趋势。[3]

1997 年，兰特等（Lent et al.）开发了 PatentMiner 系统[4]，采用序列模式挖掘和趋势识别技术，来揭示专利数据库的趋势。类似的范例还有技术机会分析（TOA）系统[5]、ThemeRiver 系统[6]和探究式建设与合作多媒体电子学习（CIMEL）系统[7]。其中，TOA 系统监

---

[1] Hoang, L. M., *Emerging Trend Detection from Scientific Online Documents* [2007-08-01]. http://www.jaist.ac.jp/library/thesis/ks-doctor-2006/paper/hoangle/paper.pdf.

[2] 殷蜀梅：《判断新兴研究趋势的技术方法分析》，《情报科学》2008 年第 4 期，第 536—540 页。

[3] 章成志：《基于样本加权的文本聚类算法研究》，《情报学报》2008 年第 1 期，第 42—48 页。

[4] Lent, B., Agrawal, R., & Srikant, R., "Discovering trends in text database", *Proceedings of Knowledge Discovery and Data Mining* (KDD-97), 1997, pp. 227-230.

[5] Porter, A. L., & Detampel, M. J., "Technology opportunities analysis", *Technological Forecasting and Social Change*, Vol. 49, No. 5, 1995, pp. 237-255.

[6] Havre, S., Hetzler, E., Whitney, P., and Nowell, L., "ThemeRiver: Visualizing thematic changes in large document collections", *IEEE Transactions on Visualization and Computer Graphics*, Vol. 8, No. 1, 2002, pp. 9-20.

[7] Blank, C. D., Pottenger, W. M., Kessler, G. D., Herr, M., Jaffe, H., Roy, S., Gevry, D., & Wang, Q., *CIMEL: Constructive, Collaborative inquiry-based multimedia e-learning*, In Proceedings of the Sixth Annual Conference on Innovation and Technology in Computer Science Education (ITiCSE), June 2001.

控相关关键词的出现次数以及所涉及的机构，从中提取新技术的有用知识。ThemeRiver 系统将不同强度的主题可视化为不同宽度的"电流"。在 CIMEL 系统中，用户可以输入一个新兴主题，系统将搜索文献数据库与网上资料，生成显示出版物数量的图形以及所涉及的机构等。这些系统使用户能够迅速直观地掌握发展趋势和研究前沿，并节省大量时间。然而，大多数系统通常采用统计和文献计量学的方法，存在一定的局限性。

近年来，人们开发了其他的先进技术，如机器学习方法，用于检测新兴主题。例如，波廷杰等（Pottenger et al.）开发了分层分布式动态标引（Hierarchical Distributed Dynamic Indexing, HDDI）算法①，由计算机自动抽取信息对文献进行选择与挖掘，从而探测新兴主题，有利于掌握对新兴主题的判断。首先，计算机对文献做处理，按规则表达式抽取复杂名词短语，然后设置 0、1 可变阈值，对新兴主题归类。该法认为，一个新兴主题至少应具有两个特点：随着时间的推移，其语义内容，即领域内出现的概念更加丰富；被引用次数增多，与之相关的概念出现频率增加。也就是说，随着时间推移一个主题出现的频率呈递增趋势，同时与它相关的一些主题的共现频率也明显呈递增趋势，这时就被认为是新兴主题。

机器学习法通过设置阈值，使机器可以自动归纳新兴主题。然而，该方法对文献并不是一视同仁，而是考虑了各个文献指标在主题研究趋势判断中占有的权重，通过对阈值的调整来修正输出的结果。于是，该方法在应用的最终效果评价上并不太好，精度和召回率都不算高。而且机器学习法选用的文献计量指标只选择了词频和共词。若是考虑将包含的主题作为其中的一个衡量指标，虽在信息采集上获得的精度和召回率都比较好，但在新兴主题判定上得到的效果并不理想。

范云满等人总结了基于潜在狄利克雷分配（LDA）技术检测新

---

① Pottenger, W. M., Kim, Y. B., and Meling, D. D., $HDDI^{TM}$: Hierarchical Distributed Dynamic Indexing [2007-08-01]. http://www.dimacs.rutgers.edu/~billp/pubs/HDDIFinalChapter.pdf.

兴主题的方法。[1] 他们回顾并比较了许多基于 LDA 方法的改进，如动态主题模型[2]、相关主题模型[3]、双词主题模型[4]等。

共引聚类网络分析方法是由斯莫尔（Small）提出的，是指两篇文献通过另外一篇或者多篇文献建立联系。斯莫尔认为，文献主题的研究是揭示文献之间的引用与被引用的关系，文献的引用能反映主题之间的关系，可以反映出文献之间的联系程度和结构关系，引用的文献主题是被引用文献主题的发展与改进[5]。

斯莫尔通过三段时间间隔之上的共引聚类，来揭示新兴研究主题，并预见术语变化[6]。莫利斯（Morris）等人提出的研究前沿时间线可视化模型[7]，博亚克关于基金对论文数量与被引次数的影响的研究[8]，以及怀特（White）的作者共被引研究[9]均对新兴主题的可视化做出了努力。另一个值得注意的范例是 CiteSpace Ⅱ[10]，被广泛

---

[1] 范云满、马建霞：《利用 LDA 的领域新兴主题探测技术综述》，《现代图书情报技术》2012 年第 12 期，第 58—65 页。

[2] Blei, D. M., & Lafferty, J. D., *Dynamic topic models*, In Proceedings of the 23rd International Conference on Machine Learning (ICML'06). New York: ACM, 2006, pp. 113-120.

[3] Blei, D. M., & Lafferty, J. D., "A correlated topic model of science", *Annals of Applied Statistics*, Vol. 1, No. 1, 2007, pp. 17-35.

[4] Wallach, H. M., *Topic modeling: beyond bag-of-words*, In Proceedings of the 23rd International Conference on Machine Learning (ICML'06), New York: ACM, 2006, pp. 977-984.

[5] 王伟：《国际信息计量学研究前沿与热点分析》，《医学信息学杂志》2010 年第 2 期，第 1—4、25 页。

[6] Small, H., "Tracking and predicting growth areas in science", *Scientometrics*, Vol. 68, No. 3, 2006, pp. 595-610.

[7] Morris, S. A., Yen, G., "Timeline visualization of research fronts", *Journal of the American Society for Information Science and Technology*, Vol. 55, No. 5, 2003, pp. 413-422.

[8] Boyack, W., "Indicator-assisted evaluation and funding of research: Visualizing the influence of grants on the number and citation counts of research papers", *Journal of the American Society for Information Science and Technology*, Vol. 54, No. 5, 2003, pp. 447-461.

[9] White, D., "Pathfinder networks and author cocitation analysis", *Journal of the American Society for Information Science and Technology*, Vol. 54, No. 5, 2003, pp. 423-434.

[10] Chen, C., "CiteSpace Ⅱ: Detecting and visualizing emerging trends and transient patterns in scientific literature", *Journal of the American Society for Information and Science and Technology*, Vol. 57, No. 3, 2006, pp. 359-377.

用于识别和显示新兴趋势的学术文献[1][2][3]。该软件适用于分析某一学科的新兴主题的变化,利用共引聚类研究新兴主题之间的相互关系,分析不同新兴主题之间的内部联系,最后通过可视化,使用户能直接分辨新兴主题的变化路径。具体流程为:首先取一时间段,以特定关键词检索数据库,得到文献集合;然后计算集合中每个文献被引用的次数,以一定阈值挑选文献,缩小文献集;最后对文献集聚集,形成文献簇。该软件可以分析随时间变化某一研究领域不同阶段的研究前沿,以及研究前沿与知识基础之间的关系,预测学科或知识领域的研究前沿。

舒尔特等(Schult et al.)提出主题监测算法[4]来识别和监控稳定主题的文献子集,并发现新的主题。汗等(Khan et al.)提出时间数据的双重支持先验算法[5],从时间数据中发现新趋势。李(Lee)采用共词分析来发现信息安全领域的发展趋势。[6] 格伦采尔等(Glanzel et al.)提出使用核心文档来发现新兴主题,通过分析核心文档和学科聚类在不同时期的交叉引用来发现新兴主题[7]。卡塔尔迪等(Cataldi et al.)采用一种新的术语老化模型,计算 Twitter 上每个术语的突发性,使用户能够搜索他们感兴趣的新兴主题。[8]

---

[1] 肖明、陈嘉勇、李国俊:《基于 CiteSpace 研究科学知识图谱的可视化分析》,《图书情报工作》2011 年第 6 期,第 91—95 页。

[2] 周金侠:《基于 CiteSpace Ⅱ 的信息可视化文献的量化分析》,《情报科学》2011 年第 1 期,第 98—101、112 页。

[3] 卫军朝、蔚海燕:《基于 CiteSpace Ⅱ 的数字图书馆研究热点分析》,《图书馆杂志》2011 年第 4 期,第 70—77、88 页。

[4] Schult, R., & Spiliopoulou, M., "Discovering emerging topics in unlabelled text collections", In Manolopoulos, Y., Pokorny, J. & Sellis, T. (eds.) *Advances in Databases and Information Systems*, *Lecture Notes in Computer Science*, Berlin: Springer, Vol. 4152, 2006, pp. 353-366.

[5] Khan, M. S., Coenen, F., Reid, D., Patel, R., and Archer, L., "A sliding windows based dual support framework for discovering emerging trends from temporal data", *Knowledge Based Systems*, Vol. 23, No. 4, 2010, pp. 316-322.

[6] Lee, W. H., "How to identify emerging research fields using scientometrics: An example in the field of Information Security", *Scientometrics*, Vol. 76, No. 3, 2008, pp. 503-525.

[7] Glanzel, W., Thijs, B., "Using 'core documents' for detecting and labelling new emerging topics", *Scientometrics*, Vol. 91, No. 2, 2012, pp. 399-416.

[8] Cataldi, M., Caro, L. D., and Schifanella, C., "Personalized emerging topic detection based on a term aging model", *ACM Transactions on Intelligent Systems and Technology*, Vol. 5, No. 1, 2013, pp. 1-27.

高桥等（Takahashi et al.）提出，通过度量 Twitter 发布中的异常来识别新兴主题，并取得比基于词频的传统方法更好的性能。[1]

此外，国内学者还采用内容分析法、引文分析法等对文献内容进行系统的定量分析，对大量的文献进行标注，通过特征识别研究文献中隐含的深层信息。陈悦等人利用多维尺度等方法绘制了中国管理科学作者的合作情况知识图谱。[2] 韩涛提出采用共词、共引等方法对主题数据聚类。[3] 他认为，主题簇之间的关系由特定阈值的共词或共引关联强弱来确定，通过自动检测分析不同阈值的聚类结构之间的差异性，可以发现宏观结构性的潜在结构，从而反映出科学领域的主题分布结构。该项研究揭示了共被引分析中隐藏在低阈值层中有重要意义的潜在簇。王翼等人采用基于极大团的社团发现算法和基于中心的社团演化算法分析生命科学领域的合作者网络，对中国生命科学中 150 万论文杂志聚类，发现我国医学研究前沿。[4] 章成志等人采用主题聚类方法，基于主题的角度对包含时间信息的学科学术论文集进行了主题分析与主题聚类，通过全面分析后归纳出某一特定学科的研究热点和这些热点的发展趋势。[5] 实验结果表明，基于主题聚类的学科热点及其趋势监测方法，其监测结果在很大程度上接近于常规方法的监测结果。但基于主题聚类的监测方法在监测成本和监测信息时效方面得到改善，通过对学科领域的文献信息可视化使研究人员能够直观地辨识出学科研究前沿的演化路径及学科领域内的经典基础文献。

---

[1] Takahashi, T., Tomioka, R., & Yamanishi, K., "Discovering emerging topics in social streams via link-anomaly detection", *IEEE Transactions on Knowledge and Data Engineering*, Vol. 26, No. 1, 2014, pp. 120–130.

[2] Chen, Y. & Liu, Z., *Co-authorship on management science in China*, Proceedings of the 10th Internationai Conference of the Internationai Society for Scitometrics and Informetrics, Stockhoim, Sweden: Karoiinska Unversity Press, 2005.

[3] 韩涛：《知识结构演化深度分析的方法及其实现》，博士学位论文，中国科学院文献情报中心，2008 年。

[4] 王翼、杜楠、吴斌：《复杂网络在文献信息服务中的应用及实现方法》，《数字图书馆论坛》2008 年第 6 期，第 34—37 页。

[5] 章成志、梁勇：《基于主题聚类的学科研究热点及其趋势监测方法》，《情报学报》2010 年第 2 期，第 342—349 页。

这些方法和系统为学术文献和专利数据库、社交网络发布等各种文档集中的新兴主题探测提供了丰富的线索和工具。研究者对新兴主题的检测和可视化付出了充分的努力。然而，列举或可视化新兴主题实际上并不是知识发现的目的。进一步深入分析或采取其他方式利用新兴主题的结果可以使研究者更好地了解新兴主题的贡献者，这将反过来产生更多的新兴主题。

3. 新兴主题探测的实证研究

在丰富的检测和可视化新兴主题的方法论支持下，关于新兴主题的实证研究已经在各个领域中进行。典型的范例包括知识管理[1]、情报学[2][3][4]、信息计量学[5]、知识图谱[6]、信息安全[7]、大灭绝和恐怖主义[8]、生命科学、应用科学和社会科学[9]、商业[10]、战略管理[11]

---

[1] 张勤、马费成：《国外知识管理研究范式——以共词分析为方法》，《管理科学学报》2007年第6期，第65—75页。

[2] 赖茂生、王琳、李宇宁：《情报学前沿领域的调查与分析》，《图书情报工作》2008年第3期，第6—10页。

[3] 杨文欣、杜杏叶、张丽丽、李璐：《基于文献的情报学前沿领域调查分析》，《图书情报工作》2008年第3期，第11—14页。

[4] 赖茂生、王琳、杨文欣、李宇宁：《情报学前沿领域的确定与讨论》，《图书情报工作》2008年第3期，第15—18页。

[5] 王伟、王丽伟、朱红：《国际信息计量学研究前沿与热点分析》，《医学信息学杂志》2010年第2期，第1—4、25页。

[6] 范云满、马建霞、曾苏：《基于知识图谱的领域新兴主题研究现状分析》，《情报杂志》2013年第9期，第88—94页。

[7] Lee, W. H., "How to identify emerging research fields using scientometrics: An example in the field of Information Security", *Scientometrics*, Vol. 76, No. 3, 2008, pp. 503-525.

[8] Chen, C., "CiteSpace Ⅱ: Detecting and visualizing emerging trends and transient patterns in scientific literature", *Journal of the American Society for Information Science and Technology*, Vol. 57, No. 3, 2006, pp. 359-377.

[9] Glänzel, W., Thijs, B., "Using 'core documents' for detecting and labelling new emerging topics", *Scientometrics*, Vol. 91, No. 2, 2012, pp. 399-416.

[10] Griffith, D. A., Cavusgil, S. T., & Xu, S., "Emerging themes in international business research", *Journal of International Business Studies*, Vol. 39, No. 7, 2008, pp. 1220-1235.

[11] 侯剑华、陈悦：《战略管理学前沿演进可视化研究》，《科学学研究》2007年第S1期，第15—21页。

领域，或在特定的刊物，如《图书情报工作》① 中新兴主题的分析。

许振亮等人运用多维尺度、聚类分析、因子分析等可视化技术，分析发现国际生物科学与工程技术领域存在以"基因工程、蛋白质工程、酶工程"、"基因组学、蛋白质组学"与"细胞工程、组织工程"为内涵的三个主流知识群，绘制出国际生物科学与工程技术前沿领域的知识图谱。② 刘菁等人应用 CiteSpace 软件对《中文核心期刊要目总览》（2008 年版）和 CSSCI 数据库中 1998—2009 年所有"移动学习"文献进行定量和定性分析，绘制了关键词共现网络，对国内移动学习的变化趋势和研究热点进行了可视化分析。③ 侯剑华等人应用 CiteSpace 工具，对 Web of Science 数据库中的纳米文献进行了信息可视化分析，绘制了突现词共引混合网络图谱。④ 赵蓉英等人利用 CiteSpace 工具对 Web of Knowledge 数据库中的网络计量学文献进行了图谱分析，通过检测主题变化来确定网络计量学的研究热点和发展趋势，发现网络计量学的新兴主题包括网站、社会网络、链接分析等。⑤

陈立新等人以力学领域的 14 种国际代表性期刊为研究对象，利用 CiteSpace 软件对引文和主题词数据进行分析，生成共被引文献网络和施引文献主题词共词网络组成的共被引与共词的混合网络图，以知识图谱的方式揭示了流体力学主流研究、固体力学主流研究和计算力学主流研究等的演化过程、研究热点和前沿发展趋势。⑥ 李

---

① 侯素芳、汤建民、朱一红、余丰民：《2000—2011 年中国图情研究主题的"变"与"不变"——以〈图书情报工作〉刊发的论文为样本》，《图书情报工作》2013 年第 10 期，第 25—32 页。

② 许振亮、刘则渊、葛莉、赵玉鹏：《基于知识图谱的国际生物科学与工程前沿计量研究》，《情报学报》2009 年第 2 期，第 296—302 页。

③ 刘菁、董菁、韩骏：《基于科学知识图谱的国内移动学习演进与前沿热点分析》，《中国电化教育》2012 年第 2 期，第 126—130 页。

④ 侯剑华、刘则渊：《纳米技术研究前沿及其演化的可视化分析》，《科学学与科学技术管理》2009 年第 5 期，第 23—30 页。

⑤ 赵蓉英、王静：《网络计量学研究热点与前沿的知识图谱分析》，《情报学报》2011 年第 4 期，第 424—434 页。

⑥ 陈立新、刘则渊、梁立明：《力学各分支学科研究前沿和发展趋势的可视化分析》，《情报学报》2009 年第 5 期，第 736—744 页。

雅等采用聚类分析与多维尺度分析（MDS）图谱相互验证的方法，将 Web of Science 数据库中与动物肠道纤维素酶基因工程相关的关键词聚为关键词类别，根据关键词类别反映该领域的研究趋势及关键词的相关性。① 马费成和宋恩梅利用作者同被引分析方法，揭示了 1994—2005 年之间我国情报学学科的结构和研究状况。②

在具体领域的新兴主题实证研究演示了各种技术如何应用于检测和可视化新兴主题，并揭示所在领域的研究前沿。然而，很少有研究对科研机构和新兴主题之间的联系进行探索。新兴研究主题不断涌现，来自不同科研机构的学者对其进行探索。针对不同科研机构对新兴主题的贡献度调查有助于促进科研机构之间的交流与合作，并鼓励科研机构进行更多的创新。

三 热点主题及其探测方法与实践

1. 热点主题的探测方法研究

关于热点主题的探测方法与实践，许多学者进行了大量研究。一个典型的热点主题分析通常通过术语频率计数，并识别高频术语。聚类分析往往与热点主题探测相结合或先于其进行。例如，布伦斯等（Bruns et al.）从澳大利亚博客中提取最常用的关键词，分析不同博客聚类中的热点话题内容。③ 一些先进的方法，如基于人工神经网络技术的方法也被提出用于检测热点主题。例如，安璐和李纲提出并采用一种新的自组织映射（SOM）输出——属性叠加矩阵，从 60 种图情英文期刊中识别出七组热点主题。④ 安璐等人分别从中美图情科研机构的公开出版物中识别出前十个热点受控术语，

---

① 李雅、黄亚娟、杨明明、陈玉林：《知识图谱方法科学前沿进展实证分析——以动物肠道纤维素酶基因工程研究为例》，《情报学报》2012 年第 5 期，第 479—486 页。

② 马费成、宋恩梅：《我国情报学研究分析：以 ACA 为方法》，《情报学报》2006 年第 3 期，第 259—268 页。

③ Bruns, A., Burgess, J., Highfield, T., Kirchhoff, L., & Nicolai, T.," Mapping the Australian Networked Public Sphere", *Social Science Computer Review*, Vol. 29, No. 3, 2011, pp. 277-287.

④ 安璐、李纲：《国外图书情报类期刊热点主题及发展趋势研究》，《现代图书情报技术》2010 年第 9 期，第 48—55 页。

提出一种新的 SOM 输出方式——综合成分图，揭示对中美热点受控术语做出主要贡献的科研机构。[1] 然而，被调查研究机构对各热点主题的贡献度仍然是未知的，也没有区分每个术语的热点程度。

共词分析法最早于 20 世纪 80 年代后期由法国文献计量学家劳等（Law et al.）提出[2]；到了 20 世纪 90 年代，更多研究者通过共词聚类方法分析各自的学科领域，使共词聚类方法得到快速发展，成为数据挖掘研究中的热门使用方法。研究者通常用聚类方法处理所构建的共词矩阵，揭示学科领域的研究主题结构。经过多年的发展，该方法已经普遍应用于学科领域热点主题的探索。

共词分析法属于内容分析法中的一种，主要是统计分析一组词同时出现在一篇文献中的频次，通过统计出来的"共现"频次大小反映词与词之间的关联程度强弱。两个词的共词强度（指两个词同时出现于一篇文献中的频次）越高，则这两个词之间的关系越密切；反之，则这两个词之间的关系越疏远。在共词聚类法应用中，SPSS 等统计软件可提供聚类分析（冰柱图分析和树状图分析）与多维尺度分析功能，用于探索学科领域的研究热点分布和主题结构。

早在 1996 年，崔雷在《专题文献高频主题词的共词聚类分析》中发现，运用共词聚类分析法对某一专题文献的高频主题词是非常有效的，其表现形式容易理解，而且一目了然，结果令人满意。[3] 与文献计量方法中单纯的主题词统计和排序、再分析研究热点和学科主题变化的相比，共词聚类分析法不仅筛选出高频的主题词，更注重这些词之间的关联性和联系程度，能够更好地反映研究主题之间的关系。与同被引聚类分析法相比，共词聚类分析法的主要特点是：被分析和聚类的对象是关键词，词与词之间的关系代表着概念

---

[1] An, L., Yu, C. & Li, G., "Visual topical analysis of Chinese and American Library and Information Science research institutions", *Journal of Informetrics*, Vol. 8, No. 1, 2014, pp. 217-233.

[2] Law, J., Bauin, S., Courtial, J. P., & Whittaker, J., "Policy and the mapping of scientific change: A co-word analysis of research into environmental acidification", *Scientometrics*, Vol. 25, No. 14, 1988, pp. 251-264.

[3] 崔雷:《专题文献高频主题词的共词聚类分析》,《情报理论与实践》1996 年第 19 期, 第 49—51 页。

间相互的关系，因而聚类处理之后所形成的类当能够比较容易理解，而且一目了然地揭示学科的结构或主题的变化。崔雷正是根据上述原理，选取某一专题的文献运用共词聚类分析法对某一专题文献的高频主题词进行聚类，从而将此方法应用于图情领域，尤其是科学计量学研究的探索与实践中。

郭春侠和叶继元通过对国外2005—2009年发文中的高频词进行共现聚类分析，揭示这些高频词之间的亲疏关系，从而归纳出国外这五年间图情学科研究关注的领域。[①] 马费成等人对CNKI数据库中十年期间知识管理领域发表的期刊论文进行共词聚类分析，采用系统聚类法，对各关键词之间的关联程度进行研究总结，探讨了国内外知识管理领域的研究热点和结构变化。[②] 杨颖和崔雷筛选出医学信息学领域的高频主题词，用一种改进的共词聚类法分析该领域的热点主题演变。[③] 王小华等人运用IDF关键词提取方法提取新闻语料库中的关键词，然后构建共词矩阵，采用Bisecting K-means算法进行聚类。实验结果证明，该方法具有可实施性和准确性，可用于发现网络热点主题。[④] 陆伟教授等人采用自组织映射方法对关键词相似性矩阵进行训练，生成U-matrix输出，结合SOM结点中关键词的语义和背景颜色，采用人工方法将所有关键词分为不同的聚类，每个聚类分别代表该学科领域内的一个研究热点主题。[⑤]

除了数学和自动化方法，一些主观方法，如德尔菲法和文献综述法也被用于识别热点主题。例如，麦尔肯等（Malcolm et al.）采用德尔菲法来确定关键利益相关者对于儿童临终关怀意见的热点主

[①] 郭春侠、叶继元：《基于共词分析的国外图书情报学研究热点》，《图书情报工作》2011年第20期，第19—22页。

[②] 马费成、张勤：《国内外知识管理研究热点——基于词频的统计分析》，《情报学报》2006年第2期，第163—171页。

[③] 杨颖、崔雷：《应用改进的共词聚类法探索医学信息学热点主题演变》，《现代图书情报技术》2011年第1期，第83—85页。

[④] 王小华、徐宁、谌志群：《基于共词分析的文本主题词聚类与主题发现》，《情报科学》2011年第11期，第1622—1624页。

[⑤] 陆伟、彭玉、陈武：《基于SOM的领域热点主题探测》，《现代图书情报技术》2011年第1期，第63—68页。

题，并建议它们成为未来的研究重点。① 韦勒姆等（Wareham et al.）强调移动计算产业中的热点主题，回顾了关于这些主题的研究。② 温斯顿（Winston）也进行了类似的研究，将律师事务所知识管理的论文首次分为几个热点主题，然后进行分析。③

2. 热点主题分析的方法与实证研究

与热点主题相关的实证研究涉及多个领域，如图书馆学情报学、医疗保健、移动计算、知识管理和网络博客。

热点主题的识别也为其他研究奠定了基础，如多文档综合。例如，匹沃渥斯基等（Piwowarski et al.）提出一种基于量子信息存取的框架，首先从文档中提取热点主题，然后从每个主题的不同文档中抽取热点语句，生成摘要。④

大多数图情领域的热点研究主题及其发展趋势的研究是采用文献计量学的方法⑤和共词分析⑥。1969 年，普里查德（Pritchard）首先提出文献计量学的术语。⑦ 1976 年，纳林（Narin）等人首先提出评价性文献计量学的术语。⑧ 库斯亚尔（Courtial）根据科学交流网络的属性，利用共词分析的方法来分析科学计量领域的研究趋势，

---

① Malcolm, C., Knighting, K., Forbatm L., & Kearney, N., "Prioritisation of future research topics for children's hospice care by its key stakeholders: A Delphi study", *Palliative Medicine*, Vol. 23, No. 5, 2009, pp. 398–405.

② Wareham, J. D., Busquets, X. & Austin, R. D., "Creative, convergent, and social: Prospects for mobile computing", *Journal of Information Technology*, Vol. 24, No. 2, 2009, pp. 139–143.

③ Winston, A. M., "Law firm knowledge management: A selected annotated bibliography", *Law Library Journal*, Vol. 106, No. 2, 2014, pp. 175–197.

④ Piwowarski, B., Amini, M. R., & Lalmas, M., "On using a quantum physics formalism for multidocument summarization", *Journal of the American Society for Information Science and Technology*, Vol. 63, No. 5, 2012, pp. 865–888.

⑤ 胡海荣、赵丽红：《2002—2007 年浙江省图书情报学研究论文的文献计量分析》，《图书馆研究与工作》2008 年第 4 期，第 24—28 页。

⑥ 李纲、吴瑞：《国内近十年竞争情报领域研究热点分析——基于共词分析》，《情报科学》2011 年第 9 期，第 1289—1293 页。

⑦ Pritchard, A., "Statistical bibliography or bibliometrics", *Journal of Documentation*, Vol. 25, No. 4, 1969, pp. 348–349.

⑧ Narin, F., Pinski, G. & Gee, H. H., "Structure of the biomedical literature", *Journal of the American Society for Information Science*, Vol. 27, No. 1, 1976, pp. 25–45.

并预测该领域的未来发展趋势。① 丁（Ding）通过调查被 SCI 和 SSCI 收录的相关论文，分析了一定时期内信息检索领域的主题与变化。② 周爱民研究了知识管理领域的热点研究主题的变化。③

20 世纪 90 年代，加拿大蒙特利尔大学的德普（Dalpe）教授等人整理了一份关于国际纳米科技研究现状的分析报告提供给加拿大国家研究理事会（NRC），通过分析统计国际纳米科技研究领域中的关键词的词频，总结归纳了纳米科技论文和专利在全球各个地区的分散和布局情况。④ 黄小燕运用词频分析方法对 1999—2003 年情报学领域的论文关键词进行了统计，总结这五年间情报学领域的研究热点和发展变化的情况。⑤ 一些研究者表明，对热点主题的研究正处于快速增长势头，在未来将成为主流研究热点。⑥

黄晓斌分析了 1994—2002 年间国家社会科学基金图情档领域的立项项目数据，通过人工选择学科领域的研究主题，研究了项目主题内容的发展轨迹，分析得出图情档领域研究的热点。⑦ 苏新宁对 CSSCI 收录的图情档学科论文的关键词以及被引次数较高的论文进行分析，分析总结该学科的研究热点与趋势。⑧

迄今为止，论文关键词或主题词通常被热点主题研究者作为分析单元。研究者通常提取高频术语，构建术语共现矩阵，通过共词

---

① Courtial, J. P., "A co-word analysis of scientometrics", *Scientometrics*, Vol. 31, No. 3, 1994, pp. 251-260.

② Ding, Y., Chowdhury, G. G., & Foo, S., "Bibliometrics cartography of information retrieval research by using co-word analysis", *Information Processing and Management*, Vol. 37, No. 6, 2001, pp. 817-842.

③ 周爱民：《从 2006 年中文文献关键词看知识管理领域研究热点的变迁》，《现代情报》2007 年第 10 期，第 110—113 页。

④ Dalpe, R., Gauthier, E., Lppersiel, M. P., *The State of Nanotechnology Research: Report to the National Research Council of Canada*, 1997.

⑤ 黄晓燕：《情报领域研究热点透视——情报领域论文关键词词频分析（1999—2003）》，《图书与情报》2005 年第 6 期，第 82—84、110 页。

⑥ 王小华、徐宁、谌志群：《基于共词分析的文本主题词聚类与主题发现》，《情报科学》2011 年第 11 期，第 1622—1624 页。

⑦ 黄晓斌：《我国图书馆、情报与文献学研究热点的发展——近年来国家社会科学基金立项项目的分析》，《情报资料工作》2003 年第 1 期，第 13—16 页。

⑧ 苏新宁：《图书馆、情报与文献学研究热点与趋势分析 2000—2004——基于 CSSCI 的分析》，《情报学报》2007 年第 3 期，第 373—383 页。

聚类分析探索学科热点及前沿主题。分析当前学科领域的研究热点，有助于揭示展示该学科领域的研究主题结构。

3. 图情领域的热点主题研究

随着信息技术与互联网的发展，网络信息资源不断增长，人们面临信息超载的挑战。同时，各学科领域对信息技术的利用程度不断加深，信息系统和信息管理实践也在不断完善和改进，人们越来越认识到信息管理的重要性。因此，图书馆学情报学研究也随之受到很深的影响和强大的冲击力，图情学科正经历着跨越式发展。图书情报事业所面临的巨大变化使得图情领域的研究出现了大量的热点主题。因此，关于图情领域的热点主题研究纷至沓来。

张果果对重庆维普中文期刊数据库1996—2005年期间图书馆学论文，按照中图法的主题分类进行统计分析，发现图书馆学基础理论、图书馆管理、读者工作和各类型图书馆是近十年的研究热点。① 赵晓玲从维普中文科技期刊数据库收录的17种图书情报学核心期刊自2001年至2006年间关于图书馆基础理论研究的论文关键词中提取高频词，进行共词聚类分析，发现这五年来基础理论研究中的热点问题。② 刘孝文从2002—2006年国家社会科学基金课题指南和图书馆学研究生培养方向中提取高频词，并运用共词聚类分析来考察图书馆研究现状。③

李长玲和翟雪梅从CNKI中国优秀硕士学位论文全文数据库中搜集了2002—2006年图书馆学专业硕士学位论文，从学位论文中提取高频关键词，进行共词聚类分析，发现图书馆学硕士学位论文的研究热点。④ 魏群义等人对2001—2010年期间的情报学学位论文的关键词进行统计分析，结果发现我国情报学学位论文的研究主题

---

① 张果果：《图书馆学近十年来研究热点分析及趋势预测》，《新世纪图书馆》2007年第1期，第13—15页。

② 赵晓玲：《近五年来我国图书馆学基础理论研究热点问题探析》，《图书馆学刊》2008年第1期，第24—27页。

③ 刘孝文：《试论我国图书馆学研究热点及走向——基于国家社科基金课题指南和研究生培养方向的分析》，《情报资料工作》2007年第1期，第30—33页。

④ 李长玲、翟雪梅：《基于硕士学位论文的我国图书馆学与情报学研究热点分析》，《情报科学》2008年第7期，第1056—1060页。

主要为图书馆信息服务、信息检索与技术、竞争情报与知识产权、情报技术与应用四大类别,其中知识管理、电子商务、竞争情报等主题是学位论文研究的热点。[①] 安璐等人构造了自组织映射用于数据分析的方法体系[②],并分析了60种有代表性的国外图书情报类期刊的热点主题及Journal of Information Science (JIS) 1981—2007年的主题发展趋势与规律[③],其研究方法为期刊热点主题识别及发展趋势研究提供了较为完整的工具与思路。

曹玲等人收集了CNKI中国期刊全文数据库中收录的1997—2008年与竞争情报相关的期刊论文,研究各高频关键词之间的内在联系,分析竞争情报领域的研究热点,管窥国内竞争情报领域的研究现状。[④] 曹福勇和詹佳佳对ProQuest博硕士论文文摘数据库中收录的2005—2009年图书馆学学科的博士学位论文中的关键词进行统计,并对其高频关键词进行共词聚类分析,揭示国外图书馆学博士学位论文的研究热点。[⑤]

综上所述,现有的研究非常重视热点主题探测方法或是从期刊、学位论文等学术文献中识别特定领域的热点主题,开展实证研究。然而,很少有研究去探索科研机构对热点主题的贡献度,这比识别整个领域的热点主题粒度更细。有关科研机构对热点主题的贡献度研究结果将有助于各科研机构了解其研究实力以及热点主题在科研机构之间的分布。此外,现有的研究成果大多是给出特定学科领域的热点主题列表或聚类结果,较少以可视化的方式输出热点主题及聚类的构成。本书第六章将在识别热点主题及其聚类的基础上,构建科研机构对热点主题的贡献度测量方法,并利用信息可视

[①] 魏群义、侯桂楠、霍然:《近10年国内情报学硕士学位论文研究热点统计分析》,《图书情报工作》2012年第2期,第35—39页。

[②] 安璐、张进、李纲:《自组织映射用于数据分析的方法研究》,《情报学报》2009年第5期,第720—726页。

[③] 安璐、李纲:《国外图书情报类期刊热点主题及发展趋势研究》,《现代图书情报技术》2010年第9期,第48—55页。

[④] 曹玲、杨静、夏严:《国内竞争情报领域研究论文的共词聚类分析》,《情报科学》2010年第6期,第923—930页。

[⑤] 曹福勇、詹佳佳:《基于共词聚类的国外图书馆学博士学位论文研究热点分析》,《中山大学研究生学刊》(社会科学版)2010年第3期,第103—110页。

化方法显示其结果。

四 博物馆藏品的主题分析

鉴于第八章将以博物馆为例，建立文化机构的主题特征可视化挖掘方法体系，因此有必要回顾现有的博物馆藏品主题分析的成果。关于博物馆的主题分析，现有的相关文献主要是研究博物馆陈列的主题及其主题表示以及博物馆藏品的主题研究。

1. 博物馆陈列的主题及主题表示

博物馆陈列的主题设置及主题表示是博物馆藏品展览的重要任务。博物馆陈列的主题设置的合理性及主题表示的充分性与有趣度关系到博物馆藏品对游览者的吸引力与访问量，因此许多博物馆工作人员与研究者都对博物馆陈列的主题及主题表示进行了诸多研究。

冯克坚等人以中国文字博物馆和殷墟博物馆基本陈列为案例，探讨了博物馆陈列内容和陈列形式之间的关系，指出两大博物馆都在主题表达方式上力求突出陈列主题，但仍然存在陈列的缺失点。[1] 庞进概述了位于湖南省凤凰县南华山景区的凤凰博物馆各单元所展示的主要内容及展示方式，阐述了凤凰文化的"和美"精髓以及"炼古、容舍、创新"的功能。[2] 刘丹青以石头记大观园为例，策划了12个地质博物馆群落及其主题公园，包括宇宙天文与陨石博物馆、地球历史与岩石演化博物馆等，但是并未说明这些博物馆群落策划的理论依据。[3]

陆妍梅从选择展览主题、编写陈列大纲、选择上展文物以及陈展形式等几个方面详细阐述了地方综合性博物馆陈列展览主题的表达。[4] 范秀萍对中文社科引文索引（CSSCI）收录的1998—2012年

---

[1] 冯克坚、唐际根：《博物馆陈列的主题与主题的表达》，《殷都学刊》2014年第3期，第113—115页。

[2] 庞进：《凤凰博物馆的主题策划与展示方式》，《文博》2010年第4期，第85—90页。

[3] 刘丹青：《论返璞归真的地学博物馆及其主题公园的空间艺术设计——以石头记大观园设计策划为例》，《大众文艺》2014年第6期，第85—86页。

[4] 陆妍梅：《地方综合性博物馆陈列展览主题的表达》，《文艺生活·文海艺苑》2014年第12期，第257—258页。

有关博物馆研究论文进行了统计,发现与博物馆相关的论文主要分布在《东南文化》、《文物》、《鲁迅研究月刊》等历史学、考古学、中国文学等学科的期刊上,研究热点包括生态博物馆、文化遗产、文物等,并进行了文献、作者与期刊共被引分析。①

上述研究只是对博物馆藏品的主题进行简单的归类与组织,并未对藏品的主题进行深入的分析与挖掘,也缺乏从博物馆层次对国内外同行的藏品主题分布进行调查与比较,属于就专门的藏品类别进行具体的陈列方案研究。

2. 藏品的主题研究

博物馆陈列的主题与主题表示研究并未对藏品主题进行深入的分析与挖掘。随着博物馆陈列的单调性与对游览者的吸引力不足现象的出现,博物馆从业人员越来越意识到对藏品的主题分析的必要性与重要性。胡云飞认识到博物馆藏品主题研究的重要性,指出一方面要辨别藏品的真伪,另一方面要深入了解藏品中包含的丰富信息,才能提升陈展质量,以确保陈列内容的科学性、艺术性和可行性。②但是作者未给出系统的博物馆藏品主题分析的具体内容与详细的、可操作性的步骤与流程。

有些学者针对博物馆中特定类别的藏品进行了专业且深入的分析,如高启新等人对温州博物馆婴戏馆的若干藏品进行了详细的描述,结合相关的历史、考古与文化知识予以深入的鉴赏分析。③除了博物馆界的藏品主题分析,投资界也对特定主题的收藏品分布与价值进行了研究,如张忱对马题材的收藏品国画与唐三彩的市场行情进行了解析④,可看作特定主题类别的藏品分布研究。

---

① 范秀萍:《博物馆研究文献计量与知识图谱分析》,《情报探索》2014 年第 1 期,第 17—21 页。

② 胡云飞:《浅论博物馆藏品研究与陈展质量的提升》,《赤子》2013 年第 10 期,第 45 页。

③ 高启新、吴祖凯:《温州博物馆婴戏馆藏品赏析》,《文物鉴定与鉴赏》2012 年第 6 期,第 26—29 页。

④ 张忱:《马题材收藏品国画与唐三彩市场行情解析》,《理财(收藏)》2014 年第 4 期,第 90—91 页。

这类针对具体藏品的主题研究固然有助于特定主题的深入挖掘，但是由于其选题过于局限，缺乏对博物馆藏品主题的整体把握，使普通游览者只见树木，不见森林。此外，这类藏品主题研究在很大程度上依赖于领域知识，仅适用于特定类别的藏品，其分析方法与过程难以移植到其他类别的藏品（如上述婴戏馆的主题分析与马题材的国画收藏品的主题分析内容存在较大差异），不具有可推广性，效率不高。

综上所述，现有研究要么是阐述博物馆陈列的主题表达的一般方式、原则与流程，要么是针对某个特定的博物馆阐述陈列主题的选择与表达的具体做法。现有的博物馆主题陈列方式大多是依赖于有限的领域知识与策划者的主观判断。关于博物馆藏品的主题分析，人们认识到其重要性，但是缺乏一套系统科学的藏品主题分析方法，只是针对特定类别的藏品利用领域知识进行专业性的具体分析。很少有学者系统地研究同类博物馆的主题分布与特征，从整体上把握博物馆藏品主题的内在结构与联系，揭示不同博物馆之间的共同点与差异，为游览者提供主题导览。

五 信息可视化技巧

由于科学出版物呈指数率增长，相关研究者开发并应用越来越多的信息可视化技巧，对其进行评价，并从海量的科学出版物中生成有用的知识。典型的范例包括 iOPENER Workbench[1]，后来命名为 Action Science Explorer（ASE）[2]、GoPubMed[3]、Web of Knowledge

---

[1] Dunne, C., Shneiderman, B., Dorr, B., & Klavans, J., *iOpener Workbench: Tools for rapid understanding of scientific literature*, In Human-Computerinteraction Lab 27th Annual Symposium University of Maryland, College Park, MD. [2010-05-27]. ftp://ftp. umiacs. umd. edu/pub/bonnie/iOPENER-5-27-2010. pdf.

[2] Dunne, C., Shneiderman, B., Gove, R., Klavans, J., and Dorr, B., *Rapid understanding of scientific paper collections: Integrating statistics, text analysis, and visualization*, University of Maryland, Human-Computer Interaction Lab Tech Report HCIL-2011, 2011.

[3] Transinsight, *GoPubMed* [2011-12-31]. http://www. gopubmed. org.

的引文树①、VxInsight②③以及由著名学科陈超美教授开发的基于CiteSpace的可视化方法④。

上述可视化研究通常是聚集在基于引文或共引网络的作者或论文层次。实际上，丰富的公开出版物及其涉及的关键词、受控术语或分类号以及从文化资源中提取的元数据为挖掘科研文化机构的研究领域和资源主题提供了潜在的线索。然而，较少有研究者基于机构所包含的主题内容在机构层次上开展研究。

信息可视化的工具众多，典型的工具包括SPSS、TDA⑤、CiteSpace⑥、PersonalBrain⑦等。其中，SPSS是Statistical Package for Social Sciences的简称，即社会科学统计程序。它用对话框方式实现各种管理和数据分析功能，包括基础统计、高级统计、专业统计等几个大类的统计分析，清晰直观，易学易用，已广泛应用于生物学、教育学、心理学、医疗卫生等领域。⑧ TDA是Thomson Data Analyzer的简称，是Derwent Analytics的升级产品。⑨ 由于汤姆逊公司

---

① Thomson Reuters, *ISI web of knowledge* [2011-12-31]. http://www.isiwebofknowledge.com.

② Boyack, K. W., & Börner, K., "Indicator-assisted evaluation and funding of research: Visualizing the influence of grants on the number and citationcounts of research papers", *Journal of the American Society for Information Science and Technology*, Vol. 54, No. 5, 2003, pp. 447-461.

③ Davidson, G. S., Hendrickson, B., Johnson, D. K., Meyers, C. E., & Wylie, B. N., "Knowledge Mining with Vxinsight: Discovery through Interaction", *Journalof Intelligent Information System*, Vol. 11, No. 3, 1998, pp. 259-285.

④ Chen, C., "Searching for intellectual turning points: Progressive knowledge domain visualization", *Proceedings of the National Academy of Sciences of the United States of America*, Vol. 101, No. 1, 2004, pp. 5303-5310.

⑤ 廖胜姣：《科学知识图谱绘制工具：SPSS和TDA的比较研究》，《图书馆学研究》2011年第3期，第46—49页。

⑥ 卫军朝、蔚海燕：《基于CiteSpace II 的数字图书馆研究热点分析》，《图书馆杂志》2011年第4期，第70—78页。

⑦ 韩永青：《高校图书馆学科知识服务可视化研究——学科思维导图绘制》，《情报科学》2011年第8期，第1262—1267页。

⑧ 卢纹岱、朱一力、沙捷：《SPSS for windows 从入门到精通》，电子工业出版社1997年版，第121—151页。

⑨ 李鹏：《Thomson Data Analyzer软件介绍》，《专利文献研究》2008年第2期，第1—15页。

对于科学知识图谱的研究及应用处于世界前列,该软件在绘制科学知识图谱方面的功能很强大。[①] 相对于其他信息可视化工具,对该软件的功能进行剖析的文献比较少,用以进行科学知识图谱的研究也相对较少。

CiteSpace Ⅱ是美国著名信息可视化专家陈超美博士开发的科学图谱及知识可视化软件,采用谱聚类的方法对共被引网络进行聚类,分别通过 TF-IDF、Log-likelihood ratio(LLR)、Mutual information(MI)三种抽词排序法则从引文的标题、文摘、索引词中抽取名词短语,作为共被引聚类的标识,通过 Modularity Q 指标和 Silhouette 指标对聚类结果和抽词结果进行评价,从中选取最合适的结果。[②] 1998 年以来,陈超美博士在《美国信息科学与技术会刊》(Journal of the American Society for Information Science and Technology,现更名为 Jounal of the Assocation for Information Science and Technology)等国际权威期刊上发表了大量关于信息可视化的论文。他利用 CiteSpace 软件,根据社会网络分析中的中间中心性指标(betweenness)识别共引网络中的关键节点,揭示了 1990—2003 年恐怖主义和 1981—2003 年物种灭绝两大主题的研究进展。[③][④] 著名的信息计量学专家怀特(White)和麦凯恩(McCain)[⑤]、诺洋斯(Noyons)[⑥]

[①] 廖胜姣:《科学知识图谱绘制工具:SPSS 和 TDA 的比较研究》,《图书馆学研究》2011 年第 3 期,第 46—49 页。

[②] Chen C., Ibekwe-SanJuan F., & Hou J., "The structure and dynamics of co-citation clusters: A multiple-perspective co-citation analysis", *Journal of American Society for Information Science and technology*, Vol. 61, No. 7, 2010, pp. 1386-1409.

[③] Chen C., "Citespace Ⅱ: Detecting and visualizing emerging trends and transient patterns in scientific literature", *Journal of the American Society for Information and Science and Technology*, Vol. 57, No. 3, 2006, pp. 45-52.

[④] Chen C., "Searching for intellectual turning points: Progressive knowledge domain visualization", *Proceedings of the National Academy of Sciences of the United States of America*, Vol. 101, No. 1, 2004, pp. 5303-5310.

[⑤] White, H. D. & McCain, K. W., "Visualization of Literatures", *Annual Review of Information Science and Technology*, Vol. 32, 1997, pp. 99-168.

[⑥] Noyons E. C. M., "Bibliometrics Mapping of Science in A Science Policy Context", *Scientometrics*, Vol. 50, No. 1, 2001, pp. 83-98.

等人也利用各种信息可视化分析方法与工具,构建知识图谱,分析世界范围内特定学科的前沿领域。

1. 自组织映射

在诸多信息可视化方法中,自组织映射(SOM)是一种被很多学科的研究者广泛使用的方法。实际上,SOM 不仅是一种信息可视化方法,更是一种无监督学习的人工神经网络算法,具有可视化的输出。SOM 算法经过竞争学习,将高维的输入数据映射到低维的输出空间,并保留输入数据的拓扑结构。[①] SOM 输出通常由二维有序的节点网格构成,如图 1—1。

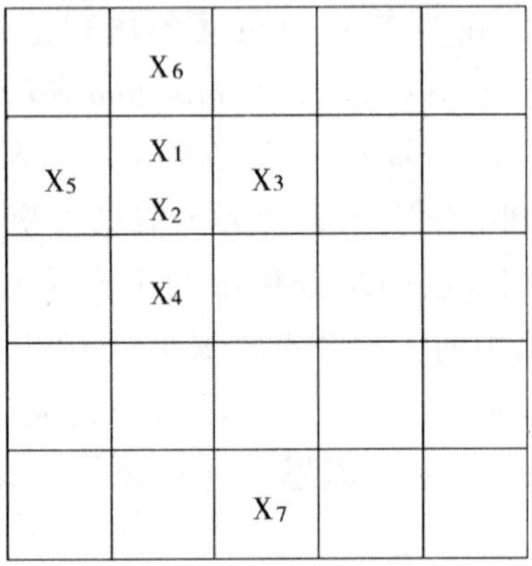

	X_6		
X_5	X_1 X_2	X_3	
	X_4		
	X_7		

图 1—1　SOM 输出示例

每个 SOM 节点与一个 n 维的权向量相联系,其中 n 等于输入数据的属性个数。通常竞争性的机器学习,每个输入数据(如图 1—1 中的 X_1,X_2,…,X_7)被投影到某个 SOM 节点。由于 SOM 输出能够保留输入数据的拓扑结构,因此具有相似属性的输入数据被投影到相同的 SOM 节点(如 X_1 和 X_2)或直接相邻的节点[如 X_1 和 X_3(或 X_4、X_5、X_6)],而那些属性差异很大的输入数据则被投影到距离较远的 SOM 节点(如 X_1 和 X_7)。

---

① Kohonen, T., *Self-organizing maps* (3rd ed.), Berlin: Springer, 2001.

U-matrix 图[1]是由尤奇和西蒙（Ultsch & Siemon）提出的一种常见的 SOM 输出。U-matrix 能够有效地揭示与 SOM 节点相联系的权向量之间的差异，从而揭示输入数据的聚类结构。后来，U-matrix 的定义得以修改及改进。更新后的 U-matrix[2] 与 SOM 输出的长宽度相同。U-matrix 中每个单元的值等于对应的 SOM 节点与其所有直接相邻节点之间的距离之和除以 U-matrix 所有单元中的最大值。U-matrix 值越大，表示与对应 SOM 节点相联系的权向量与直接相邻节点相联系的权向量之间差异越大，反之亦然。结果，U-matrix 值很大的 SOM 节点表示聚类的边缘，而 U-matrix 值较小的 SOM 节点表示聚类本身。将 U-matrix 值转换为特定的颜色，并应用于 SOM 输出的背景颜色，可以显示其差异。因此，用户可以根据 SOM 输出中输入数据的位置和由 U-matrix 定义的背景颜色来观察输入数据的相似与差异程度。

SOM 方法自从其出现之后一直被广泛应用于许多领域与学科，如地理领域的本体分析[3]和地理信息可视化[4]。最近的数据分析范例包括摘要聚类[5]、期刊主题分析[6]、主题目录分析[7]以及电子产品及

---

[1] Ultsch, A., & Siemon, H. P., *Kohonen's self organizing feature maps for exploratory data analysis*, In Proceedings of International Neural Networkconference. Dordrecht, Netherlands: Kluwer Press, 1990, pp. 305-308.

[2] Ultsch, A., *Self-organizing neural networks for visualization and classification*, In Proceedings of Conference of Society for Information and Classification, Dortmund, Germany, 1992.

[3] Mark, D. M., Skupin, A., & Smith, B., "Features, objects, and other things: Ontological distinctions in the geographic domain", In D. R. Montello (ed.), *Lecture Notes in Computer Science* (Vol. 2205) *Spatial Information Theory: Foundations of Geographic Information Science*, Berlin: Springer-Verlag, 2001, pp. 488-502.

[4] Skupin, A., "On geometry and transformation in map-like information visualization", In K. Börner, & C. Chen (eds.), *Lecture Notes in Computer Science* (Vol. 2539) *Visual Interfaces to Digital Libraries*, Berlin, Germany: Springer-Verlag, 2002, pp. 161-170.

[5] Skupin, A., "Discrete and continuous conceptualizations of science: Implications for knowledge domain visualization", *Journal of Informetrics*, Vol. 3, No. 3, 2009, pp. 233-245.

[6] An, L., Zhang, J., & Yu, C., "The visual subject analysis of library and information science journals with self-organizing map", *Knowledge Organization*, Vol. 38, No. 4, 2011, pp. 299-320.

[7] Zhang, J., An, L., Tang, T., & Hong, Y., "Visual health subject directory analysis based on users' traversal activities", *Journal of the American Society for Information Science and Technology*, Vol. 60, No. 10, 2009, pp. 1977-1994.

其属性的分析[①]。

本书第四章和第八章将利用 SOM 方法与自定义的综合成分图（CCP）来研究中美图情科研机构的研究领域和艺术博物馆的藏品主题和艺术家特征。

2. 树图法

树图（Treemap）技术是用于显示大量分层数据集的可视化方法。[②] 自从其出现以来，树图技术已被广泛应用于各种学科。然而，在图情领域，树图技术的应用并不普遍。目前只发现少数研究使用了树图技术来执行分析任务，如数据库知识发现过程中决策树的探索式可视化[③]、政府信息[④]、金融数据[⑤]以及个人数字图书馆界面[⑥]。

树图技术在发展过程中获得了诸多扩展和改进。为了方便数据探索，锐尔斯—贝里奥斯等（Rios-Berrios et al.）开发了 TreeCovery 工具，使用户能够协同放大、过滤和突出两个树图中的信息。[⑦]

[①] An, L., & Yu, C., "Self-organizing maps for competitive technical intelligence analysis", *International Journal of Computer Information Systems and Industrial Management Applications*, Vol. 4, No. 1, 2012, pp. 83–91.

[②] Asahi, T., Turo, D. & Shneiderman, B., "Using Treemaps to visualize the analytic hierarchy process", *Information Systems Research*, Vol. 6, No. 4, 1995, pp. 357–375.

[③] Rojas, W. A. C., & Villegas, C. J. M., "Graphical representation and exploratory visualization for decision trees in the KDD Process", *Proceedings of the 2nd International Conference on Integrated Information (IC-ININFO 2012)*, Budapest, Hungary, August 30–September 3, Vol. 73, 2012, pp. 136–144.

[④] Rios-Berrios, M., Sharma, P., Lee, T. Y., Schwartz, R., & Shneiderman, B., "TreeCovery: Coordinated dual treemap visualization for exploring the Recovery Act", *Government Information Quarterly*, Vol. 29, No. 2, 2012, pp. 212–222.

[⑤] Marghescu, D., *User evaluation of multidimensional data visualization techniques for financial benchmarking*, Proceedings of the European Conference on Information Management and Evaluation, 2007, pp. 341–356.

[⑥] Good, L., Popat, A. C., Janssen, W. C., & Bier, E., "A fluid treemap interface for personal digital libraries", *Research and Advanced Technology for Digital Libraries*, Lecture Notes in Computer Science, Vol. 3652, 2005, pp. 162–173.

[⑦] Rios-Berrios, M., Sharma, P., Lee, T. Y., Schwartz, R., & Shneiderman, B., "TreeCovery: Coordinated dual treemap visualization for exploring the Recovery Act", *Government Information Quarterly*, Vol. 29, No. 2, 2012, pp. 212–222.

生成树图显示的算法包括二叉树、正方形[①]、混合型[②]、带状[③]、切片和切块[④]、拼图[⑤]、Voronoi[⑥]、凸形[⑦]和圆形[⑧]。其中，正方形算法是使用最多的算法，它易于观察，并为调查数据提供了足够的洞察力。

本书第四章和第五章收集了 EI 数据库中中美两国的图情科研机构的公开出版物记录，从中提取受控术语，并从 EI 辞典中检索每个受控术语的相关分类代码和引入时间，提出一种新的新兴和热点主题加权方法，并应用到每个受控术语，用树图显示被调查的科研机构对新兴与热点主题的贡献度。

第三节　研究内容

本书包含多项理论与实验相结合的研究，在分析国内外现有的

[①] Bruls, M., Huizing, K. & van Wijk, J. J., "Squarified treemaps", In W. de Leeuw & R. van Liere, eds., *Data Visualization* 2000: *Proceedings of Joint Eurographics and IEEE TCVG Symposium on Visualization*, Berlin / Heidelberg: Springer-Verlag, 2000, pp. 33-42.

[②] Vliegen, R., van der Linden, E. & vanWijk, J. J., "Visualizing business data with generalized Treemaps", *IEEE Transactions on Visualization and Computer Graphics*, Vol. 12, No. 5, 2006, pp. 789-796.

[③] Bederson, B. B., Shneiderman, B., & Wattenberg, M., "Orded and quantum treemaps: Making effective use of 2D space to display hierarchies", *ACM Transactions on Graphics*, Vol. 21, No. 4, 2002, pp. 833-854.

[④] Shneiderman, B. & Wattenberg, M., *Ordered treemap layouts*, Proceedings of the IEEE Symposium on Information Visualization, San Diego, October 2001, pp. 22-23.

[⑤] Wattenberg, M., "A Note on space-filling visualizations and space-filling curves", *IEEE Symposium on Information Visualization*, October 23-25, 2005, pp. 181-186.

[⑥] Horn, M. S., Tobiasz, M. & Shen, C., *Visualizing biodiversity with Voronoi Treemaps*, In Proceedings of Sixth Annual International Symposium on Voronoi Diagrams in Science and Engineering, Copenhagen, Denmark, June 2009, pp. 23-26.

[⑦] Berg, M., Speckmann, B., & Weele, V., *Treemaps with bounded aspect ratio*, In Proceedings of the 22nd International Symposium on Algorithm Analysis and Computation, Yokohama, Japan, December 5-8, 2011, pp. 260-270.

[⑧] Fischer, F., Fuchs, J. & Mansmann, F., *ClockMap: Enhancing circular Treemaps with temporal glyphs for time-series data*, Proceedings of Eurographics Conference on Visualization, 2012, pp. 97-101.

科研文化机构主题特征分析的基础上，第二章建立科研文化机构主题特征可视化挖掘的理论基础，阐述科研机构研究领域的识别、新兴与热点主题的确定与分析、科研机构研究领域演化的分析内容、博物馆藏品的主题特征分析的内容以及信息可视化方法在该项任务中的应用。第三章详细论述了自组织映射、树图、多维标度等方法与工具用于科研文化机构的主题特征可视化挖掘的方法论。第四章、第五章、第六章、第七章、第八章是科研文化机构的主题特征可视化挖掘的实验研究，以 EI 数据库、中国知网、Getty 研究所的法国艺术家数据库为数据来源，以中美图情科研机构和美国、英国、爱尔兰等国家的艺术博物馆为例，从多个方面对科研文化机构的主题特征进行研究，包括中美图情科研机构的研究领域的可视化比较、科研机构对新兴与热点主题的贡献度分析、科研机构研究领域的演化、博物馆藏品特征的可视化挖掘等内容。第九章总结研究成果、局限性及未来的研究方向。

第二章

科研文化机构的主题特征可视化挖掘的理论基础

第一节 科研文化机构的主题识别与分析

一 科研文化机构的主题数据来源与识别

关于科研文化机构的主题识别,其数据来源通常是学术文献数据库或文化机构的统计数据库。国外最常用的学术文献数据库包括Web of Science、Scopus、Engieering Village、Proquest、INSPEC、Medline(医学)、Research Index、Patents(专利)、ABI/Inform(商业、管理、信息科学)、Academic Search Premier、Expanded Academic ASAP、International Biblographie der Zeitschriften Literature、PAIS International(公共事务、商业、社会科学、国际关系、经济学)、Political Science Abstracts(政治学)、Sociological Abstracts(社会学、家庭研究)、WorldCat等。国内常用的数据来源包括《中文社会科学引文索引》(CSSCI)、中国知网(CNKI)、万方数据库等。

文化机构的统计数据库包括Getty研究所的博物馆数据库、各博物馆网站的数字馆藏、锦州市化石博物馆数据库①、甘肃省博物馆综合信息系统②、CAMIO艺术博物馆数据库③、中华数字书苑艺

---

① 宋洪伟、薄学:《锦州将建化石博物馆数据库》,《国土资源》2013年第10期。
② 王裕昌:《甘肃省博物馆建设的理论与实践》,甘肃人民出版社2010年版,第81页。
③ 《CAMIO艺术博物馆数据库试用通知》(http://lib.tjutcm.edu.cn/info/5502/3057.htm)。

术博物馆数据库①、方正 Apabi 艺术博物馆数据库②等。据不完全统计，截至 2009 年，国内的各类博物馆数量已近 3000 所，有接近半数的博物馆均已在建设不同类型的数字化博物馆数据库。③

科研文化机构的主题分析，其研究对象主要有两种：一是以科研机构在特定研究领域上发表的公开出版物或文化机构关于特定主题的藏品为研究对象，通过分析出版物或藏品的主题和数量来概括科研文化机构的主题发展规模和历程；二是以科研文化机构在特定领域内发表的公开出版物或藏品的关键词、主题词或分类号等术语为研究对象，研究术语的分布、词频等特点，确定该领域内的热点或新兴术语，以此来确定科研文化机构的热点、研究动向和趋势。

通过分析这两种研究对象，能够识别科研机构的研究领域或文化机构的主题特征。一般而言，科研机构的研究领域通常由若干相互关联的关键词、主题词或分类号等术语组成。研究者在分析了科研文化机构的公开出版物或藏品涉及的术语之后，采用一定的分类与聚类方法，对各类别分配主题标签，形成被调查的科研文化机构的主题领域。

二　科研文化机构的主题领域分析

科研文化机构的主题领域分析通常包含以下四个方面的内容。

1. 科研文化机构在特定领域的成果或藏品数量分析

早期的科研机构研究领域分析往往侧重于统计计量某学科领域的科研机构的成果数量。研究者通常是选择若干数据库，确定搜索的关键词与时间范围，获取符合条件的文献记录，按机构划分，给出各科研机构在被调查的时间范围内发表的论文数量及排名，由此

---

① 《中华数字书苑——艺术博物馆数据库开通使用》（http：//202.38.232.84/eresources/edetail.php?id=379）。
② 《方正 Apabi 艺术博物馆数据库开通试用》（http：//www.library.nenu.edu.cn:8080/wordpress/?p=833）。
③ 田野：《网络时代数字化博物馆数据库整合架设探讨》，《博物馆研究》2009 年第 4 期，第 83—85 页。

确定在该学科领域领先的科研机构[①][②]，或给出各科研机构随时间变化的成果数量、技术独立性、技术周期时间、科学连接度[③]。其中技术独立性显示了分析单元（如科研机构）技术发展的独立性，其计算方法是自引次数除以分析单元发表文献（如颁发专利）的引文总数；技术周期时间指示了创新的速度，其计算方法是被分析单元发表文献引用的文献的年龄中位数；科学连接度指示了分析单元的技术发展与学术研究成果之间的关系，其计算方法是分析单元发表的文献所引用的科学文献平均数量。

有的学者是筛选发表论文的数量超过一定阈值的科研机构，对这些科研机构进行国别分析，以及各机构发表的论文占全部论文的比例。[④] 还有的学者是先确定某学科领域的核心期刊，根据公开出版的该学科的大学教员目录获取该领域的作者名单，从文献数据库中收集这些作者的公开出版物，然后分别统计各科研机构的论文数量，给出机构排名。[⑤]

关于科研机构在特定领域的成果数量分析，有一个常用工具值得关注，即 Microsoft Academic Search[⑥]。用户可以选择研究领域，如农业科学、艺术与人文、生物学等，该网站将给出某研究领域领先的机构，或是按各大洲浏览该领域的领先科研机构。当用户选择

[①] Shen, J., Yao, L., Li, Y., Clarke, M., Gan, Q., Fan, Y., Zhong D., Li, Y., Gou, Y., & Wang, L., "Visualization studies on evidence-based medicine domain knowledge (series 1): Mapping of evidence-based medicine research subjects", *Journal of Evidence-Based Medicine*, Vol. 4, No. 2, 2011, pp. 73-84.

[②] 吴晓英：《国内电子商务研究热点分析》，《电子商务》2015 年第 1 期，第 10—11 页。

[③] Huang, Z., Chen, H., Chen, Z. K., & Roco, M. C., "International nanotechnology development in 2003: Country, institution, and technology field analysisbased on USPTO patent database", *Journal of Nanoparticle Research*, Vol. 6, No. 4, 2004, pp. 325-354.

[④] Shen, J., Yao, L., Li, Y., Clarke, M., Gan, Q., Fan, Y., Zhong D., Li, Y., Gou, Y., & Wang, L., "Visualization studies on evidence-based medicine domain knowledge (series 2): Structural diagrams of author networks", *Journal of Evidence-Based Medicine*, Vol. 4, No. 2, 2011, pp. 85-95.

[⑤] Daigle, R. J., & Arnold, V., "An analysis of the research productivity of AIS faculty", *International Journal of Accounting Information Systems*, Vol. 1, No. 2, 2000, pp. 106-122.

[⑥] *Microsoft Academic Search* [2015-03-12]. http://academic.research.microsoft.com/.

某机构时,网站会给出该机构的论文数量、被引次数、子领域、热点关键词、下属机构及高产作者。用户也可以选择某具体的子领域,则网站会给出该子领域领先的科研机构、各机构的出版物数量与领域排名。例如,选择亚洲与大洋洲的图书馆学领域,网站显示的领先的科研机构排名如图2—1。

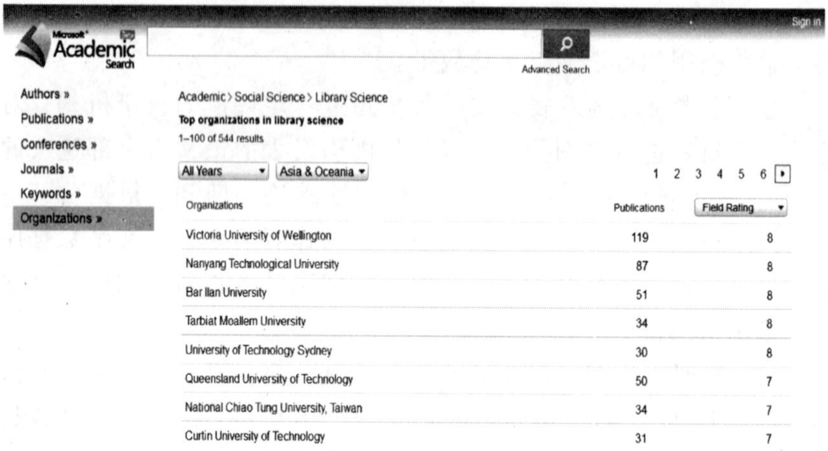

图2—1 Microsoft Academic Search 示例

资料来源:http://academic.research.microsoft.com/RankList?entitytype = 7&topdomainid = 22&subdomainid = 12&last = 0&continentid = 3。

此外,ISI Web of Science 也提供科研机构的研究领域分析。用户可以输入搜索词,结果页面会显示各机构关于这个搜索词的论文数量,用户可以按照机构进行精练。用户也可以按机构扩展进行搜索,这将显示不同拼写形式的同一机构的论文条目,结果页面同样会显示该机构发表的论文中属于各类别与研究方向的论文数量。

ISI Web of Knowledge 中的 Essential Science Indicators 数据库同样提供与科研机构研究领域分析相关的服务。用户可以按机构浏览按引文降序排列的各学科领域的论文数量、引文次数与篇均被引次数。用户可以按学科领域浏览按引文降序排列的科研机构及其论文、引文数量。例如,图2—2是一般社会科学的机构排名。可以发现,该数据库只划分到很宽泛的学科领域,如农业科学、生物学与生物化学、化学等22个学科。许多具体的学科领域，如图书馆学情报学被包括在一般社会科学领域中，因此无法了解科研机构在这些具体的学科领域中的表现。

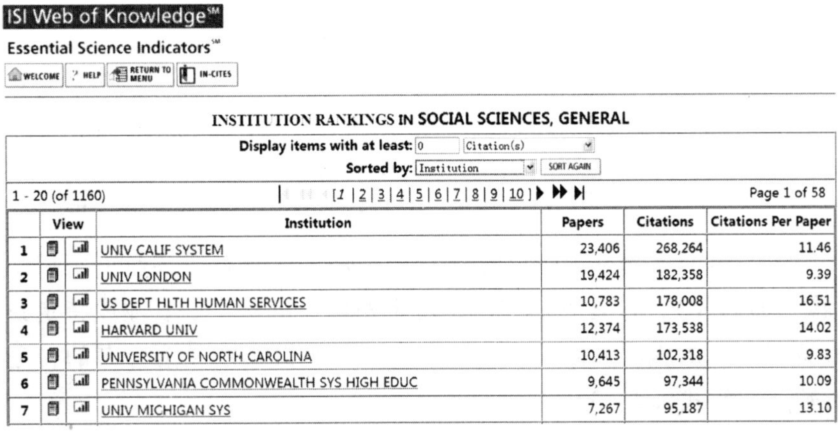

	View	Institution	Papers	Citations	Citations Per Paper
1		UNIV CALIF SYSTEM	23,406	268,264	11.46
2		UNIV LONDON	19,424	182,358	9.39
3		US DEPT HLTH HUMAN SERVICES	10,783	178,008	16.51
4		HARVARD UNIV	12,374	173,538	14.02
5		UNIVERSITY OF NORTH CAROLINA	10,413	102,318	9.83
6		PENNSYLVANIA COMMONWEALTH SYS HIGH EDUC	9,645	97,344	10.09
7		UNIV MICHIGAN SYS	7,267	95,187	13.10

图2—2　Essential Science Indicators示例

关于文化机构在特定领域的藏品数量分析，目前还十分有限。研究者往往局限于个别文化机构的藏品主题分析。与科研机构在特定领域的成果数量分析相类似，文化机构的藏品数量分析也可以将文化机构的藏品按照机构名称、年份与类别等方面进行划分，然后进行分类统计。

2. 科研文化机构的研究领域专注性分析

科研文化机构的专注性分析是衡量科研机构所涉及的研究领域的集中程度或文化机构所收藏的藏品主题的集中程度。莫德等（Moed et al.）定义了出版活动指数（PAI）和整体学科专业化指数（ODS）等多个指标。[①] 其中，PAI用于测量一所高校的出版物活动集中于一个领域的程度，它指示了该高校在其主领域的专门化程度，其计算公式如等式（2—1）。

① Moed, H. F., Moya-Anegón, F., López-Illescas, C., & Visser, M., "Is concentration of university research associated with better research performance?" *Journal of Informetrics*, Vol. 5, No. 4, 2011, pp. 649-658.

$$A_{ij} = \cfrac{\cfrac{p_{ij}}{\sum_j p_{ij}}}{\cfrac{\sum_i p_{ij}}{\sum_i \sum_j p_{ij}}} \qquad (2—1)$$

其中，A_{ij}为高校 i 在领域 j 中的出版物活动指数，p_{ij}为高校 i 在领域 j 中发表的论文数量。此外，对 A_{ij} 进行规范化，如等式（2—2）。

$$A_{ij}^N = \frac{A_{ij} - 1}{A_{ij} + 1} \qquad (2—2)$$

ODS 用于测量一所高校的研究论文是平均分布在各研究领域中（像普通高校），还是更加专注于特定领域（如医学、农业或特定技术类高校）的程度。高校 i 的整体学科专业性 S_i 定义为分布的吉尼指数，如等式（2—3）。

$$S_i = \left\{ \frac{A_{i1}}{\sum_j A_{ij}}, \frac{A_{i2}}{\sum_j A_{ij}} \frac{A_{im}}{\sum_j A_{ij}} \right\} \qquad (2—3)$$

作者将每所高校作为一个整体，计算各高校全部出版物的各项指标，发现引文影响高的高校比引文影响低的高校倾向于具有更多的出版物产出和更低的 ODS。他们在高校的主要领域层次进行了多回归分析，所建立的模型在所有的主要领域上都具有显著意义。研究发现，专注于其他领域的高校在某特定主题领域的研究超过专注于这个领域的机构在这个领域的研究，即跨学科研究是最有前途的，而且在国际研究前沿中地位明显，这类研究倾向于在专注于特定领域并且将其在这个领域的能力扩展到其他领域的高校中发展更好。

关于文化机构的藏品主题集中性分析，以博物馆为例。由于博物馆通常专注于特定学科领域，如考古博物馆、艺术博物馆、历史博物馆等，因此，关于博物馆的藏品主题集中性分析并不多见。然而，这一问题仍然值得研究，如揭示不同的艺术博物馆所涉及的主题多样化与专注度如何？最突出的主题内容有哪些？这些问题的答案有助于博物馆的管理与资助机构、公众更清晰地了解博物馆的主题特征，从而做出合理的资助、管理与游览决策。

3. 基于主题的科研文化机构的潜在合作机会与合作现状分析

科研文化机构的主题分析结果可用于发现科研文化机构之间的潜在合作机会。博亚克提出一种根据识别其论文落入相同论文聚类的作者，从而识别两个机构之间合作机会的方法。[①] 作者设计了一个合作潜在指数，用于测量所有美国高校与 Sandia 国家实验室之间的潜在重合性。

基于主题的科研机构潜在合作机会分析首先需要从文献数据库，如 Thomson 公司的 Science Citation Index Expanded、Social Science Citation Index 以及会议论文集数据库中抽取文献条目，生成合成的科学技术图中的学科图，其步骤与博亚克等人[②]的研究步骤相类似，其具体过程如下：

（1）利用多个数据集中的参考文献，在论文层次计算文献耦合计数，并聚集在期刊层次（将会议论文集作为期刊），给出每对期刊之间的文献耦合计数，用余弦指标进行规范化。

（2）利用每种期刊的前面若干个相似对象，采用 VxOrd 图布局算法[③]计算期刊的位置，为图中每种期刊计算其到最近的邻居之间的最小距离，并将该分布用于计算阈值。

（3）将期刊按照加总的文献耦合计数排序，参照碎石图将期刊分成若干组。其中，MD 组表示文献耦合计数最高的期刊，因其联系程度高被标识为跨学科或扭曲期刊，并暂时从下一部分的图计算中忽略；FLOAT 组表示全部文献耦合计数比 MD 组要少且最小距离小于距离阈值的期刊，将这些期刊分配给它们具有最高余弦关系的那个期刊；REMOVE 组表示全部文献耦合计数比 MD 组要少且最小距离大于阈值的期刊；CORE 组表示在计算平衡时剩余的期刊。

---

① Boyack, K. W., "Using detailed maps of science to identify potential collaborations", *Scientometrics*, Vol. 79, No. 1, 2009, pp. 27-44.
② Boyack, K. W., Klavans, R., & Börner, K., "Mapping the backbone of science", *Scientometrics*, Vol. 64, No. 3, 2005, pp. 351-374.
③ Klavans, R., & Boyack, K. W., "Quantitative evaluation of large maps of science", *Scientometrics*, Vol. 68, No. 3, 2006, pp. 475-499.

（4）利用前述步骤中识别的期刊集之间的文献耦合计数重新计算余弦值。

（5）将MD组的期刊添回至这时的计算。每种期刊被认为是其本身的聚类。

此外，还要生成论文层次的图。每篇论文采用其前面的十个相似（余弦值）对象作为VxOrd算法的输入，为每篇论文计算位置。用修改后的单连接聚类算法，根据距离与存在的边（或前十个相似性文件中的连接），将论文分配到不同的聚类。

为了测量社区的活力，定义活力的量度，它与社区内论文的所有引用参考文献的平均年龄相关。① 社区 c 的活力计算公式如等式（2—4）：

$$V_c = \frac{1}{n}\sum_{j=1}^{n}\left(\frac{1}{Age_j + 1}\right) \qquad (2—4)$$

其中，n 为当前所有分配至社区的论文的参考文献数量，Age_j 是参考文献 j 的年龄。活力的值从0到1变化。根据等式（2—4）计算科研机构在各研究领域的活力，生成学科图，由此观察各科研机构的活力侧重点。

为了识别未来合作的目标，将"潜在合作"定义为一个研究社区，其中任何科研机构有其自己发表的论文。根据合著出版物生成现有的合作图；根据查找每所机构发表论文所在的社区，生成潜在的合作图，并显示其相对活力。

为了将识别潜在合作的想法概化到所有机构，定义一个潜在合作指数，其计算方法为社区数量的立方根与社区的平均活力的乘积。② 针对特定的科研机构，利用已经发表的论文所在的研究社区作为基础，根据潜在合作的数量与活力对所有其他科研机构进行排序。针对该科研机构的主要历史研究领域生成潜在合作指数。

除了发现潜在的合作机会，科研机构的研究领域分析还包括科

---

① Klavans, R., & Boyack, K. W., "Thought leadership: A new indicator for national and institutional comparison", *Scientometrics*, Vol. 75, No. 2, 2008, pp. 239-250.

② Boyack, K. W., "Using detailed maps of science to identify potential collaborations", *Scientometrics*, Vol. 79, No. 1, 2009, pp. 27-44.

研机构现有的合作状况分析。研究者可以利用现有的分析工具，如常用的 CiteSpace 工具[①]生成科研机构的共现网络图谱；根据图中的连线，判断科研机构之间的合作关系及其强弱[②]；以及利用 Ucinet 软件绘制高中心性的机构共现网络图谱，发现中心性较强即交流合作广泛的机构[③]。

如前所述，虽然关于博物馆等文化机构的主题分析并不多见，但是其研究发现可用于揭示博物馆之间的潜在合作交流机会。将博物馆作为分析对象，揭示其藏品主题的相似性与差异程度，开展聚类分析，将有助于发现博物馆的主题聚类，有助于各博物馆发现与自身相似或明显不同的同行机构，进行合作交流。此外，对博物馆的主题聚类结果，也有助于游览者选择相似或明显有差异的主题博物馆进行游览。

4. 科研文化机构的绩效领先性分析

关于科研机构的绩效领先性分析，传统的方法主要是测量各学科的论文数量或引文数量，而学科则被定义为期刊的分组或类别。许多研究所采用的具体测量方式包括当前活动、过去的活动以及过去的绩效。其中，测量当前活动的典型方法是计算最近论文的数量，而过去的活动则是计算过去一段时间的论文数量。过去的绩效测量有多种方法，包括前 1% 或前 5% 的高被引论文的数量、被引次数总和或高被引论文的引用次数。[④]

为了测量科研机构在各研究领域的领先性，需要对期刊进行学科划分。现有的期刊分类系统包括：①Thomson Reuters 期刊分类系统，这是最常用的一种期刊分类体系；②美国国家科学基金的期刊

[①] Chen, C., "CiteSpace Ⅱ: Detecting and visualizing emerging trends and transient patterns in scientific literature", *Journal of the American Society for Information Science and Technology*, Vol. 57, No. 3, 2006, pp. 359-377.

[②] 邱均平、祖旋、郭丽琳、肖婷婷：《机构知识库的研究现状及其发展趋势的可视化分析》，《情报理论与实践》2015 年第 1 期，第 12—17 页。

[③] 胡德华、王蕊：《信息检索研究的知识图谱探析》，《图书馆杂志》2015 年第 1 期，第 20—28 页。

[④] Klavans, R., & Boyack, K. W., "Toward an objective, reliable and accurate method for measuring research leadership", *Scientometrics*, Vol. 82, No. 3, 2010, pp. 539-553.

分类系统，它对 Thomson Reuters 的期刊分类系统做了一定的修改；③若干研究者提出的期刊分类系统，如贝斯克拉德等（Bassecoulard et al.）①、格伦采尔等（Glänzel et al.）②③④；④SciTech Strategies（STS）期刊分类系统；⑤基于参考文献的期刊分类系统⑤。

关于科研机构在研究领域的领先性，不同的学者有各自的判断标准。卡瓦斯等人认为有三种领先性：一是出版物的领先性；二是参考文献的领先性；三是思想的领先性。其中，出版物的领先性是一种比较传统的研究领先性，主要是测量发表论文的数量。作者定义了一种新的度量，称为相对出版物份额（RPS），其计算方法为某角色（如高校、州或国家）的出版物份额除以最大的竞争角色的出版物份额。

参考文献的领先性也是一种比较传统的研究领先性，着重于高被引参考文献，而不是出版物。作者定义了一种新的量度，称为相对参考文献份额（RRS），与 RPS 的含义类似，其计算方法是利用参考的论文而不是当前的论文。

思想的领先性是一种较为新颖的指标，着重于一个角色建立在该领域中的最近发现上的能力，这些发现被认为是反映在高被引论文中。如果一个角色能够建立在该领域时间更近的发现上，那么它就是思想的领导者。

作者定义了一种称为最先进（SOA）的量度，对类别中的每个角色计算其 SOA 值。该方法考虑科研机构在多个学科的活动，通过

---

① Bassecoulard, E., & Zitt, M., "Indicators in a research institute: A multi-level classification of journals", *Scientometrics*, Vol. 44, No. 3, 1999, pp. 323-345.

② Glänzel, W., DeBackere, K., & Meyer, M., "'Triad' or 'tetrad'? On global changes in a dynamic world", *Scientometrics*, Vol. 74, No. 1, 2008, pp. 71-88.

③ Glänzel, W., & Schubert, A., "A new classification scheme of science fields and subfields designed for scientometric evaluation purposes", *Scientometrics*, Vol. 56, No. 3, 2003, pp. 357-367.

④ Glänzel, W., Thijs, B., Schubert, A., & DeBackere, K., "Subfield-specific normalized relative indicators and a new generation of relational charts: Methodological foundations illustrated on the assessment of institutional research performance", *Scientometrics*, Vol. 78, No. 1, 2009, pp. 165-188.

⑤ Klavans, R., & Boyack, K. W., "Toward an objective, reliable and accurate method for measuring research leadership", *Scientometrics*, Vol. 82, No. 3, 2010, pp. 539-553.

与传统方法相比,发现该方法能够更准确地测量国家层次的研究领先性。

与科研机构略有差异的是,文化机构的绩效并不是从其科研成果的数量与被引次数来考察。文化机构,如博物馆之间也存在绩效差异。例如,博物馆藏品的丰富性与更新频率、藏品主题的广度与深度都与其绩效相关。

第二节 新兴主题的识别与分析

一 新兴主题的识别

新兴主题往往与研究前沿相关。研究前沿的概念[1]最早于1965年由普赖斯引入。普赖斯注意到一个非常有趣的现象,即在科技文献的引文网络中,越是频繁被引用的文章越倾向于是最近发表的文章,于是普赖斯提出学科研究前沿代表了学科研究领域现状的思想。斯莫尔等人是从每年的引文数据中抽取共引论文的聚类,对相邻年份的聚类进行比较来识别新成员,作为新兴趋势的迹象。[2] 1994年,皮尔逊对研究前沿和知识基础进行了区别。他认为,在文献计量学中引证文献组成了研究前沿,被引文献组成了知识基础,通过逐渐降低共引的阈值,知识基础会逐渐扩大,并且知识基础在相当长的一段时间内会非常稳定。[3]

新兴主题的提出归功于松村等人的研究。[4] 他们于2002年在海量的网络数据中发掘新出现的主题,是最早对新兴主题进行描述的

---

[1] Price, D. J., "Networks of Scientific Papers", *Science*, Vol. 149, No. 3683, 1965, pp. 510-515.

[2] Small, H. G., & Griffith, B. C., "The structure of scientific literatures: I. Identifying and graphing specialties", *Science Studies*, Vol. 4, No. 1, 1974, pp. 17-40.

[3] 张士靖、杜建、周志超:《信息素养领域演进路径、研究热点与前沿的可视化分析》,《图书情报工作》2009年第3期,第15—18页。

[4] Matsumura, M. N., Matsuo, Y., Ohsawa, Y., & Ishizuka, M., "Discovering emerging topics from WWW", *Journal of Contingencies and Crisis Management*, Vol. 10, No. 2, 2002, pp. 73-81.

学者。随后高桥等人提出新兴趋势的概念。① 之后，黄引用了高桥等人对新兴研究趋势的定义，对新兴研究趋势的判断过程分为主题描述、主题界定、主题判断三个部分，加入了对关注主体（研究人员、研究机构、文献来源等）的专业性的考虑。② 陈超美在其开发的 CiteSpace 工具中，认为新兴主题趋势与新主题的涌现代表着研究前沿。③

新兴主题与普赖斯提出的研究前沿、高桥提出的新兴趋势、罗伊关注的初始趋势（Incipient Trend）④ 类似，但目前学者们并没有对新兴主题给出明确统一的定义。本章将它表述为近几年来逐渐引起人们兴趣，并被越来越多的科研机构研究的主题。

目前，国内外学者对新兴主题的研究取得了一些研究成果，提出了很多识别方法，包括统计学方法、基于文献簇的方法以及两者混合的识别方法。其中文献簇主题识别方法最具代表性，它充分利用特征项的频率、位置、共现信息等，依靠领域专家阅读文献簇中的文献，在大量文献簇的基础上建立统计模型，利用主题在整个数据集中的分布统计属性来识别，从而总结出研究主题，如斯莫尔和格里菲斯（Small & Griffith）⑤ 以及芝田等（Shibata et al.）⑥ 的方法。

斯莫尔和格里菲斯把当前活跃的研究专长表述为共引分析所获得的文献簇，用词汇档（Word Profiles）来表示，利用词频筛选代表文献簇主题的词汇。假设一个文献簇中的第 i 篇论文用 w_i 表示，

---

① Kontostathis, A., De, I., Holzman, L. E., & Pottenger, W. M., *Use of term clusters for emerging trend detection*, Technical Report, Lehigh University, 2004.

② Hoang, L. M., *Emerging Trend Detection from Scientific Online Documents* [2007-08-01]. http://www.jaist.ac.jp/library/thesis/ks-doctor-2006/paper/hoangle/paper.pdf.

③ Chen, C., "CiteSpace II: Detecting and visualizing emerging trends and transient patterns in scientific literature", *Journal of the American Society for Information Science and Technology*, Vol. 57, No. 3, 2006, pp. 359-377.

④ Roy, S., Gery, D., & Pottenger, W. M., *Methologies for Trend Detection in Textual Data Mining* [2007-08-01]. http://dimacs.rutgers.edu/billp/pubs/ETD Methodologies.pdf.

⑤ Small, H., Griffith, B. C., "The structure of scientific literatures I: Identifying and graphing specialities", *Science Studies*, Vol. 4, No. 2, 1974, pp. 17-40.

⑥ Shibata, N., Kajikawa, Y., Takeda, Y., Matsushima, K., "Detecting emerging research fronts based on topological measures in citation networks of scientific publications", *Technovation*, Vol. 28, No. 11, 2008, pp. 758-775.

则 w_{i1}，w_{i2}，…，w_{in} 表示 w_i 的 n 篇引证文献，从这 n 篇文献的标题里选取频率最高的 4 个词汇构成 w_i 的词汇档。用该法统计文献簇中所有论文的词汇档构成文献簇的词汇档，再选出该文献簇词汇档中词频权重排在前 K 位的词汇作为文献簇的主题标识。[1] 陈超美认为利用斯莫尔和格里菲斯方法得到的词汇相对比较分散，难以集中地体现文献簇的主题，他直接采用文献簇的引证文献群中突破词汇来表征文献簇的主题。[2] 由于仅用词频高的主题词汇代表文献簇的主题过于片面，在计算词频的基础上结合词汇在数据集中的分布特性能较好地筛选出代表文献簇主题的词汇。芝田等人利用拓扑聚类算法对文献的引文网络进行聚类分析，并通过自然语言处理技术（Natural Language Process，NLP）从文献簇中所含文献的篇名或摘要中抽取名词词组，利用 TF-IDF 算法筛选文献簇的主题词汇。芝田等人的研究中扩展了 TF-IDF 的计算对象，将针对具体文献扩展为针对整个文献簇。

二 新兴主题的分析

新兴主题的分析内容多种多样，这里主要阐述新兴主题的分类与聚类。一般来说，分类（Classification）可理解为有指导的学习（supervised learning）过程和无指导的学习（unsupervised learning）过程。通常情况下，前者称为分类，后者称为聚类（Clustering）。

1. 新兴主题的分类研究

分类是从数据集中提取描述某个数据类的函数或模型，并且将数据集中的每个对象归结到某个已知的对象类中。[3] 换句话说，分类也就是按某个标准给对象贴标签（Label），再按标签来进行归类。其目的是构造一个分类函数或分类模型，通常也称作分类器。

---

[1] 王立霞、淮晓永：《基于语义的中文文本关键词提取算法》，《计算机工程》2012 年第 1 期，第 1650—1652 页。

[2] Chen C., "CiteSpace II: Detecting and visualizing emerging trends and transient patterns in scientific literature", *Journal of the American Society for Information Science and Technology*, Vol. 57, No. 3, 2006, pp. 359-377.

[3] Cohen, H., & Lefebvre, C., *Handbook of Categorization in Cognitive Science*, Oxford: Elsevier, 2005.

通过该模型将数据库中的数据映射到给定类别中的某一个类中。构造分类器之前必须有一个训练样本数据集作为输入。训练样本通常由一组数据元组构成，每个数据元组可以表示为一个由特征值组成的特征向量，样本形式如（v_1, v_2,…, v_n; c）；其中 v_i 表示字段值，c 表示类别。一般来说，分类器的构造方法包括统计方法、机器学习方法、人工神经网络方法等。

1986 年，德国学者盖尔和德特莫（Giere & Dettmer）提出基于词典的文本分类与检索，也就是最早的文本分类（text categorization），它是指在给定的分类体系中将文本集中的每个文本划分到某个或者某几个已知类别中的过程。[1] 文本分类过程大致分成手工分类和自动分类。Yahoo！的网页分类体系[2]是手工分类的实例之一，先由专家定义分类体系，之后再由人工将网页分类。该方法需要耗费大量人力，现实中采用较少。自动文本分类（automatic text categorization）算法大致可以分为知识工程（knowledge engineering）方法[3]和机器学习（machine learning）方法。其中，知识工程方法指的是由专家为每个类别定义一些规则，这些规则代表了这个类别的特征，也就是特征选择，之后自动把符合规则的文档划分到相应的类别中，代表系统为 CONSTRUE[4]。这种方法费时费力，专家必须对某一领域有足够的认识才能制定相应的规则，局限性比较大。20世纪 90 年代后，大规模的文本（包括网页）分类和检索备受研究者关注，机器学习方法成为主导。该方法首先在预先分类好的文本集上建立一个判别规则或分类器，在训练集中对未知类别的新样本数据进行自动归类。该方法的优势在于，不需要大量的人工参与，

---

[1] Giere, W., & Dettmer, H., "Free text classification and retrieval based on a thesaurus: Eight years of experience at the Johann-Wolgang-Goethe University, Medical School", *Proceedings of Annual Symposium Computer Application Medical Care*, Oct. 26, 1986, pp. 85-88.

[2] Yahoo！［2015-02-20］. https：//www.yahoo.com/.

[3] Schreiber, A. T., Akkermans, H., Anjewierden, A., Dehoog, R., Shadbolt, N., Vandevelde, W., & Wielinga, B., *Knowledge Engineering and Management: The Common KADS Methodology* (1st ed.), Cambridge, MA: The MIT Press, 2000.

[4] Hayes, P. J., & Weinstein, S. P., "Construe-TIS: A system for content-based indexing of a database of news stories", *Proceedings of Annual Conference on Innovative Application*, 1990, pp. 49-64.

分类精度较高，处理过程中也不需要专家过多干预，能在任何领域内适用，现已成为文本分类的主流方法。

典型的文本分类可分为三个步骤。

（1）文本表示（Text Representation）。该过程用向量空间模型将文本表示成分类器能够处理的形式，将文本集转化成文档—术语矩阵，矩阵中的每个元素表示该术语在对应文档中的权重。选取哪些词来代表一个文本的过程为特征选择。常见的特征选择方法包括文档频率、信息增益、互信息、期望交叉熵等[1]，运用降维可减少分类过程中的计算量，比如潜在语义索引（LSI）[2]。

（2）分类器构建（Classifier Construction）。该过程是选择或设计构建分类器的方法。确定方法后，在训练集上为每个类别构建分类器，然后应用于测试集上得到分类结果。

（3）效果评估（Classifier Evaluation）。在分类过程完成之后，需要对测试集上的文本分类效果进行评估。常用的评估标准有查全率、查准率、F1 值等。

随着学术文献的迅速增加，为了高效地查找与使用学术文献，人们试图根据文献内容和形式的异同，按照一定的体系有系统地组织和区分文献，建立成熟的文献分类法。文献分类方法（简称分类法）是由一个个类目，根据一定的原则组织起来的分类体系，并用标记符号来表示各级类目及确定先后次序，它是图书馆与文献情报部门日常以类别划分文献、组织藏书的工具。

分类法按照分类号的编制形式可分为等级列举式、分面组配式和列举—组配混合式；按分类号具体所反映的内容，可分为综合性分类法和专业分类法。目前国内的文献分类方法主要有五种：中国图书馆图书分类法、中国图书资料分类法、中国科学院图书馆图书

---

[1] Yang, Y., & Pedersen, J. O., *A comparative study on feature selection in text categorization*, Proceedings of the Fourteenth International Conference on Machine Learning（ICML'97），1997.

[2] Deerwester, S., Dumais, S. T., Furnas, G. W., Landauer, T. K., & Harshman, R., "Indexing by latent semantic analysis", *Journal of the American Society for Information Science*, Vol. 41, No. 6, 1999, pp. 391-407.

分类法、中国人民大学图书馆图书分类法和国际图书集成分类法。在各种分类法中，通常使用分类号给各类别编码。分类号是指对科技文献进行主题分析，并依照文献内容的学科属性和特征，分门别类地组织文献所获取的分类代号，如第五章利用 EI 数据库给出的分类号［EI Classification（CAL）Code］对新兴主题进行分类。

2. 新兴主题的聚类研究

聚类是根据数据的不同特征，将其划分为不同的数据类（Cluster），在同一个类内对象之间具有较高的相似度，不同类之间的对象差别较大。[①] 简单地说，聚类是指事先没有"标签"而通过某种分析找出事物之间存在聚集性原因的过程。其目的是属于同一类别的样本之间的距离尽可能地小且彼此相似，而不同类别的样本之间的距离尽可能地大且尽量不相似。聚类方法包括统计方法、机器学习方法、人工神经网络方法和面向数据库的方法。[②]

文本聚类（text clustering）是指将文本集合分组成多个类或簇，使得在同一个文献簇中的文本内容相似度较高，而不同文献簇中的文本内容差别较大的过程。文本聚类根据相同类别文档相似度较大、不同类别文档相似度较小的假设原则，在给定的某种相似性度量下对文档对象集合分组，联系比较密切或接近的文档对象被分到同一个组内。文档集合按照对象文档之间的某种联系或相关性进行有效的组织，便于研究者发现相关的信息。文本聚类方法通常先利用向量空间模型把文档转换成高维空间中的向量，再对这些向量进行聚类，大致可以分为基于划分的方法和基于层次的方法。[③] 文本聚类大多采用文本词频矩阵，该矩阵具有词频维数过大和过稀两个特点，计算量比较大。

国内外关于新兴主题的研究方法基本上可以分为三种：直接采用文献中的关键词（或术语）、引文分析以及专家问卷调查。学者们通过统计归纳，总结出学科的研究热点及趋势。这三类方法均存

[①] 赵世奇、刘挺、李生：《一种基于主题的文本聚类方法》，《中文信息学报》2007 年第 2 期，第 58—62 页。

[②] 史忠植：《知识发现》，清华大学出版社 2002 年版。

[③] 章成志：《主题聚类及其应用研究》，博士学位论文，南京大学，2007 年。

在监测成本高、监测信息滞后等问题。

为了解决上述问题，相关学者提出了共词聚类分析法。该方法基于主题词频次特征，通过对包括时间信息在内的学科学术论文进行主题分析与主题聚类，筛选主题词，最终归纳出某一特定学科的研究热点和研究趋势。该法具有成本低、效率高的特点，现被普遍应用。

共词聚类分析法最早在 20 世纪 70 年代中后期由法国文献计量学家提出，其思想来源于文献计量学的引文耦合与共被引概念。① 1986 年，法国国家科学研究中心 CNRS（Centre National de la Recherche Scientifique）的卡伦劳和里皮（Callon，Law & Rip）出版了第一部关于共词分析法的学术专著。② 经过 20 多年的发展，共词聚类分析法已被广泛应用到人工智能、科学计量学、信息科学和信息系统、信息检索等领域，到目前为止取得了许多重要的研究成果。

共词聚类分析法利用文献集中词汇对或名词短语共同出现的情况，来确定该文献集所代表学科中各主题之间的关系，通过对同一篇文献中词汇对或名词短语共同出现的次数进行统计，以此为基础对这些词进行分层聚类，揭示出这些词之间的亲疏关系，进而分析它们所代表的学科和主题的结构变化。③ 原则上认为，在同一篇文献中出现的词汇对频次越高则代表这两个主题的关系越紧密，频次越低则代表主题之间的关系越疏远。因此，可以通过统计一组文献中主题词集合在同一篇文献中出现的频率，构成一个由词汇对关联所组成的共词网络，网络中各节点之间的距离远近即可反映出主题内容之间紧密与疏远关系。④

共词聚类分析法的原理是将文献主题词作为分析对象，利用包

---

① 秦长江、侯汉清：《知识图谱——信息管理与知识管理的新领域》，《大学图书馆学报》2009 年第 1 期，第 30—37 页。

② Callon, M., Law, J., & Rip, A., *Mapping the dynamics of science and technology*, London: The MacMillan Press Ltd., 1986.

③ 张勤、马费成：《国外知识管理研究范式——以共词分析为方法》，《管理科学学报》2007 年第 6 期，第 65—75 页。

④ 钟伟金、李佳、杨兴菊：《共词分析法研究（三）——共词聚类分析法的原理与特点》，《情报杂志》2008 年第 7 期，第 118—120 页。

容系数、聚类分析等多种统计分析方法，把众多分析对象之间错综复杂的共词网状关系简化为数量相对较少的若干类群之间的关系，并以数值、图形直观地表示出来的过程。通常一篇文献的内容是由多个主题词组合在一起反映的，这些主题词在内容上又存在一定的联系。共词在同一篇文献出现的频率的大小，反映主题间关系紧密程度。如果一对主题词同时在多篇文献中出现，说明这对主题词的关系紧密。[1] 在主题词关系网中，有些主题词内容联系紧密，相互靠拢聚集在一块，形成概念相对独立的类团。利用聚类分析计算这些关联密切的主题词之间的距离，将距离较近的主题词聚集起来，形成一个概念相对独立的类团，使得类团内属性相似性最大，类团间属性相似性最小。通过揭示这些类团之间的关系及其规律的过程实现对学科结构、研究热点、学科发现动态的分析。[2]

运用共词聚类分析法进行文献情报的分析研究大致可分为六个步骤，在实际的操作上有些步骤是可以合并或重复使用的。

（1）确定分析的问题。共词聚类分析法可以概述某一学科领域研究的新兴主题，横向和纵向地分析该学科领域的发展过程、研究趋势等。[3]

（2）确定分析单元。原则上应选择受控的、被统一标引的主题词作为分析单元。共词聚类分析法是利用主题词对在同一篇或多篇文献中共同出现的频率大小，反映主题间关系紧密程度。[4]

（3）高频词的筛选。为了达到减少低频词干扰及简化统计过程的目的，通常共词聚类分析会选择高频主题词为分析对象，设定阈值筛选高频词。

（4）确定共现频率，构建共词矩阵。两两统计主题词在同一篇文献中出现的次数，定量分析这些主题词对的共现频率，从而构建

---

[1] 韩客松：《中文全文标引的主题词标引和主题概念标引方法》，《情报学报》2001年第2期，第212—216页。

[2] 钟伟金、李佳：《共词分析法研究（一）——共词分析的过程与方式》，《情报杂志》2008年第5期，第70—72页。

[3] 章成志：《主题聚类及其应用研究》，博士学位论文，南京大学，2007年。

[4] 冯璐、冷伏海：《共词分析方法理论进展》，《中国图书馆学报》2006年第2期，第88—92页。

共词矩阵。例如，对于 N 个高频词的共词聚类分析，最终会形成一个 N 行 N 列的共词矩阵。通过分析这些主题词对之间的关系，揭示共现规律，实现对学科结构、研究热点、学科发现动态的分析。[①]

（5）分析共词矩阵。采用聚类法、关联法、词频法、突发词监测法等统计学方法分析共词矩阵。

（6）分析共词结果。通过各种数学统计方法得出共词结果，客观直观地反映主题词之间的关系。

在实际操作中，一般按照选取高频词、构建共词矩阵、选用因子分析、聚类分析和多维尺度分析等方法进行信息分析、对分析结果进行解释[②]，其中最后一个步骤是体现研究结论和价值的关键部分。

第三节 热点主题的识别与分析

热点主题识别的数据来源有多种，既可以从文献数据库中提取作者关键词，也可以利用自然语言处理技术从出版物的题名、摘要和正文中提取主题词，或是从互联网中收集高频词。

热点主题的识别主要是基于词频的方法，通过统计被调查主题的出现次数，设置一个阈值，将高于该阈值的主题作为热点主题；或者将被调查主题的出现次数或训练后的结果划分为不同等级，分别讨论各热门程度主题的特点。[③] 有些学者认为，热点主题是最近一段时间突然增长的主题，即新兴的热点主题。还有的学者是根据阅读理解与专家调查，掌握学科领域的研究现状，通过主观方法确定热点主题，并将其划分为若干类别。

常见的热点主题分析包括：①词频分析。研究者通过统计某学

[①] 张暗、王晓瑜、崔雷：《共词分析法与文献被引次数结合研究专题领域的发展态势》，《情报理论与实践》2007 年第 3 期，第 378—381 页。

[②] 张勤、徐绪松：《定性定量结合的分析方法——共词分析法》，《技术经济》2010 年第 6 期，第 20—24 页。

[③] 安璐：《学术期刊主题可视化研究》，武汉大学出版社 2011 年版。

科领域的学术文献中各关键词的出现次数，列举出现次数最多的若干主题。① ②共词分析。研究者通常建立一个词与词的共现矩阵，统计两个术语共同出现在同一篇文献中的次数，利用社会网络分析方法与工具，如 UciNet，绘制特定研究领域的热点关键词网络图谱，分析各热点关键词在网络中所处的位置，从而识别该领域的核心热点主题。研究者还可以继续将热点主题划分为若干凝聚子群派系，对各凝聚子群派系的特点进行归纳。② ③聚类分析。研究者可以利用现有的信息可视化分析工具，如常用的 CiteSpace、Weka 等工具生成特定研究领域的热点图谱，对热点主题进行聚类分析。③④⑤ 少数研究者试图采用基于特征组合的方法⑥从文献中提取主题，利用向量夹角的余弦计算文献间的相似度，以 K-means 方法进行文本聚类，然后根据每个类簇的中心向量人工给出该类簇的主题描述，从而总结出该学科领域的热点主题。⑦ ④分类研究。有学者在剖析现有的主题分类体系的基础上，试图建立某学科领域新的主题分类体系。首先，邀请若干专家根据文献数据库中获取的论文条目判断该论文是否属于被调查的学科领域。然后测试收集的论文条目与现有的主题分类体系之间的适用程度，发现存在的问题，并予以修正，建立新的主题分类体系，将收集的文献条目划分到对应

---

① 吴晓英：《国内电子商务研究热点分析》，《电子商务》2015 年第 1 期，第 10—11 页。

② 吉亚力、田文静、董颖：《基于关键词共现和社会网络分析法的我国智库热点主题研究》，《情报科学》2015 年第 3 期，第 108—111 页。

③ 邱均平、祖旋、郭丽琳、肖婷婷：《机构知识库的研究现状及其发展趋势的可视化分析》，《情报理论与实践》2015 年第 1 期，第 12—17 页。

④ 胡德华、王蕊：《信息检索研究的知识图谱探析》，《图书馆杂志》2015 年第 1 期，第 20—28 页。

⑤ 黄锐、闫雷：《利用 Weka 挖掘白血病与基因的关系》，《中华医学图书情报杂志》2015 年第 1 期，第 50—54、60 页。

⑥ 张庆国、薛德军、张振海、张君玉：《海量数据集上基于特征组合的关键词自动抽取》，《情报学报》2006 年第 5 期，第 587—593 页。

⑦ 章成志、梁勇：《基于主题聚类的学科研究热点及其趋势监测方法》，《情报学报》2010 年第 2 期，第 342—349 页。

的主题分类，识别热点主题。[①]

热点主题的识别和分析已经应用于各个领域，包括但不限于图书馆学情报学、竞争情报、数字信息资源、政府创新与绩效管理、医药卫生、社会保障以及互联网信息发展等学科领域的热点主题研究。

第四节 科研文化机构的主题演化研究

科研机构主题演化的研究内容可以归纳为以下几个方面。

一 各时间段内特定学科的科研机构的发文量演化研究

通过统计并可视化地显示不同时期特定学科的科研机构发表论文的数量，揭示各科研机构在各时间段内的研究力量强弱变化。

二 各时间段内各研究主题的演化研究

通过统计并可视化地显示不同时期与各研究主题相关的论文数量，提示各时期科研机构对各研究主题的贡献度，从而预测未来该学科领域的研究主题发展趋势以及有潜力的科研机构。例如，邱均平等人和胡德华等人利用 CiteSpace 工具分别生成机构知识库和信息检索领域各年份的突发词可视化输出，分析该研究领域在各时间段的突发词及其变化。[②③] 李东等人利用新建立的主题分类体系，分析各时间段内热点主题的演化。

三 各时间段内科研机构研究重点的演化

通过统计并可视化地显示不同时期各科研机构的研究主题构

[①] 李东、黎璨、李继学：《中国信息系统理论研究现状和发展趋势：2000—2009》，《情报学报》2011 年第 11 期，第 1209—1218 页。

[②] 邱均平、祖旋、郭丽琳、肖婷婷：《机构知识库的研究现状及其发展趋势的可视化分析》，《情报理论与实践》2015 年第 1 期，第 12—17 页。

[③] 胡德华、王蕊：《信息检索研究的知识图谱探析》，《图书馆杂志》2015 年第 1 期，第 20—28 页。

成，揭示各时期科研机构的研究重点有何异同，从而反映各科研机构的研究领域优势与劣势。

除了科研机构的主题演化之外，其他科研实体的主题演化也能为科研机构的主题演化研究奠定理论基础。这些科研实体的主题演化研究包括以下几个方面。

1. 科学文献的主题演化研究

研究者通常从文献数据库中收集文献的摘要、标题等题录信息，利用潜在狄利克雷模型（LDA）从摘要中抽取主题，获得各主题的时间强度曲线，利用动态贝叶斯网络对研究领域进行演化分析。①② 还有的学者则是通过引文主路径的文献共被引分析，研究主题随时间变迁而发生的主题内容、主题强度和主题结构等方面变化的演化规律、演化关系、演化路径和演化趋势等。③

2. 学科领域的主题演化研究

研究者通常从文献数据库中收集与特定主题相关的文献条目，建立年份—关键词的共现矩阵，统计各年份出现的不同关键词的次数，利用社会网络分析软件，如 NetDraw，绘制主题的演化图，分析各时期的主题特点与演化趋势。④ 还有的学者试图将学科领域的主题演化分析过程进行自动化，于是开发了相关软件，如 NEViewer。⑤ 该软件首先构建共词网络，从中发现社区，并确定社区的主题；然后生成社区演化的冲积图，揭示各主题的演化路径。

3. 网络空间的主题演化研究

研究者通常从在线数据库、微博平台、网络论坛中收集一段时间内的网络信息条目，采用滑动窗口技术，把文本流划分成若干个

―――――――

① 王金龙、徐从富、耿雪玉：《基于概率图模型的科研文献主题演化研究》，《情报学报》2009 年第 3 期，第 347—355 页。
② 李湘东、张娇、袁满：《基于 LDA 模型的科技期刊主题演化研究》，《情报杂志》2014 年第 33 卷第 7 期，第 115—121 页。
③ 祝清松、冷伏海：《基于引文主路径文献共被引的主题演化分析》，《情报学报》2014 年第 5 期，第 498—507 页。
④ 侯治平、袁勤俭、朱庆华、宗乾进：《国际电子服务领域研究热点及主题演化分析》，《科技管理研究》2014 年第 17 期，第 160—164 页。
⑤ 王晓光、程齐凯：《基于 NEviewer 的学科主题演化可视化分析》，《情报学报》2013 年第 9 期，第 900—911 页。

时间片，按时间片采用主题模型，如 LDA 模型对文本进行建模，预测每个文本的主题分布以及每个词所属的主题，确定最优的主题数目，分析主题之间的演化以及主题强度的变化。[1][2]

与科研机构略有差异的是，文化机构，如博物馆所处的学科领域相对稳定。即使是特定类别的文化机构，如博物馆，其主题特征也会随着时间的推移而发生变化。例如，随着考古实践的进展，考古博物馆的藏品会不断丰富；随着艺术的发展，艺术博物馆的藏品不断增添新内容等，于是博物馆的主题也会随之变化。利用各种主题模型对博物馆等文化机构的藏品主题进行建模、分析与可视化显示，将有助于了解文化机构的主题演化趋势与规律。

第五节 信息可视化

可视化（Visualization）是利用计算机图形学和图像处理技术，将数据转换成图形或图像在屏幕上显示出来，并进行交互处理的理论、方法和技术。[3] 它涉及计算机图形学、图像处理、计算机视觉、计算机辅助设计等多个领域，系数据表示、数据处理、决策分析等一系列问题的综合技术。在实际的计算科学运用中，可视化技术经演变形成了科学计算可视化（Visualization in Scientific Computing）这一重要的学科分支。它能够把测量时所得到的数值、图像或计算过程中涉及相关或生成的数字信息转化成直观的、以图形图像信息显示的并随着时间、空间变化的物理现象或物理量，而且有利于科学工作者和研究人员直观分析。现如今可视化已广泛应用于计算机领域，并提出了许多方法，根据其原理不同可以划分为基于几何的技

---

[1] 崔凯、周斌、贾焰、梁政：《一种基于 LDA 的在线主题演化挖掘模型》，《计算机科学》2010 年第 11 期，第 156—159、193 页。

[2] 唐晓波、王洪艳：《基于潜在狄利克雷分配模型的微博主题演化分析》，《情报学报》2013 年第 3 期，第 281—287 页。

[3] 刘勘、周晓峥、周洞汝：《数据可视化的研究与发展》，《计算机工程》2002 年第 8 期，第 1000—1004 页。

术、面向像素的技术、基于图标的技术、基于层次的技术、基于图像的技术等。

基于几何的技术包括散点图（Scatter plots）、景观图（Landscapes）、投影寻踪（Projection Pursuit）、平行坐标（Parallel Coordinates）等；面向像素的方法包含独立于查询的方法和基于查询的方法；基于图标的技术包括切尔诺夫脸（Chernoff-face）、形状编码（Shape Coding）、简笔画（Stick Figures）等；基于层次的技术包括维堆（Dimensional Stacking）、树图、圆锥树（Cone Trees）等；而基于图像的技术正在研究与开发中。①

1989 年，在美国计算机学会组织的重要国际会议上，信息可视化（Information Visualization）最早在报告《用户界面软件与技术》（UIST）中被提出，是图像技术、计算机图形学、人机交互、科学可视化以及用户界面等领域的相互促进和发展。② 董士海认为，信息可视化是研究人类、计算机表示的信息以及人机交互影响的技术。③ 随着信息量的急速增长，信息可视化自提出以来发展迅速，已经成为人们发现规律、辅助决策等方面的有力工具。其应用也较为广泛，主要体现在统计分类数据、数字图书馆、实时信息、个人或网络信息等。

信息可视化可以帮助用户从大量的数据空间中发现新信息且进行详细的分析，从而发现这些数据之间的规律，主要应用于以下情况：①在良好的底层结构上推断相似信息；②当用户对数据集合的内容不熟悉时；③当用户对于系统是如何组织了解有限，且需要加载认知偏好时；④当用户在用言语表达基本信息需求上有困难时；⑤当信息比描述更容易识别时。总之，信息可视化是帮助用户了解数据、反映本质的过程。

---

① 王凌燕、方曙：《Q 测度法对探测新兴研究趋势作用的探讨》，《情报理论与实践》2010 年第 11 期，第 61—65 页。

② 中国国防科学技术信息学会编：《情报学进展 2004—2005 年度评论》，国防工业出版社 2006 年版。

③ 董士海：《人机交互的进展及面临的挑战》，《计算机辅助设计与图形学学报》2004 年第 1 期，第 1—13 页。

第三章

科研文化机构主题特征
可视化挖掘的方法论

第一节 科研文化机构主题特征的分析方法

科研文化机构的主题特征分析方法多种多样，如从科研文化机构发表的学术文献或藏品中抽取主题所用到的潜在狄利克雷分析模型（LDA）、对抽取的主题或科研机构文化进行聚类分析时所用到的各种聚类方法、将科研文化机构作为分析对象建立彼此之间的联系所用到的社会网络分析方法、发现潜在合作机会用到的非相关文献的知识发现方法，以及以可视化的方式绘制科研文化机构的知识地图所用到的主题图等，以下将分别进行阐述。

一 潜在狄利克雷分配模型

潜在狄利克雷分配是自然语言处理中的一种生成式主题模型，于2003年由布莱等（Blei et al.）作为一种用于主题发现的图形模型而提出。[1] LDA让未观测到的组来解释观测点的集合，解释为什么一部分数据是相似的。例如，如果观测点是收集到文档中的单词，那么它假定每个文档是由少量主题混合而成的，并且每个单词归属于该文档的一个主题。[2] 这一点与概率潜在语义分析（PLSA）是相似的，但是在LDA中主题分布被认为是具有狄利克雷先验分

---

[1] Blei, D. M., Ng, A. Y., & Jordan, M. I., "Latent Dirichlet Allocation", *Journal of Machine Learning Research*, Vol. 3, No. 4-5, 2003, pp. 993-1022.

[2] *Latent Dirichlet Allocation* [2015-03-18]. http://en.wikipedia.org/wiki/Latent_Dirichlet_allocation#cite_note-blei2003-1.

布。在实践中,这导致文档中有更多合理的主题混合。然而,有学者指出,PLSA 模型在统一的狄利克雷先验分布的情况下等同于 LDA 模型。①

举例而言,某 LDA 模型可能具有两种主题,分别是与图书馆相关以及与情报学相关。一个主题具有产生类似于图书馆学、公共图书馆、图书馆自动化等术语的概率,这些术语可以被划分解释为与图书馆相关。当然,在给定这个主题的情况下,图书馆一词具有很高的概率。与此类似,与情报学相关的主题产生如下术语的概率较高,包括信息检索、信息搜寻、信息可视化等。没有特殊相关性的单词,如"那个"在各类别中的概率大致相等,或者可以放入单独的类别。一个主题在语义与认知上都不是清晰定义的。主题的识别是基于有监督的标识以及基于其共现可能性的人工修改。一个词可能以不同的概率出现在不同的主题中,在每个主题中其伴随出现的单词集合是不同的。可实现 LDA 分析功能的工具包括 Machine Learning for Language Toolkit (MALLET)②、Mahout③、Topicmodels④ 等。

利用 LDA 模型分析科研文化机构的主题的研究并不多见,但是利用 LDA 分析文献或图像主题的研究却很多。在文献主题研究方面,研究者往往先利用分词系统,如 ICTCLAS 分词系统,对实验语料库进行分词。将文本数据划分成相应的词语集合,从中筛选有意义的特征项,计算特征项 w 出现在主题 z 中的概率 p(w, z),确定最优主题数量,将庞大的特征项数量降维成主题数量。然后与聚类算法,如 k-means 的聚类结果进行比较,验证 LDA 识别主题的效果。⑤ 在图像的主题分析方面,研究者将每幅图像表示成多个潜在主题的混合分布,每个主题则

---

① Girolami, M. & Kaban, A., *On an equivalence between PLSI and LDA. In Proceedings of SIGIR* 2003, New York: Association for Computing Machinery, 2003.

② Machine Learning for Language Toolkit [2015-03-18]. http://mallet.cs.umass.edu/index.php.

③ *Mahout* [2015-03-18]. https://mahout.apache.org/users/clustering/latent-dirichlet-allocation.html.

④ *Topicmodels: Topic models* [2015-03-18]. http://cran.r-project.org/web/packages/topicmodels/index.html.

⑤ 边茜:《面向期刊论文的知识挖掘研究》,硕士学位论文,河北大学,2014 年。

由多个视觉单词的混合分布构成。按照 LDA 在文本处理领域里的过程，依次选择图像的主题分布 θ ~ Dirichlet（α）。其中，α 是每张图像的主题分布中狄利克雷先验分布的参数；对于图像中的每一个图像块，从多项式分布 θ 中抽样主题，选择一个视觉单词，反复选择图像主题；根据主题产生相应的视觉单词，直到产生一幅完整的图像。[①]

鉴于此，在科研文化机构的主题研究中，研究者可以利用 LDA 方法从科研机构发表的公开出版物摘要或文化机构的藏品描述中抽取主题，揭示科研文化机构的主题特征。

二　聚类分析

在科研文化机构的主题特征分析中，聚类分析是一种常见的分析方法，以下概述六种聚类方法。

1. 共词聚类分析

共词聚类分析是将文献关键词作为分析对象，利用聚类分析等多种统计分析方法，把众多错综复杂的分析对象之间共词网状关系转变为以数值、冰柱图、树状柱状图、多维尺度图直观地体现出来的过程。[②] 共词聚类法的基本原理是统计分析一组词中同时两两出现在一篇文献的频次，以统计出来的"共现"频次的大小反映词与词之间的关联程度的强弱。两个词的"共词强度"是指两个关键词同时出现于一篇文献论文中的频次越高，这两个词之间的关系越密切；反之，则这两个词之间的关系越疏远。由此，统计一组文献的主题词两两之间在同一篇文献出现的频率，便可形成一个由这些词对关联所组成的共词网络图形，如冰柱图、树状图、多维尺度图，分别运用冰柱点、树状节点和网络内节点之间的远近反映主题内容的亲疏关系。

运用共词聚类分析法进行主题特征研究基本可分为六个步骤：

（1）关键词的提取；

（2）识别高频词；

---

① 温光玉、唐雁、吴梦蝶、黄智兴：《基于图像上下文语义信息的场景分类方法》，《四川大学学报》（自然科学版）2013 年第 6 期，第 1223—1229 页。

② 张倩、潘云涛、武夷山：《基于 Web of Science 数据的图书情报学研究聚类分析》，《情报杂志》2007 年第 2 期，第 82—84 页。

(3) 确定词与词对之间共现的频率，构建共词矩阵；

(4) 对共词矩阵，采用聚类法、关联法、词频法等进行分析；

(5) 为了准确性还需将相同矩阵转化为相异矩阵；

(6) 对共词结果进行分析。

在实际操作中，一般按照以下顺序进行，即选取高频词—构建共词矩阵—选用聚类分析（冰柱图和树状图分析）和多维尺度分析等方法进行分析—对分析结果进行总结和归纳。本书第六章将建立热点关键词的共词矩阵，采用共词聚类方法对热点关键词进行聚类分析。

2. K 均值聚类

K 均值（K-means）聚类是一种向量量化的方法，来源于信号处理，是数据挖掘中常用的聚类方法。K 均值聚类的目的是将 n 个观测点分为 k 个簇，每个观测点属于最接近平均值的簇，而这些平均值则作为簇的雏形。[①] 该方法的计算量很大，但是可采用高效率的启发式算法迅速收敛到局部最优。其原理描述如下：

给定一个观测点集合 ($x_1, x_2, \cdots, x_n$)，其中每个观测点是一个 d 维实向量。k 均值聚类旨在将 n 个观察点划分到 k（$\leq n$）个集合 $S=\{S_1, S_2, \cdots, S_k\}$，使得聚类内部的平方和最小，即找到 $\mathop{argmin}\limits_{S} \sum_{i=1}^{k} \sum_{x \in S_i} ||x - \mu_i||^2$，其中 μ_i 是 S_i 中点的平均值。

k 均值聚类不需要前期准备和训练过程，不需要提前准备具有手工标注类别的文档，因此具有较高的自动化处理能力和灵动性，已经成为对文本信息进行有效的规划、组织和引导的有价值的方法，受到越来越多的研究者关注。许多免费软件与商业软件中均可实现该方法，如 Weka[②]、Matlab[③]、SAS[④] 等。

[①] *K-means Clustering* [2015-03-16]. http://en.wikipedia.org/wiki/K-means_clustering.

[②] *Weka 3: Data Mining Software in Java* [2015-03-16]. http://www.cs.waikato.ac.nz/ml/weka/.

[③] *Matlab: The Language of Technical Computing* [2015-03-16]. http://www.mathworks.com/products/matlab/.

[④] *SAS* [2015-03-16]. http://www.sas.com/zh_cn/home.html.

3. 层次聚类法

层次聚类是一种建立聚类分层结构的聚类方法，一般分为两种类型①：①凝聚式层次聚类，是一种"自下而上"的方法。每个观测点先从自己的聚类开始，各聚类不断被合并为一个向上移动的层次结构。②划分式层次聚类，是一种"自上而下"的方法。所有观测点最开始在一个聚类中，并递归地划分为一个向下移动的层次结构。在一般情况下，合并和拆分是以贪心算法的方式来确定的。聚类的结果通常以树状图呈现。层次聚类的计算复杂度很高，对于大型数据集处理其速度很慢。

为了决定哪些簇应当合并（对于凝聚式层次聚类），或者聚类应该在哪里分开（对于划分式层次聚类），需要建立各组观测值之间的相异度量度。在大多数层次聚类的方法中，是通过采用合适的度量（即观测值对之间的距离度量）以及链接准则来实现的。其中，链接准则指定集合的相异性作为集合中观测点成对距离的函数。②许多软件都有实现层次聚类的功能，如 Weka、Matlab、SAS、SPSS 等。本书第六章将构建热点主题的相似矩阵与相异矩阵，采用层次聚类方法对热点主题进行聚类分析，生成树状图。

4. 人工神经网络方法

人工神经网络（ANN）是一系列受生物神经网络启发的统计学习算法，用于估算或模拟依赖于大量输入的未知函数。人工神经网络一般显示为相互关联的"神经元"系统，这些神经元可以从输入中计算取值，并且能够进行机器学习与模式识别。人工神经网络主要有三种学习模式，即有监督的学习、无监督的学习以及强化学习。③

在有监督的学习中，给定一组样本对（x, y），其中 $x \in X$，$y \in Y$，目的是在允许的函数类中找到一个函数 f: X→Y，使其与样本相

---

① Rokach, L., & Maimon, O., "Clustering methods", In Maimon, O. and Rokach, L. (eds.) *Data Mining and Knowledge Discovery Handbook*, New York: Springer, 2005, pp. 321-352.

② *Hierarchical Clustering* [2015-03-16]. http://en.wikipedia.org/wiki/Hierarchical_clustering#cite_note-1.

③ *Artificial Neural Network* [2015-03-16]. http://en.wikipedia.org/wiki/Artificial_neural_network.

符。无监督的学习试图在未标记的数据中寻找隐藏的结构。[①] 由于对学习者的样本未进行标记,因此不存在误差或奖励信号来评价潜在的解决方案。一般而言,无监督的学习是与估计相关的问题,其应用包括聚类、统计分析的估计、压缩与过滤。在强化学习中,数据 x 通常并未给出,而是由代理与环境相互作用产生。在每个时刻 t,代理执行一个动作 y_t,环境根据某种未知的动力学产生一个观测 x_t 和一个瞬时成本 c_t。其目的是为了发现用于选择最小化的长期成本(即预期的累积成本)的操作策略。环境动态和每个策略的长期成本通常是未知的,但可以估计。强化学习的任务是控制问题、博弈和其他序列决策任务。

自组织映射(SOM)方法是一种常见的用于主题特征分析的人工神经网络方法。它是由芬兰学者科霍恩(Kohonen)于 20 世纪 80 年代提出的一种无监督的学习的机器学习方法[②],在各学科领域被广泛应用,取得了丰富的研究成果。与传统的模式聚类方法相比,SOM 所形成的聚类能映射到一个平面或者曲面上,而保持拓扑结构不变。它的原理是模拟人脑中处于不同领域的神经细胞,即具有不同响应特征的节点在不同区域,而且这一过程是自动完成的。自组织映射网络中每个参考矢量为一个输出单元对应的连接权向量,通过运用最优化的参考矢量集合来对输入模式集合进行分类。SOM 方法在应用于热点主题聚类时,可将热点主题生成共现矩阵,经过 SOM 算法训练,将热点主题映射到 SOM 输出。映射到相同或相邻 SOM 节点中的热点主题构成一个聚类。通过一种 SOM 输出的常见形式 U-matrix 图,可以发现不同聚类之间的边缘。[③]

本书第四章和第八章分别构造科研机构—文献主题输入矩阵以及博物馆—藏品主题的输入矩阵,应用 SOM 方法对输入矩阵进行训练,将被调查的科研机构与博物馆映射到 SOM 输出,对其进行聚类

[①] *Unsupervised Learning* [2015-03-16]. http://en.wikipedia.org/wiki/Unsupervised_learning.

[②] Kohonen, T., *Self-organizing maps* (3rd ed.),Berlin:Springer, 2001.

[③] 安璐、余传明、杨书会、李纲:《国内图书馆学情报学科研机构研究领域的可视化挖掘》,《情报资料工作》2013 年第 4 期,第 50—56 页。

分析，寻找最相似或差异最大的科研文化机构。

5. 多维标度

多维标度（MDS）是一种对数据集中的每个对象的相似性水平进行可视化显示的方法，能够显示距离矩阵中的信息。MDS算法旨在将每个对象放置在N维空间中，使得所述对象之间的距离尽可能保留。给每个对象在每个维度中指定坐标。MDS图中维度N的数目可以超过2。如果选择N = 2，则将对象的位置在一个二维散点图中进行优化。[1]

研究者在开展MDS分析时，首先需要确定输出空间的维数。[2] 通常，维数少，则更方便数据分析；维数多，包含的信息量就大。其次，需要对被调查数据进行准确可靠的划分与探索。需要确定既能包含大部分重要信息，又能方便数据分析的较为适当的维数。在基本的聚类分析中，一般将维数默认为2。然后准确概括四个象限坐标轴的分类再进行勾画，并对整个空间结构做出解释。最后是评价所用方法的准确性和可靠性。许多软件均可以实现MDS分析，如SPSS等。本书第六章将利用MDS方法对热点主题进行聚类分析。

6. 蚁群聚类

20世纪90年代，卢默等人基于蚁群聚类现象建立了一种基本模型，即蚁群算法[3]，它是一种新颖且高效的算法。蚁群算法在数据挖掘聚类中的应用所选的两种生物原型是蚁群觅食行为和蚁群的蚁穴清理行为。在聚类分析的过程中，将这些散布的蚂蚁尸体看作待分析的集合数据，而最终堆积而成的蚁群则直接对应于最终的聚类结果。在蚁群蚁穴清理行为过程中，蚁群会将蚁穴中散布的蚂蚁尸体进行堆积并集中成几个大堆。在蚁群的觅食行为过程中，蚁群依据相应的概率制定觅食路径，使得蚂蚁所寻找的路径出现多种多

---

[1] Borg, I., Groenen, P., *Modern Multidimensional Scaling: Theory and Applications* (2nd ed.), New York: Springer-Verlag, 2005, pp. 207-212.

[2] 邱均平、温芳芳：《近五年来图书情报学研究热点与前沿的可视化分析》，《中国图书馆学报》2011年第3期，第51—60页。

[3] Lumer, E. D., & Faieta, B., *Diversity and adaptation in populations of clustering ants*, In Proceedings of the 3rd International Conference on Simulation of Adaptive Behavior: From Animals to Animals, 1994, pp. 501-508.

样的情况。在基于蚁群觅食行为的聚类分析过程中，将数据看作具有不同类别的蚂蚁，而将聚类结果作为食物源，此时认为存在多个食物源。通过相应的概率计算使得许多蚂蚁实现移动，并聚集在不同的食物源，得到聚类结果。

三　非相关文献的知识发现

非相关文献的知识发现（Literature-based discovery）是20世纪80年代由斯旺森（Don R. Swanson）开创的，利用论文和其他学术出版物找到现有知识之间新关系的知识发现方法。该方法并不是通过实验室中的实验来产生新知识，而是试图通过揭示有联系的、"被忽视的"关系，将实验结果中现有的知识相联系。[1]

斯旺森[2]连接是斯特格曼等人于2003年提出的一个术语，它是指连接两条以前认为是不相关的知识。[3] 例如，已知疾病A是由化学物质B引起的，而药物C是公认的可以减少体内化学物质B的量的药物。然而，由于对应的文章的发表是彼此分离的（称为"不相交的数据"），因此，病情A和药物C之间的关系可能是未知的。斯旺森连接旨在发现并报道这些关系。[4]

斯旺森在搜索MEDLINE数据库的时候，他发现了一条关于雷诺氏病和膳食鱼油的线索，这导致他怀疑鱼油是否对于治疗雷诺氏病有价值。[5] 这一假设后来在临床中被证明是正确的。斯旺森又推测偏头痛和缺镁之间有联系，同样也被临床证明两者之间存在

---

[1] Swanson, D. R., "Migraine and magnesium: Eleven neglected connections", *Perspectives in Biology and Medicine*, Vol. 31, No. 4, 1988, pp. 526–557.

[2] Stegmann, J., & Grohmann, G., "Hypothesis generation guided by co-word clustering", *Scientometrics*, Vol. 56, No. 1, 2003, pp. 111–135.

[3] Bekhuis, T., "Conceptual biology, hypothesis discovery, and text mining: Swanson's legacy", *Biomedical Digital Library*, Vol. 3, No. 2, 2006, pp. 1–7.

[4] *Literature-Based Discovery* [2015-03-17]. http://en.wikipedia.org/wiki/Literature-based_discovery#cite_note-2.

[5] Swanson, D. R., "Fish oil, Raynaud's syndrome, and undiscovered public knowledge", *Perspectives in Biology and Medicine*, Vol. 30, No. 1, 1986, pp. 7–18.

联系。①

受这些研究结果的启发,斯旺森和美国伊利诺伊大学芝加哥分校的司马海瑟(Neil Smalheiser)开发 Arrowsmith 这个软件,并称其为智力冒险②,用于识别两篇 MEDLINE 文章之间的联系。该软件的搜索模式能够帮助用户寻找存在于两个不同的论文集之间共同的条目或概念。使用该搜索方式的另一种情况是,当用户想要发现存在于一个领域的信息可能与另一个调查的领域相关。用户将通过两个 PubMed 搜索从 MEDLINE 数据库中检索生物医学的文章。其中,第一个搜索定义"文献 A",第二个搜索定义"文献 C",然后该程序生成在这两组文献的标题中发现的"B 列表"单词和短语。③

B 列表依相关性排序显示,并且可以限制在特定的语义类别(如解剖区域、病症或药物)。对于每一个 B 术语,用户可以查看与包含 B 和 C 的标题相并列的包含 A 和 B 的标题。用户以这种方式可以容易地评估两个论文集合之间是否可能存在生物显著共同性或关系。④

在科研文化机构的主题领域可视化挖掘中,如果机构 A 和机构 C 都发表了关于主题 B 的论文,或收藏了关于主题 B 的藏品,并且机构 A 和机构 C 属于不同的主题聚类,从未合著论文或从未交流合作,那么机构 A 和机构 C 具有潜在合作的机会。

四 社会网络分析

社会网络分析是利用网络理论来分析社会网络。它从网络理论的角度,将社会关系看作由节点与联系或边组成。其中节点代表网络中的个体,联系或边代表个体之间的关系,如友谊、亲属与组织

---

① Swanson, D. R., "Migraine and magnesium: Eleven neglected connections", *Perspectives in Biology and Medicine*, Vol. 31, No. 4, 1988, pp. 526-557.

② Allen, S. Don R. Swanson, *Information Science Pioneer*, 1924-2012. UChicago News, December 6th, 2012 [2012-12-06]. http://news.uchicago.edu/article/2012/12/06/don-r-swanson-information-science-pioneer-1924-2012.

③ *Arrowsmith System* [2015-03-17]. http://en.wikipedia.org/wiki/Arrowsmith_System#cite_note-1.

④ *Arrowsmith* [2015-03-17]. http://arrowsmith.psych.uic.edu/arrowsmith_uic/index.html.

关系等。①② 这些网络经常表示社会网络图，其中节点表示呈点状，而联系表示成线。

在科研机构的主题可视化挖掘中，研究者常常选择特定学科领域，以科研机构在一定时间段内的公开出版物为数据来源，设置时间窗口，将数据划分为若干时间段，利用 Ucinet、NetDraw、Gephi 等社会网络分析工具，绘制科研机构的合作网络图，研究科研文化机构的合作网络及其演化③，计算科研机构的合作网节点度及排名，给出介数居前的若干机构列表④。有的学者是分析合作网络中各科研机构的网络密度、点度中心性、中介中心性、接近中心性⑤、聚类系数、路径长度、结构洞、连接强度⑥等指标。其中，点度中心性是指节点在其与之直接相连的邻居节点当中的中心程度，往往用与之直接相连的节点数，即顶点度来衡量。中介中心性是指通过该节点的路径数量总和，表示该节点对资源的控制能力。接近中心性测量的是一个行动者不受他人控制的程度，与上述的两个中心度相反，该值越小，说明该点越处于核心位置。平均路径长度是指网络中任意两个参与主体相连所需要经过边的平均数目，它描述了网络参与主体间联系的分散程度。连接强度是指网络中连接任意两个参与主体之间边的最小强度值，它描述了网络节点之间的连线的稳固程度。聚类系数反映了网络参与主体聚集的程度，描述网络主体之间的连接密度。

---

① Pinheiro, C. A. R., *Social Network Analysis in Telecommunications*, Hoboken：John Wiley and Sons, 2011, p. 4.
② D'Andrea, A., Ferri, F, & Grifoni, P., "An overview of methods for virtual social network analysis", In Abraham, Ajith et al., *Computational Social Network Analysis：Trends, Tools and Research Advances*, Berlin：Springer, 2009, p. 8.
③ 魏瑞斌：《科学计量学领域科研机构合作网络演化分析》，《情报杂志》2012 年第 12 期，第 40—45 页。
④ 李进、刘瑞碌、于伟、赵洋：《作者科研合作网络构建及影响分析——以〈复杂系统与复杂性科学〉期刊为例》，《复杂系统与复杂性科学》2014 年第 3 期，第 86—93 页。
⑤ 刘利、宋歌、袁曦临、常娥：《论文合著视角下的科研机构合作网络测度分析——以我国电信学科为例》，《现代情报》2014 年第 1 期，第 94—99 页。
⑥ 高雪竹：《高校科技合著网络创新机制与策略研究》，硕士学位论文，哈尔滨工业大学，2012 年。

有的学者专门开发了书目共现分析系统，如 BICOMB 书目共现分析系统，对所获得的文献进行文献作者及作者单位统计，分别确定特定专题的核心研究者和研究机构。[①] 除了学术期刊论文，还有的学者是利用 Thomson Data Analyzer（TDA）、Gephi 和 Ucinet 软件分析专利文献中科研机构的合作网络及子网络。[②③]

在文化机构的社会网络分析方面，相关研究非常有限。少数学者以旅行社线路及调查问卷为数据来源，利用 Ucinet 软件对旅游景点的网络结构进行测算，研究了区域旅游景点的个体网络结构、整体网络结构、凝聚子群以及核心边缘角色，并利用 NetDraw 和 ARC-GIS 软件绘制了特定城市多景区间旅游流网络结构图与景点地理位置图。[④⑤]

第二节 科研文化机构主题特征可视化挖掘的工具

科研机构的公开出版物和文化机构的藏品描述中蕴含着关键词、主题词、分类号等揭示主题特征的线索。为了提高效率，许多研究者借助于现有的可视化数据分析工具来概括科研文化机构的主题特点与演化趋势。典型的科研文化机构主题分析工具包括以下几种。

一 CiteSpace

CiteSpace 是美国著名的信息可视化专家陈超美博士开发的基于

[①] 刘洋、张博特、郑洪新、刘树春：《基于文献的肾虚专题核心研究者与学术团队分析》，《中国中医药信息杂志》2011 年第 12 期，第 31—33、52 页。

[②] 苗红、刘海丽、黄鲁成、娄岩：《基于专利合作网络的北京国际科技合作分析》，《情报杂志》2014 年第 10 期，第 104—108、100 页。

[③] 胡阿沛、张静、雷孝平、张晓宇：《生物燃料电池技术专利计量分析》，《全球科技经济瞭望》2013 年第 8 期，第 51—58 页。

[④] 周蕊蕊、李伟、胡静、洪永森：《基于旅行社线路的城市内部旅游流结构分析》，《山东师范大学学报》（自然科学版）2013 年第 3 期，第 108—113 页。

[⑤] 李伟：《大城市旅游流网络结构构建与分析——以武汉市为例》，硕士学位论文，华中师范大学，2013 年。

引文数据揭示科学文献中的模式与趋势的软件,目前被国内外研究者广泛采用。尤其是在新兴和热点主题的探测、重要文献识别等任务中,许多学者都选择利用CiteSpace来开展类似工作。该软件最常用的功能是:①学科知识领域演进的可视化,直观地呈现出学科前沿的演进路径及学科领域的经典基础文献;②辨识和探测学科知识领域研究热点,预测知识领域发展的前沿趋势。此外,该软件还具有时区分割、共引网络/知识基础、基于时区分割的阈值、Pathfinder精简、进化网络修补、时间编码网络可视化、n-gram专业术语提取、中间中心性、引文年环可视化、异质网络、PubMed MeSH标题词网络、时区视图、并行Pathfinder等。[①] 一个典型的CiteSpace输出如图3—1。

二 VOSviewer

VOSviewer是由荷兰雷登大学(Leiden University)科技研究中心开发的一款可用于构建并可视化地显示文献计量学网络的软件。这些网络是基于期刊、研究者或出版物的共引、文献耦合与合著关系而生成。此外,还可以从科学文献中抽取重要术语,构建并可视化地显示这些术语的共现网络。最新发布的VOSViewer 1.6.0版本可以提供术语共现网络的覆盖可视化,显示术语的平均年龄或平均被引。此外,还支持从Web of Science、Scopus数据中创建共引、文献耦合与合著网络;从Web of Science、PubMed数据中创新术语共现网络;从Pajek网络文件中导入网络或导出网络至Pajek。用户可以利用吸引与排斥参数来个性化地定制网络的布局,并且改进了对Mac用户的支持。[②] 用户可以像在Google Maps中那样对图形进行放大、缩小与滚动,其智能标签算法可以避免标签彼此覆盖。

[①] Chen, C., "CiteSpace Ⅱ: Detecting and visualizing emerging trends and transient patterns in scientific literature", *Journal of the American Society for Information Science and Technology*, Vol. 57, No. 3, 2006, pp. 359-377.

[②] *VOSviewer* [2015-03-11]. http://www.vosviewer.com/Home.

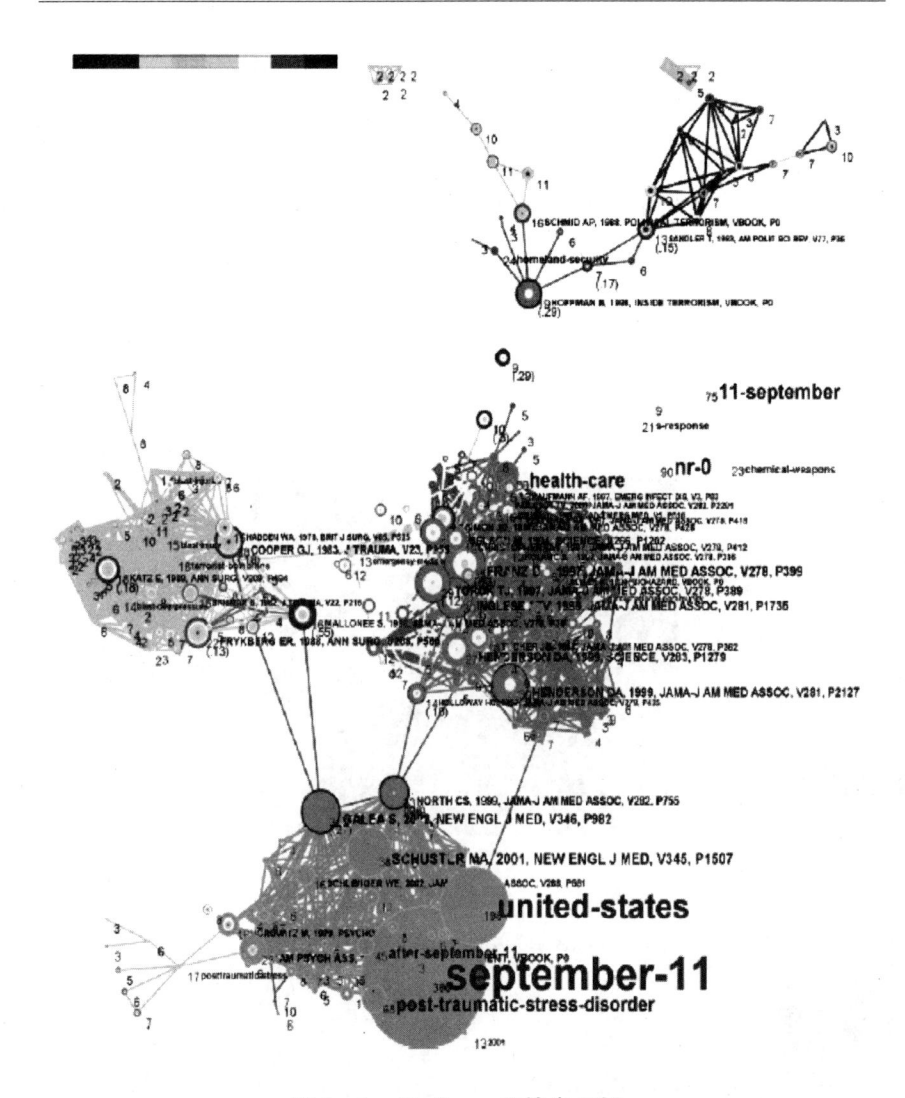

图 3—1　CiteSpace Ⅱ 输出示例

资料来源：Chen, C., "CiteSpace Ⅱ: Detecting and visualizing emerging trends and transient patterns in scientific literature", *Journal of the American Society for Information Science and Technology*, Vol. 57, No. 3, 2006, pp. 359–377.

该软件的密度可视化输出使用户能够迅速总览文献计量学网络中的主要领域，覆盖可视化则可用于显示进展。该软件还具有高分辨率的截屏功能，可以用常见的图形文件格式保存，包括位图与向量格式。在网络布局与聚类方面，用户可以通过各种参数来微调布局与聚类的结果。在创建基于英文文本数据的术语共现网络时，它甚至运用自然语言处理技巧，利用相关算法来判断相关与非相关的术语。共引、文献耦合与合著网络的创建具有许多高级功能，如通过采用小数计数方法来减少那些引文众多或参考文献很多的出版物的影响。此外，还可以利用辞典文件来进行数据清理。①

一个典型的 VOSviewer 输出如图 3—2。

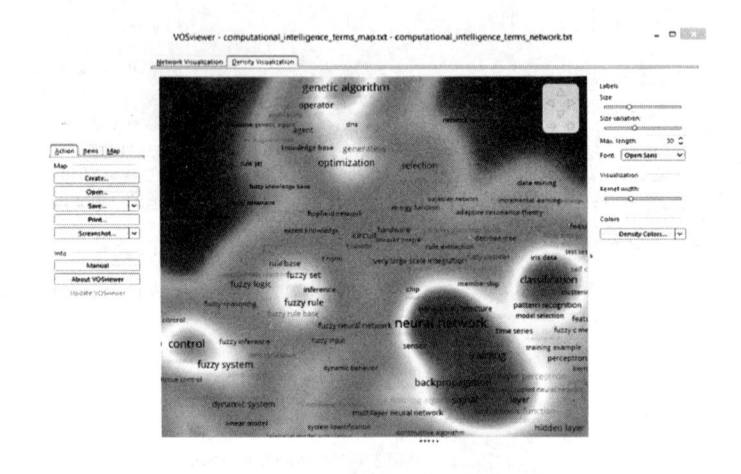

图 3—2　VOSviewer 输出示例

资料来源：http：//www.vosviewer.com/Screenshots。

三　Sci²

Sci²（Science of Science）是由美国印第安纳大学网络科学基础设施中心（CNS）开发的用于科学研究的模组工具集。它能够在微观（个人）、中观（局部）和宏观（全局）层次上对学术数据集进行时序、地理空间、主题和网络分析与可视化。②

该工具的开发者早在 2003 年就开展了一项集成五大类算法的

---

① *VOSviewer*［2015-03-11］. http：//www.vosviewer.com/Highlights.

② Sci² Team, *Science of Science（Sci²）Tool*, Indiana University and SciTech Strategies［2009-12-31］. http：//sci2.cns.iu.edu.

研究，为该工具的开发奠定了理论与前期试验基础。这些算法包括：①数据抽取算法，支持在 ISI、INSPEC、Engeering Index、Medline、Research Index、Patents 等数据库中搜索出版物条目，可以按照引文和术语进行扩展。②分析单元算法包括期刊、文档、作者和术语。③测度算法包括属性（如术语）、作者引文、共引、年度的计数或频次，可以设置计数的阈值。④布局算法包括相似性和协调算法，其中相似性算法又分为标量、向量和关联算法。标量算法是指单元—单元矩阵，包括直接引文、共引、组合链接、共词/共术语和共分类；向量算法是指单元—属性矩阵，包括向量空间模型（如单词/术语）、潜在语义分析、奇值分解（SVD）；关联算法包括前述对象的 Pearson 关联分析。在协调算法方面，有降维、聚类分析、标量算法。其中，降维算法包括求解特征向量与特征值、因子分析（FA）、主成分分析（PCA）、多维标度（MDS）、主题的潜在语义分析（LSA）、路径查找网络（PFNet）、自组织映射（SOM）、ET 图等；标量算法包括三角算法和力导引布局。⑤显示算法包括交互与分析，其中交互又包括浏览、平铺、缩放、过滤、提问和按需给出细节。①

如今，Sci^2 工具包括的算法有：①预处理算法，可抽取前 N% 或前 N 条记录，抽取前面的节点和边，节点中的雪球抽样，对称化，地理解码，抽取邮政编码等；②建模算法，包括随机图、Watts-Strogatz、小世界、Barabási-Albert 无标度和 TARL 模型；③分析算法，包括网络分析工具包、未加权且无向分析（如节点度、k 最邻近邻居、直径、弱成分聚类、抽取 k 个核心、HITS 等）、加权且无向分析（如聚类系数、Blondel 社区探测、HITS）、未加权且有向分析（如节点入度、k 最邻近邻居、成对互惠、弱成分聚类、抽取 k 个核心、HITS 等）、加权且有向分析（如 HITS 和加权 PageRank）、文本分析（如热点探测）；④可视化算法，包括 GnuPlot、径向树、DrL、水平线图、地理图、科学图等；⑤科学计量学算法，包括去掉 ISI 重复记录、抽取有向网络、抽取共现网络、抽取文档共引网

---

① Börner, K., Chen, C., & Boyack, K., "Visualizing knowledge domains", *Annual Review of Information Science and Technology*, Vol. 37, No. 1, 2003, pp. 179-255.

络等。① 一个典型的 Sci^2 的输出如图 3—3 所示。

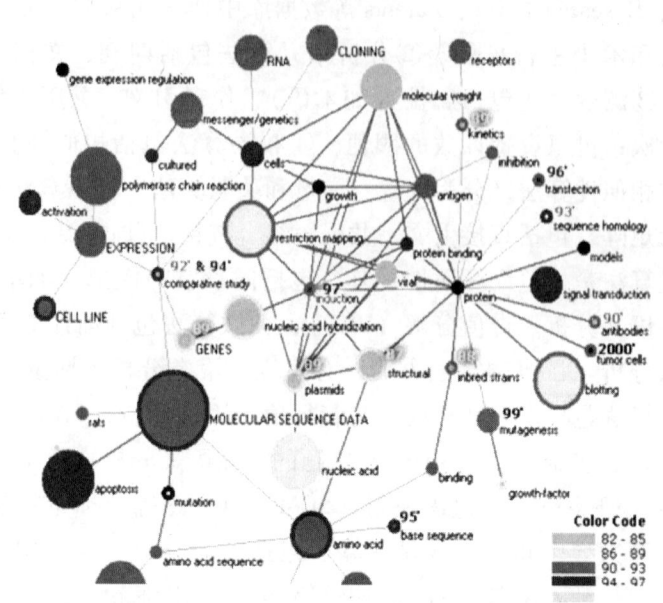

图 3—3　Sci^2 输出示例

资料来源：Sci2 Tool. https：//sci2. cns. iu. edu/user/index. php。

四　Treemap

Treemap，又称为树图②，是一种使用嵌套矩形显示分层数据实现信息可视化的方法。1991 年，由约翰逊和施耐德曼（Johnson & Shneiderman）首次提出，通常用于层次化数据所占比例关系的可视化表示。分层数据显示为一组嵌套矩形，图中的每个矩形代表树的一个节点，大矩形中的小矩形代表父节点包含的子节点。通常情况

---

① *Plug-and-Play Macroscopes* [2015-03-12]. http：//ivl. cns. iu. edu/km/pres/2010-borner-ecsp3. pdf.

② Johnson, B., & Shneiderman, B., *Treemaps*: A space-filling approach to the visualization of hierarchical information structures, Proceedings of the IEEE Conference on Visualization, San Diego, CA, Oct. 22-25, 1991, American：IEEE Press, 1991, pp. 284-291.

下，矩形面积与指定维度的数据成正比。不同节点用不同颜色加以区分，节点的值用矩形面积的大小表示，通过这种方式人们可以直观地观察整个输出。

Treemap 的工具多种多样，包括 DataV[①]、由 Macrofocus 公司开发的 Treemap[②] 等。例如，在 DataV 的 Treemap 输出中，一次只展现两层节点。第一层的节点用边界较宽的大矩形表示，其中边界较窄的小矩形代表第二层节点。第一层节点下的小矩形都采用同一类颜色，颜色的深浅代表节点的值的大小。[③] 当标签颜色与大小在某种程度上与树的结构相关时，人们可以轻易地观察到其中的模式，而这些模式以其他方式则难以观察出来。树图的第二个优点是它能够高效地利用空间，能够在屏幕上同时清楚地显示几千个条目。

由 Macrofocus 公司开发的 Treemap 工具的功能特点如表 3—1 所示。

表 3—1　　　　　　　Treemap **软件功能特点**

数据源	支持流行的表格和电子表格格式（Excel、Open Document、CSV、ab-de-limited、Access） 直接连接到常见的关系型数据库（MySQL 和 Oracle、SQL 服务器） 与专门的应用程序（如微软项目）的互操作性 访问在线数据提供商所提供的数据（如雅虎财经） 快速分析文件系统使用
数据操作	根据灵活的、用户指定的层次结构定义来创建自定义的聚合模式 全面的颜色表编辑器，可将数值型、时序型、分类型数据映射为不同颜色 对数据子集进行互动式过滤 自定义的数值格式 增加动态计算派生值的可能性

---

① *DataV Treemap*［2015-02-22］. http：//datavlab. org/datavjs/#treemap.
② *Macrofocus Treemap*［2015-02-22］. http：//www. treemap. com/.
③ 张敏：《基于 Treemap 的大规模商务层次数据可视化研究》，《科技传播》2010 年第 9 期（上），第 225—227 页。

续表

Treemap	灵活配置树图元素的大小、颜色和标签 将相对值映射成高度，显示 3D 视图 可选择的布局算法（包括健全的正方形布局） 美观的圆形布局算法 高级的 Voronoi 布局算法，基于多边形细分，而不是基于长方形或圆形 缓冲显示，直观地揭示层次 可缩放的用户界面，包括下钻 许多精细微调选项用于 Treemap 的显示器外观
备选视图	按需提供窗口弹出和单独的数据表 TreePlot 视图轻松地创建按照层次分类的泡沫图 直观的 TreeTable 视图，轻松浏览数据
用户界面	以文档为中心的界面 灵活安排各个面板的对接框架 可拆卸窗口 支持撤销/重做 布局操作的进度指示器
可拓展性	对已有的小数据集有用 可缩放至 100000 个数据对象 创建任意维度的树图
部署	跨平台：支持 Microsoft Windows、Apple MacOS X 和 Linux 可通过 Treemap 服务器进行网络部署 OEM 授权可供选择，包括利用 API 将 Treemap 作为用户的 Java 应用中的一部分 API 整合 Treemap 通过 JIDE Treemap 作为 Java 应用程序的组件

资料来源：http://www.treemap.com/features/。

  树图的生成算法有多种。[①] 例如，二叉树算法，是 n（n>0）个节点的有限集或（n=0）空集，通过矩形可视化地显示层次数据，使用户直观地观察数据集合，适合在较大的数据集中使用，稳定度较高；但表示数据的矩形长宽比过高，且部分有序。正方形（Squarified）树图算法大大降低了矩形的长宽比，但生成的矩形顺

[①] *Treemapping* [2015-02-22]. http://en.wikipedia.org/wiki/Treemapping.

序与对应数据原来的顺序不一致，稳定性较低。混合的树形图（Mixed Treemaps）算法中部分数据元素有序，稳定性较高，但矩形的长宽比很低。2002年，施耐德曼提出Strip树图算法，稳定有序，可获得较好的矩形长宽比。有序树图（Ordered）算法的数据元素部分有序，矩形长宽比最低，稳定性好。切片与切块（Slice And Dice）树图算法具有非常高的稳定性，既保存了数据元素在原数据集合中的顺序，又能得到非常好的矩形长宽比，不过显示的数据集合的规模比树图要小得多。

目前，除了以上矩形树状图形算法之外，在实际的应用过程中还有使用非矩形区域的树图算法，如基于几何空间填充曲线的Jigsaw Treemaps算法、基于voronoi图计算的树图算法、基于凸多边形的Convex Treemaps树图算法、用圆圈来替代矩形显示的Circular Treemaps树图算法等。

五 主题图

主题图是由黄等（Huang et al.）开发的文本挖掘与可视化程序，用于显示专利的主题。[①] 主题图的界面包括两个组成部分：左边的文件夹树与右边的层次内容图。专利文件组织在技术主题之下，表示为文件夹树中的节点，在内容图中显示为彩色区域。这些主题被标识为由程序识别出的代表性名词短语。专利文档的数量被分配到第一层主题，显示在主题标签后面的括号中。用户可以点击文件夹树节点或内容图区域来浏览高层次主题下的低层次主题。彩色区域的分层代表特定区域中的等级层次。内容图显示特定高层次技术主题区域下相同层次的所有主题区域。

专利主题图的关键程序是基于多层次的自组织映射算法。[②] 该

[①] Huang, Z., Chen, H., Chen, Z. K., & Roco, M. C., "International nanotechnology development in 2003: Country, institution, and technology field analysis based on USPTO patent database", *Journal of Nanoparticle Research*, Vol. 6, No. 4, 2004, pp. 325-354.

[②] Chen, H., Schuffels, C. & Orwig, R., "Internet categorization and search: A machine learning approach", *Journal of Visual Communication and Image Representation*, Vol. 7, No. 1, 1996, pp. 88-102.

算法将专利标题与摘要作为输入,提供专利文档的等级分组、分组的标签以及专利文档分组在内容图中的区域显示。在技术图的每个层次,概念上更接近的技术主题在几何位置上也更接近。概念上的接近性是由专利标题与摘要中的技术主题的共现模式中推导而出的。主题区域的大小一般也对应于分配到该主题中的专利文档数量。① 雷德等(Reid et al.)利用主题图显示了不同年份国际纳米科学与技术专利的主题分布,从而总结国际纳米科学与技术的发展。② 一个典型的主题图输出如图3—4。

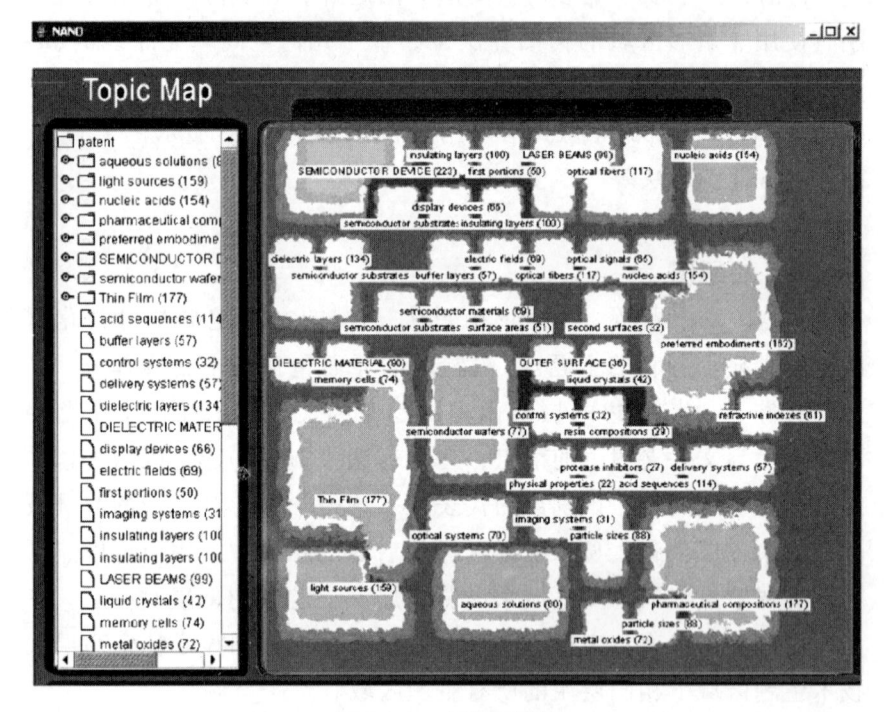

图 3—4 主题图示例

资料来源:Reid, E. F., & Chen, H., "Mapping the contemporary terrorism research domain", *International Journal of Human-Computer Studies*, Vol. 65, No. 1, 2007, pp. 42-56.

---

① Lin C., Chen, H. & Nunamaker, J. F., "Verifying the proximity hypothesis for self-organizing maps", *Journal of Management Informormation System*, Vol. 16, No. 3, 2000, pp. 57-70.
② Reid, E. F., & Chen, H., "Mapping the contemporary terrorism research domain", *International Journal of Human-Computer Studies*, Vol. 65, No. 1, 2007, pp. 42-56.

第四章

科研机构研究领域的可视化比较

第一节 研究目的与方法

一 研究目的

科研机构的研究领域可以从多个方面进行跟踪。公开出版物,如期刊论文、会议论文集、专著、研究报告以及专利及其主题索引,如关键词、分类号与受控术语都是典型的主题分析的来源。众所周知,科研机构在一定时期,如十年之内,所产出大量公开出版物会涉及许多研究领域。因此,科研机构与研究领域之间的关系维度很高。这种高维数据可以通过信息可视化技巧将其显示在低维空间,从而直观地揭示对象之间复杂的联系。[1] 自组织映射(SOM)是一种无监督学习的算法,能够将高维数据转换为二维或三维输出,并保留输入数据的拓扑结构。它的优点在于,能够应用于一般的数据,而不必预先知道其数据分布[2],使用户能够通过分析映射图而全面理解数据结构[3]。采用诸如 SOM 的信息可视化技巧能够为主题分析提供一种便捷的途径。

随着信息技术与互联网的发展,图书馆学情报学(LIS)的研

---

[1] Zhang, J., *Visualization for Information Retrieval*, Berlin: Springer, 2008.
[2] Zhang, X., & Li, Y., *Self-organizing map as a new method for clustering and data analysis*, Proceedings of International Joint Conference on Neural Networks, 1993, Vol. 3, pp. 2448-2451.
[3] Rauber, A., Merkl, D., & Dittenbach, M., "The growing hierarchical self-organizing map: Exploratory analysis of high-dimensional data", *IEEE Transactionson Neural Networks*, Vol. 13, No. 6, 2002, pp. 1331-1341.

究重点已经从传统的研究领域,诸如图书馆理论、文档分类,转移到一些技术性 LIS 领域,如数字图书馆、信息系统和知识系统、信息通信技术及其使用[1]、电子政务、计算机应用与素养[2]以及信息存储与检索。罗娜(Rana)指出,开放存取系统、仓库系统和数字图书馆是印度 LIS 领域的新兴主题。[3] Blessinger 和 Hrycaj 发现与技术相关的主题,如因特网、自动化、索引/数据库、电子出版与软件占据 LIS 领域高被引论文主题的 22%。[4]

日益蔓延的全球趋势提出了一些悬而未决的问题:技术类 LIS 领域在各国 LIS 科研机构中的发展如何?各国 LIS 科研机构在技术 LIS 领域的相似性与差异如何?世界范围内哪些技术类 LIS 领域在 LIS 科研机构中是热点?各国 LIS 机构的研究优势、显著特征与弱点是什么?揭晓这些问题的答案需要对各科研机构及其研究领域的一手数据进行分析。

本章的研究目的在于建立如下方法:①揭示科研机构在研究领域上的相似性与差异;②研究机构聚类的主要研究领域;③识别热点研究领域,并确定对其做出显著贡献的机构。本章以中美图情科研机构及其技术类研究领域为例,来说明这些方法的实施过程。所构建的方法也可应用于其他学科或其他类型的研究实体,如专家与科研团队。

二 研究方法

1. SOM 输入矩阵的定义

本章定义两个 SOM 输入矩阵 M_1,它有 m 行和 n 列,如等式

---

[1] Mammo, Y., "Rebirth of library and information science education in Ethiopia: Retrospectives and prospectives", *The International Information & Library Review*, Vol. 43, No. 2, 2011, pp. 110-120.

[2] Sethi, B. B., & Panda, K. C., "Growth and nature of international LIS research: Ananalysis of two journals", *The International Information & Library Review*, Vol. 44, No. 2, 2012, pp. 86-99.

[3] Rana, R., "Research trends in library and information science in India with a focus on Panjab University Chandigarh", *The International Information & Library Review*, Vol. 43, No. 1, 2011, pp. 23-42.

[4] Blessinger, K., & Hrycaj, P., "Highly cited articles in library and information science: An analysis of content and authorship trends", *Library & InformationScience Research*, Vol. 32, No. 2, 2010, pp. 156-162.

(4—1）所示。其中矩阵的行（m）代表将要显示在 SOM 输出中的对象（即科研机构），而矩阵的列（n）代表对象的属性（即由 EI 数据库提供的受控术语或分类号）。将所有被调查的科研机构按字母排序，并从 1 到 m 编号。将所有涉及的受控术语（或分类号）按字母排序，并从 1 到 n 编号。在等式（4—1）中，c_{ij}（$i=1, 2, \cdots, m$；$j=1, 2, \cdots, n$）代表矩阵的一个元素。元素 c_{ij} 被定义为第 i 个科研机构所发表的论文中涉及第 j 个受控术语（或分类号）的次数。如果第 i 个科研机构没有发表涉及第 j 个受控术语（或分类号）的论文，则 c_{ij} 等于 0。

$$M_1 = \begin{pmatrix} c_{11} & c_{12} & \cdots & c_{1n} \\ c_{21} & c_{22} & \cdots & c_{2n} \\ & \cdots & & \\ c_{m1} & c_{m2} & \cdots & c_{mn} \end{pmatrix} \quad (4—1)$$

2. 自定义的综合成分图

众所周知，每个 SOM 节点与一个权向量相联系。每个权向量有 n 个元素，其中 n 是输入数据的属性个数。权向量的第 j 个元素对应于输入数据的第 j 个属性。成分图是一种常见的 SOM 输出，可以根据输入数据的任何一个属性生成成分图。由于输入数据有 n 个属性，因此总共可以生成 n 个成分图。图 4—1 是 SOM 输出示例与第 j 个成分图。w_i 是与第 i 个节点相联系的权向量，由（$w_{i1}, w_{i2}, \cdots, w_{in}$）表示，其中 n 为属性的个数，即维度。第 j 个成分图由（$w_{1j}, w_{2j}, \cdots, w_{lj}$）表示，其中 l 为 SOM 节点的数量。

对于第 j 个属性，第 j 个成分图是通过将 SOM 输出中的每个节点（即 $w_{1j}, w_{2j}, \cdots, w_{ij}, \cdots, w_{mj}$）的权向量的第 j 个分量转换成对应的颜色而生成的。[1] 也就是说，每个成分图都可以反映一个属性在整个 SOM 输出中的分布。

---

[1] Zhang, J., & An, L., "Visual component plane analysis for the medical subjects based on a transaction log", *Canadian Journal of Information and Library Science*, Vol. 34, No. 1, 2010, pp. 83–111.

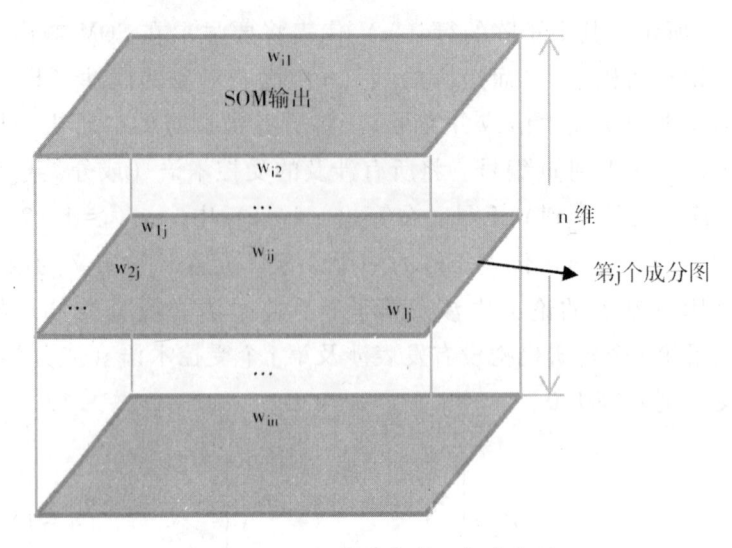

图 4—1　SOM 输出与第 j 个成分图

在本章研究中，如果根据输入矩阵 M_1 生成一个针对特定受控术语的成分图，那么这个成分图可以用于揭示每个科研机构对所讨论的受控术语的贡献。如果想考虑更多的受控术语，则人们仅能计算每个科研机构的出版物中出现这些受控术语的总次数，然后观察其结果，这是一项非常耗费时间且难度较大的任务。

为了解决这一问题，笔者自定义一种新的 SOM 输出，称为综合成分图（CCP）[①]，能够反映超过一个属性对整个 SOM 输出的贡献。它可以用于识别对热点研究领域做出主要贡献的机构。其定义描述如下：

假设一个 SOM 输出有 l 个节点。w_i 是与第 i 个节点相联系的权向量，用（w_{i1}, w_{i2}, …, w_{in}）表示，其中 n 为属性的个数，即维度。构建一个综合成分向量 V，用（V_1, V_2, …, V_l）表示。假设 CCP 是针对 k 个属性 [表示为（s_{p1}, s_{p2}, …, s_{pk}）] 生成的，那么 V_i（即 V 的第 i 个分量）的值根据等式（4—2）计算，其中 i = 1, 2, …, l。

---

① 安璐：《学术期刊主题可视化研究》，武汉大学出版社 2011 年版。

$$V_i = \sum_{j=p1}^{pk} w_{ij} \qquad (4—2)$$

等式（4—2）显示，V_i 的值等于与对应的 SOM 节点相联系的权向量的 k 个分量（对应于 k 个属性）之和。

将 V_i 的值转换成颜色，应用于 SOM 输出的背景颜色，就生成了对应的 CCP。如前所述，一个成分图显示了特定成分（属性）的值的分布。① CCP 实际上是一定数量的成分图的叠加显示。因此，CCP 显示了特定成分（一定数量的属性）的数值之和的分布，如图4—2。

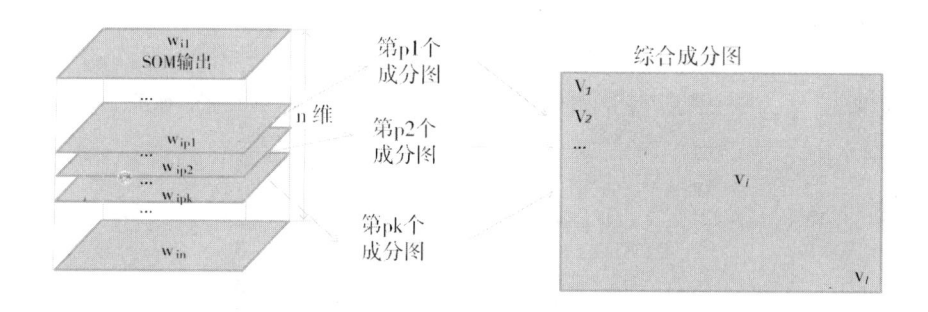

图4—2　成分图与综合成分图

在本章中，利用 SOM 算法对输入矩阵 M_1 进行训练，针对热点受控术语生成 CCP。于是 CCP 显示的是机构对选定的特定成分的贡献。映射到 V_i 值较高的 SOM 节点中的机构发表了大量与热点受控术语相关的论文。

3. 多维标度分析

多维标度分析（Multidimensional Scaling，MDS）是以空间分布的形式表现研究对象之间相似性（或相异性）关系的一种多元数据分析方法，其主要结果以偏好图（又称多维尺度分析图）的形式

---

① An, L., & Yu, C., "Self-organizing maps for competitive technical intelligence analysis", *International Journal of Computer Information Systems and Industrial Management Applications*, Vol. 4, No. 1, 2012, pp. 83-91.

表现。

多维标度分析兼有因子分析和聚类分析两项功能，并在其基础上进行发展和改造。对因子分析而言，将变量分类后可以找出变量之间存在的潜在结构，但却无法对观测值进行分类；聚类分析虽然可以对观测值分类，却无法找出观测值分类之间的潜在结构。因此，托格森（Torgerson）于1952年提出了一种既可以用来对观测值进行分类，同时又可找出分类之间潜在结构的分析方法，称为多维标度（MDS）分析。[①] 应用该技术，可以解决因子分析无法对样本进行分类的问题，同时解决聚类分析无法找出分类结果中潜在结构的问题。因此，MDS也是多变量分析中具有对样本"分类"功能的多维统计分析方法，可以根据观测值的相似性进行分类和解释。

本章将前述构造的关键词—研究机构矩阵 M_1 转化成泊松相关矩阵，作为MDS所需的相似性矩阵 M_2，如等式（4—3）所示。

$$M_2 = \begin{pmatrix} r_{11} & r_{12} & \cdots & r_{1n} \\ r_{21} & r_{22} & \cdots & r_{2n} \\ & \cdots & & \\ r_{n1} & r_{n2} & \cdots & r_{nn} \end{pmatrix} \quad (4—3)$$

M_2 共有 n 行与 n 列，即维数与机构数量相等，其中 r_{ij} 表示第 i 所机构与第 j 所机构之间的相似性，其计算方法如等式（4—4）所示。

$$r = \frac{\sum_{i=1}^{n}(X_i - \bar{X})(Y_i - \bar{Y})}{\sqrt{(X_i - \bar{X})^2}\sqrt{(Y_i - \bar{Y})^2}} \quad (4—4)$$

其中，X、Y 分别代表两所机构，X_i、Y_i 分别代表这两所机构发表的论文中出现第 i 个关键词的次数，r 表示这两所机构的泊松相关系数，填入矩阵 M_2 中第 X 行第 Y 列以及第 Y 行第 X 列。

4. 分析方法

SOM方法具有保留输入数据拓扑结构的优点。映射到相同或相邻SOM节点中的机构被认为是具有相似的受控术语。正如著名的陈

[①] Torgerson, W. S., "Multidimensional scaling: I. Theory and method", *Psychometrika*, Vol. 17, 1952, pp. 401-419.

超美教授所设计的从引文与共引角度识别里程碑（landmark）、中心（hub）与枢纽（pivot）论文的方法。[①] 本章也从受控术语的角度，着重探讨三种类似的机构。如果一定数量的机构被映射到相同或相邻的 SOM 节点，且 U-matrix 值较低，则这些机构被称为蜂群机构。如果相同国家的机构在 SOM 输出中形成一片连续的区域，而一些机构映射到另一个国家形成的区域中的某个 SOM 节点，则这些机构称为枢纽机构。而里程碑机构则是对热点研究领域做出显著贡献的机构。

U-matrix 方法为机构的相似性分析提供了辅助信息。将对应的 U-matrix 值转换成 SOM 输出的背景颜色可以揭示机构之间的相似程度。深蓝色的 SOM 节点表示 U-matrix 值较低，而红色或橙色表示 U-matrix 值较高。U-matrix 值较高的 SOM 节点表示这个节点与它的相邻节点之间存在显著的差异，反之亦然。当两组机构被映射到 SOM 输出的两个相邻节点中，且其中一个节点或两个节点的颜色为红色或橙色时，这意味着这两组机构发表的论文存在明显不同的受控术语。如果两组机构被映射到两个相邻的 SOM 节点，而这两个节点的颜色是蓝色或深蓝色，则表示这两组机构所发表的论文具有相似的受控术语。因此，可以根据机构被映射到 SOM 节点之间的几何距离与 U-matrix 值来分析机构之间的研究相似性。具有相似研究领域的机构被认为是潜在的合作者。为了揭示被调查机构的主要研究领域，探索每个机构所涉及的最频繁的受控术语，与 SOM 节点的邻近性与 U-matrix 值相结合，将中美图情科研机构划分为五个聚类，并对每个机构聚类的受控术语进行概括与讨论。

对被调查的国内图情科研机构进行 MDS 分析，在 MDS 输出中，位置相近的科研机构其发表论文的关键词较为相似，从而形成一个聚类；距离较远的科研机构其论文关键词差异较大，属于不同的聚类。根据各机构在 MDS 输出中的邻近程度，结合各机构所发表论文的主要关键词，将各科研机构划分为不同的类别，并揭示各类别的

[①] Chen, C., "Searching for intellectual turning points: Progressive knowledge domain visualization", *Proceedings of the National Academy of Sciences ofthe United States of America*, Vol. 101, No. 1, 2004, pp. 5303-5310.

科研机构的研究领域主题特点。

本章分别对中美图情机构的热点与特色研究领域进行彻底的调查，并比较其共同的研究重点及其差异。最后，针对前 20 个热点受控术语分别生成两个综合成分图（CCP），来识别对热点研究领域做出主要贡献的机构。其中一个 CCP 是针对中国的前 10 个热点受控术语，另一个 CCP 则是针对美国的前十个热点受控术语。CCP 的值较高的机构是对热点研究领域做出显著贡献的候选者，即里程碑机构。

第二节　数据来源与收集

本章选择《美国新闻与世界报道》[①]的图书馆与信息研究类别中给出的 45 个最佳研究生院，以及由中国科学评价研究中心[②]给出的图书情报与档案管理类别中的 47 个最佳学院。鉴于《美国新闻与世界报道》与中国科学评价研究中心分别是在两国得到认可的教育排名机构，由其给出的 2011 年排名领先的图情机构被认为是学术绩效优秀的科研机构。被调查的机构列表参见附录 1。

本章的数据来源于 Engineering Village Compendex（EI）数据库和 CNKI 数据库。其中，EI 数据库是一个综合性的科学技术与工程数据库，包含来自于数千个技术类期刊与会议论文集的几百万条书目引文与摘要。[③] 由于本章旨在揭示图情科研机构在技术类 LIS 领域的研究活动，因此选择 EI 数据库作为研究的数据来源。为了测量其在图情领域的覆盖性，笔者在 EI 数据库、Web of Science、Elsevier、Proquest、EBSCO、Wiley 和 Springer 中搜索来自前五名中

---

① *Best Graduate School-Library and Information Studies* [2011-12-31]. http：//grad-schools. usnews. rankingsandreviews. com/best-graduate-schools/search. result/program+top-library-information-science-programs/top-library-information-science-programs+y.

② 邱均平、王学东、王碧云：《中国研究生教育及学科专业评价报告：2011—2012》，科学出版社 2011 年版。

③ *Engineering Village* [2012-01-05]. http：//www. engineeringvillage. com/controller/servlet/Controller? CID=quickSearch&database=1.

美图情科研机构从 2001 年到 2012 年的记录，发现 EI 数据库产生的条目最多。EI 数据库还具有给每篇论文分配若干受控术语的优势，如信息检索。

笔者利用作者机构功能来检索 EI 数据库，收集分别由各图情机构发表的论文。需要注意的是，每个机构在 EI 数据库中可能存在多种形式。例如，"School of Information Management, Wuhan University"，"Information Management School, Wuhan University" 与 "Wuhan University, School of Information Management" 都代表相同的机构。

对于每个机构，检索其从 2001 年 1 月 1 日到 2012 年 12 月 31 日的记录、受控术语与分类号。采用受控术语的原因在于，它们能够解决同形异义词、同义词和多义词问题。如果使用非受控术语，如作者关键词或标题词，则相似的概念可能被作为不同的概念。例如，电子图书馆与航空数字图书馆都属于数字图书馆的研究领域。然而，由于不同的文字表述，它们会被作为不同的研究领域。此外，一些重要的概念可能没有在论文标题中得以充分揭示。因此，本章采用受控术语。

为了了解各受控术语所属的领域，本章还收集了 EI 数据库给每篇论文分配的分类号。EI 分类号是专业人员根据论文内容对论文划分的类别，不像作者提供的论文关键词那样随意，且分类类目的设置具有较强的专业性与稳定性，与受控词汇相比能够更好地代表一定的研究方向，因此针对每所机构，找出该机构论文数量最多的前三个 EI 分类号，即为该机构的主要研究领域。

EI 分类号为等级分类体系，用三位数字来代表一个类目，其中第一个数字代表一级类目，第二个数字代表二级类目，第三个数字代表三级类目，用三个数字之后的圆点来代表四级类目，如 903.1 Information Sources and Analysis，在四级类目之后再加圆点代表五级类目，如 903.4.1 Libraries，因此四级和五级类目可认为是三级类目的分支。

本章共收集了 87 所图情科研机构，包括 43 个美国机构与 44 个中国机构在过去 12 年间的 10036 篇论文，涉及 878 个受控术语与 383 个分类号。

由于大多数国内图情研究是由管理学院、经济管理学院或类似的学院所进行，为了去掉与图情领域不相关的受控术语，邀请三位具有图情领域博士学位的副教授来评价每个受控术语与图情领域的相关性。受到超过一位副教授的负面评价的受控术语被认为是与图书领域不相关，从研究中排除。

结果，212个受控术语被认为与图情领域不相关被排除，如农业工程、二氧化碳、设备电力供应。余下的666个受控术语被认为是确实与图情领域相关，从而对相应的国内图情学院或系进行调查。在这些受控术语中，最小出现次数为1，如模拟—数字转换；最大出现次数为686，即数学模型。

鉴于目前我国图书馆学情报学研究人员在国际期刊上发表的研究论文还相对比较少[①]，因此，选择大型知名学术期刊数据库中国知网（CNKI）为数据来源，以作者单位作为检索途径，检索2001年至2011年之间的各研究机构发表的论文及其关键词作为原始数据。

由于选定的时间范围较长，在此期间内存在部分高校或院系更名、合并等情况。为使数据更加完整准确，本章在收集数据时遵循以下规则：

第一，部分高校院系有多种表述方式，有些作者在标署单位时使用院系名称的简称，如将"南京农业大学信息科学技术学院"简称为"南京农业大学信息科技学院"。本章在检索时将"南京农业大学信息科学技术学院"与"南京农业大学信息科技学院"都作为检索词，之间用"或含"连接。

第二，近年来，部分高校院系纷纷改名，如2011年南京大学信息管理系更名为"南京大学信息管理学院"；中山大学资讯管理系于2010年12月更名为"资讯管理学院"，而"资讯管理系"的前身则是信息科学与技术学院的信息管理系。针对这种情况，本章以这些高校的所有相关院系的名称作为检索词，之间用"或含"连

---

① 陈贵梧：《图书情报学的国际研究态势：基于2000—2009年SSCI研究性论文的实证分析》，《中国图书馆学报》2011年第1期，第73—82页。

接。例如，将"南京大学信息管理系"和"南京大学信息管理学院"作为同一机构。

本章共收集了47所国内图书馆学情报学科研机构在2001—2011年之间被CNKI收录的论文，共计105253篇，涉及关键词1017个。

第三节 中美图情科研机构的研究主题相似性分析

构建输入矩阵 M_1，共有87行和666列。注意不同的受控术语在被调查的机构中可能具有不同的出现次数。例如，电子商务的频率从0到76次之间变化，而摘要的频率从0到8次不等。因此，输入矩阵 M_1 的不同的属性（列）可能具有不同的取值范围。如果利用SOM算法对输入矩阵 M_1 直接训练，则取值范围大的属性会在SOM输出中占据统治地位。为了解决这一问题，SOM输入矩阵首先要用Var方法[1]进行规范化，将属性的方差线性规范化为1。在这种情况下，不同取值范围的属性就在SOM训练过程中被平等地对待。为了避免"边缘效应"[2]，SOM输出采用超环面空间。

鉴于文献[3]显示，线性初始化与批学习算法这种组合与其他组合（即随机与线性初始化和序列与批学习）相比，能够获得最小的最终量化误差，因此，采用线性初始化与批学习算法训练规范化之后的输入矩阵。计算U-matrix的值，并应用于SOM输出的背景颜色，如图4—3所示（文前有彩图）。右边的颜色条指示每种颜色代表的U-matrix值。图4—3中的标签（即各图情机构的缩写）表示不同的机构。附录1给出了标签与机构之间的对应关系。为了区分

---

[1] SOM_ Norm_ Variable [2012-12-31]. http：//www. cis. hut. fi/somtoolbox/package/docs2/som norm variable. html.

[2] Kohonen, T., *Self-organizing maps* (3rd ed.), Berlin：Springer, 2001.

[3] An, L., Zhang, J., and Yu, C., "The visual subject analysis of library and information science journals with self–organizing map", *Knowledge Organization*, Vol. 38, No. 4, 2011, pp. 299-320.

中美图情机构,中国的图情机构的缩写加了"CN"下标。

如前所述,映射到 U-matrix 值较低的 SOM 节点中的机构倾向于具有相似的受控术语,而映射到 U-matrix 值较高的 SOM 节点中的机构倾向于具有明显不同的受控术语。输入数据映射到 SOM 节点之间的距离可以揭示输入数据的相似度。在本章研究中,映射到邻近的 SOM 节点中的机构具有相似的受控术语,而映射到距离较远的 SOM 节点中的机构具有差异较大的受控术语。

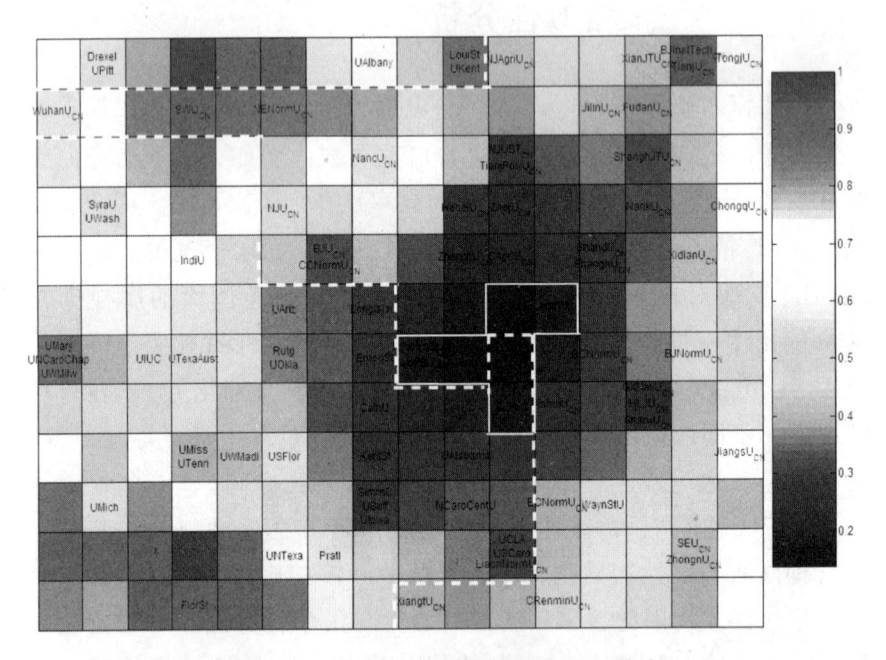

图 4—3 中美图情科研机构的 SOM 输出

注:图中的白色虚线为中美图情机构所映射位置在 SOM 输出中的边界。

图 4—3 显示,在 SOM 输出的"中央"部分存在明显的深色区域,由白线示出。七个美国的图情机构与五个中国的图情机构映射到 U-matrix 值较低的 SOM 节点,这意味着这些机构具有非常相似的研究领域,如表 4—1 所示。它们被认为是蜂群机构。

表 4—1　　　　　　　　　　蜂群机构

中国图情机构	美国图情机构
TJNormU$_{CN}$、SunYSU$_{CN}$、SichU$_{CN}$、YunnU$_{CN}$、LanzhU$_{CN}$	SanJoseSt、StJohnU、TexaWomaU、UHawa、UNCaroGree、URhodIsla、QueeC

表 4—1 显示，这 12 个图情机构形成一个大的聚类。它们所涉及的研究领域可能非常重要，值得进一步探索。

另外，SWU$_{CN}$、NENormU$_{CN}$ 和 FlorSt 映射到 U-matrix 值较高的 SOM 节点，并且它们与其他机构之间被一些空节点分开。这意味着这三个机构的受控术语与其他机构非常不同。

同时观察到，大多数中美图情机构映射到 SOM 输出中分离的区域。为了显示得更清楚，笔者在图 3—4 中画出一些白色的虚线，将 SOM 输出分为三部分。请注意，白色虚线并不是各聚类之间的边缘，它们是中美图情机构在 SOM 输出中映射的位置之间的边界。大多数美国的图情机构被映射到"上面"和"左下"部分，而大多数中国的图情机构被映射到"右边"的部分。这意味着中美图情机构具有非常不同的研究领域。枢纽机构，即映射到另一国家的机构组 SOM 节点中的机构被归纳至表 4—2。

表 4—2　　　　　　　　　　枢纽机构

中国枢纽机构	美国枢纽机构
LiaonNormU$_{CN}$	TexaWomaU、WaynStU

表 4—2 显示，与其国内同行相比，一个中国图情机构和两个美国图情机构具有与其国外同行更相似的研究领域。请注意，如果两个或更多的机构映射到相同或相邻的 SOM 节点，意味着它们所涉及的受控术语整体是相似的。这里仅列出几个共同的受控术语。例如，中国图情机构 LiaonNormU$_{CN}$ 较为频繁的受控术语是分布式计算机网络、移动计算、传感器网络、无线通信系统等，与其他中国的图情机构相比，它与映射到同一 SOM 节点的 UCLA 更为相似。

至于美国的图情机构，TexaWomaU 较为频繁的受控术语是图像检索、情报学、E-learning 等，与其他美国同行相比，它与映射到相同 SOM 节点的中国图情机构 SichU$_{CN}$更为相似。WaynStU 也是如此。它涉及诸如行为研究、竞争与数据挖掘等研究领域，与其他美国同行相比，与 ECNormU$_{CN}$更为接近。

为了进一步详细分析中美图情机构之间的相似性，笔者根据两个或更多机构之间的几何距离及其 U-matrix 值，针对每个中国的图情机构识别出最相似的中国/美国同行。针对机构 i，确定其最相似机构的方法如下：

一是在 SOM 输出中找到与机构 i 几何距离最短的机构；

二是如果在相同 SOM 节点中找到一个或多个机构，那么这些机构被认为是与机构 i 最相似的机构；

三是如果在与机构 i 几何距离相同的不同 SOM 节点中找到多个机构，那么比较它们所对应的 U-matrix 值；U-matrix 值较低的机构被认为是与机构 i 最相似的机构。

将每个中国图情机构最相似的中国/美国同行及其几何距离归纳至表 4—3。

表 4—3　　中国图情机构及其最相似的中国/美国同行

机构标签	最相似的中国同行	距离	最相似的美国同行	距离
NENormU$_{CN}$	NJU$_{CN}$	2	UNTexa	3
BJU$_{CN}$	CCNormU$_{CN}$	0	LongIslaU	2
CCNormU$_{CN}$	BJU$_{CN}$	0	LongIslaU	2
TJNormU$_{CN}$	SunYSU$_{CN}$	0	TexaWomaU	1
SunYSU$_{CN}$	TJNormU$_{CN}$	0	TexaWomaU	1
HebeiU$_{CN}$	ZhejU$_{CN}$，ZhenzhU$_{CN}$	1	TexaWomaU	3
ZhenzhU$_{CN}$	CAgriU$_{CN}$	1	TexaWomaU	2

续表

机构标签	最相似的中国同行	距离	最相似的美国同行	距离
NJUST$_{CN}$	TianjPolyU$_{CN}$	0	LouiSt、UKent	3
TianjPolyU$_{CN}$	NJUST$_{CN}$	0	LouiSt、UKent	3
ZhejU$_{CN}$	CAgriU$_{CN}$	1	SanJoseSt、StJohnU、UHawa、UNCaroGree、URhodIsla	3
CAgriU$_{CN}$	YunnU$_{CN}$	1	SanJoseSt、StJohnU、UHawa、UNCaroGree、URhodIsla	2
LanzhU$_{CN}$	YunnU$_{CN}$	1	SanJoseSt、StJohnU、UHawa、UNCaroGree、URhodIsla	2
JilinU$_{CN}$	FudanU$_{CN}$	1	LouiSt、UKent	4
ShandU$_{CN}$	ShanghU$_{CN}$	0	SanJoseSt、StJohnU、UHawa、UNCaroGree、URhodIsla	4
ShanghU$_{CN}$	ShandU$_{CN}$	0	SanJoseSt、StJohnU、UHawa、UNCaroGree、URhodIsla	4
XianJTU$_{CN}$	BJInstTech$_{CN}$、TianjU$_{CN}$	1	Drexel、UPitt	4
FudanU$_{CN}$	ShanghJTU$_{CN}$	1	Drexel、UPitt	5
ShanghJTU$_{CN}$	NankU$_{CN}$	1	SyraU、UWash	5
NankU$_{CN}$	ShanghJTU$_{CN}$	1	SyraU、UWash	4
GXNatiU$_{CN}$	HLJU$_{CN}$、ShanxU$_{CN}$	0	QueeC	3
HLJU$_{CN}$	GXNatiU$_{CN}$、ShanxU$_{CN}$	0	QueeC	3
ShanxU$_{CN}$	HLJU$_{CN}$、GXNatiU$_{CN}$	0	QueeC	3
BJInstTech$_{CN}$	TianjU$_{CN}$	0	Drexel、UPitt	3
TianjU$_{CN}$	BJInstTech$_{CN}$	0	Drexel、UPitt	3

续表

机构标签	最相似的中国同行	距离	最相似的美国同行	距离
XidianU$_{CN}$	ShandU$_{CN}$、ShanghU$_{CN}$	2	SyraU、UWash	4
SEU$_{CN}$	ZhongnU$_{CN}$	0	WaynStU	3
ZhongnU$_{CN}$	SEU$_{CN}$	0	WaynStU	3
TongjU$_{CN}$	BJInstTech$_{CN}$、TianjU$_{CN}$	1	Drexel、UPitt	2
WuhanU$_{CN}$	TongjU$_{CN}$	2	Drexel、UPitt	2
SWU$_{CN}$	NENormU$_{CN}$	2	FlorSt	2
NJU$_{CN}$	BJU$_{CN}$、CCNormU$_{CN}$	2	UAriz	2
YunnU$_{CN}$	LanzhU$_{CN}$	1	SanJoseSt、StJohnU、UHawa、UNCaroGree、URhodIsla	1
CRenminU$_{CN}$	LiaonNormU$_{CN}$	2	UCLA、USCaro	2
SCNormU$_{CN}$	LanzhU$_{CN}$	2	SanJoseSt、StJohnU、UHawa、UNCaroGree、URhodIsla	2
BJNormU$_{CN}$	HLJU$_{CN}$、GXNatiU$_{CN}$、ShanxU$_{CN}$	2	UMary、UNCaroChap、UWMilw	2
ChongqU$_{CN}$	NankU$_{CN}$	2	SyraU、UWash	2
JiangsU$_{CN}$	HLJU$_{CN}$、GXNatiU$_{CN}$、ShanxU$_{CN}$	3	UMary、UNCaroChap、UWMilw	3
NancU$_{CN}$	HebeiU$_{CN}$、NJUST$_{CN}$、TianjPolyU$_{CN}$	3	UAlbany	2
XiangtU$_{CN}$	LiaonNormU$_{CN}$	3	LouiSt、UKent	2
SichU$_{CN}$	TJNormU$_{CN}$、SunYSU$_{CN}$	1	TexaWomaU	0
NJAgriU$_{CN}$	NJUST$_{CN}$、TianjPolyU$_{CN}$	2	LouiSt、UKent	1

续表

机构标签	最相似的中国同行	距离	最相似的美国同行	距离
<u>LiaonNormU$_{CN}$</u>	ECNormU$_{CN}$、NJAgriU$_{CN}$	2	UCLA、USCaro	0
<u>AnhuiU$_{CN}$</u>	LanzhU$_{CN}$	2	QueeC	1
<u>ECNormU$_{CN}$</u>	AnhuiU$_{CN}$	2	WaynStU	1
平均距离		1.09		2.48

说明：如果两个机构映射到相同 SOM 节点，则距离为 0；如果两个机构映射到直接相邻节点，则距离为 1；如果两个机构映射到对角线相邻节点，或两个被另一节点分隔的节点，则距离为 2；以此类推。

表 4—3 显示，中国图情机构与其最相似的中国同行之间的平均距离为 1.09，而与其最相似的美国同行之间的平均距离为 2.48。这意味着与美国同行相比，中国图情机构倾向于具有与其国内同行更相似的研究领域。

对表 4—3 的彻底研究发现，有 28 个中国图情机构（大约占所有中国图情机构的 63.6%），其最相似的机构也来自中国，即它们与最相似的中国同行之间的距离短于它们与最相似的美国同行的距离。例如，从 ShanghU$_{CN}$ 到它最相似的中国同行 ShandU$_{CN}$ 之间的距离为 0，而从该机构到它最相似的美国同行 SanJoseSt、StJohnU、UHawa、UNCaroGree 和 URhodIsla 之间的距离为 4。

相反，有 7 所中国图情机构（表 4—3 中用下划线显示，大约占所有中国图情机构的 15.9%），其最相似的机构来自美国，即它们到最相似的美国同行之间的距离短于它们到最相似的中国同行之间的距离。例如，从 LiaonNormU$_{CN}$ 到它最相似的美国同行 UCLA 和 USCaro 之间的距离为 0，而该机构到它最相似的中国同行 ECNormU$_{CN}$ 和 NJAgriU$_{CN}$ 之间的距离为 2。

此外，9 个中国图情机构（表 4—3 中用粗体显示，占所有中国图情机构的 20.5%）与最相似的中国同行与美国同行距离相等。例如，从 NJU$_{CN}$ 到它最相似的美国同行 UAriz 的距离以及到最相似的

中国同行 BJU_{CN} 和 $CCNormU_{CN}$ 的距离都是 2。

简而言之，与其国外同行相比，大多数中国图情机构与其国内同行具有更相似的技术类研究领域。超过 3/5 的中国图情机构与其国内同行的技术类研究领域更相似；约 1/5 的中国图情机构在技术类研究领域与其美国同行和中国同行的相似性相同。

第四节　潜在国内与国际合作机构分析

正如图 4—3 所揭示的机构在技术类研究领域上的相似性，这种相似性为机构之间的潜在合作奠定了坚实的基础。为了促进国际合作，笔者从表 4—3 中筛选出距离为 0 或 1 的中美机构组，这意味着所涉及的机构具有很高的相似性。机构之间的相似性也依赖于 SOM 输出的背景颜色。如果一个机构被映射到蓝色的 SOM 节点，并且这个机构与另一个机构之间的距离为 1，那么这两个机构确实具有相似的受控术语。如果一个机构被映射到红色的 SOM 节点，并且这个机构与另一机构之间的距离为 1，那么这两个机构实际上具有不相似的受控术语。将潜在的国际合作机构、组成员之间的距离、共同的研究领域归纳至表 4—4。

表 4—4　　　　　　高度推荐的国际合作机构

中国图情机构	最相似的美国同行	距离	共同的研究领域
$TJNormU_{CN}$	TexaWomaU	1	数字图书馆、情报学、调查
$SunYSU_{CN}$	TexaWomaU	1	情报学、数据安全、社交网络（在线）
$YunnU_{CN}$	SanJoseSt、StJohnU、UHawa、UNCaroGree、URhodIsla	1	电子商务、数据处理、认知系统
$SichU_{CN}$	TexaWomaU	0	图像处理、信息分析、E-learning

续表

中国图情机构	最相似的美国同行	距离	共同的研究领域
NJAgriU$_{CN}$ *	LouiSt、UKent	1	计算机模拟、应用、信息管理
LiaonNormU$_{CN}$	UCLA、USCaro	0	计算机网络、传感器网络、信息系统
AnhuiU$_{CN}$	QueeC	1	计算机系统、经济分析、问题解决
ECNormU$_{CN}$	WaynStU *	1	行为研究、竞争、数据挖掘

说明：如果两个或更多机构映射到相同 SOM 节点，那么距离为 0；如果两个或更多机构映射到直接相邻节点，则距离为 1。

* NJAgriU$_{CN}$ 和 WaynStU 分别映射到浅蓝色和青色 SOM 节点，这说明与表中其他机构组相比，这两个机构组实际上具有相似性略低的技术类受控术语。

表4—4显示，8组中美图情机构具有非常相似的技术类研究领域，因此可以开展国际合作。例如，推荐 SunYSU$_{CN}$ 与 TexaWomaU 在情报学、数据安全与社交网络（在线）领域合作。

由于中美图情机构都与其本国的同行具有相似的技术类研究领域，因此在推荐国内合作时选择距离阈值为0、推荐距离为0并来自同一国家的机构彼此合作。表4—5和表4—6分别概括了中国和美国的潜在国内合作机构、组成员之间的距离以及机构的共同研究领域。

表4—5　　　　　　　高度推荐的中国合作机构

最相似的中国图情机构	距离	共同研究领域
BJU$_{CN}$、CCNormU$_{CN}$	0	管理科学、万维网、信息服务
TJNormU$_{CN}$、SunYSU$_{CN}$	0	电子商务、信息技术、信息管理
NJUST$_{CN}$、TianjPolyU$_{CN}$	0	管理科学、竞争、电子商务

续表

最相似的中国图情机构	距离	共同研究领域
ShandU$_{CN}$、ShanghU$_{CN}$	0	行业、管理科学、电子商务
GXNatiU$_{CN}$、HLJU$_{CN}$、ShanxU$_{CN}$	0	电子商务、信息管理、层次分析法
BJInstTech$_{CN}$、TianjU$_{CN}$	0	数学模型、决策、博弈论
SEU$_{CN}$、ZhongnU$_{CN}$	0	决策、行业、数学模型

表4—6　　高度推荐的美国合作机构

最相似的美国图情机构	距离	共同研究领域
UMary、UNCaroChap、UWMilw	0	搜索引擎、信息检索、因特网
Drexel、UPitt	0	信息检索、万维网、语义学
SyraU、UWash	0	社会与机构、数字图书馆、信息管理
UMiss、UTenn	0	搜索引擎、信息检索、学生
Rutg、UOkla	0	情报学、专业方面、信息检索
SimmC、UBuff、UIowa	0	信息检索、用户界面、数字图书馆
LouiSt、UKent	0	万维网、北极工程、沟通
SanJoseSt、StJohnU、UHawa、UNCaroGree、UrohdIsa	0	学生、数据缩减、信息系统
UCLA、USCaro	0	行为研究、计算机系统结构、设计

表4—5和表4—6显示，有7组中国图情机构和9组美国图情机构被推荐建立合作性研究关系。例如，BJU$_{CN}$可以与CCNormU$_{CN}$在管理科学、万维网和信息服务领域合作。SimmC可以与UBuff和UIowa在信息检索、用户界面与数字图书馆领域合作。

第五节 机构聚类的主要研究领域分析

一 中美图情科研机构的聚类分析

为了分析被调查机构的主要研究领域，在 SOM 输出中标注每个机构涉及的最频繁的三个受控术语。如图 4—4（文前有彩图），为了节省空间，受控术语缩写为每个单词的前四个字母。

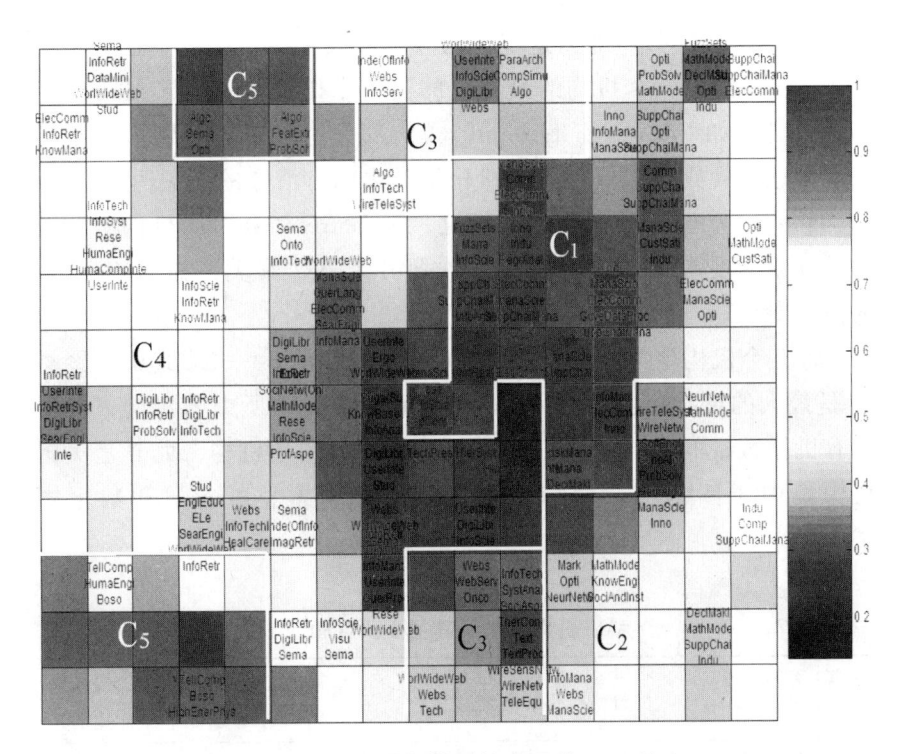

图 4—4 标注最频繁受控术语的 SOM 输出

根据 SOM 算法的原理，SOM 输出与 U-matrix 能够揭示输入数据的聚类结构。映射到相邻 SOM 节点且 U-matrix 值低的机构被认为是形成一个聚类；映射到距离较远的节点且 U-matrix 值高的机构被认为是分别形成不同的聚类。

为了概括图情机构的主要研究领域,将这87个机构分为不同的聚类。确定机构聚类的方法描述如下:

第一,如果两个或更多机构映射到相同的 SOM 节点(例如 BJInstTech$_{CN}$ 和 TianjU$_{CN}$)或相邻节点(例如 BJInstTech$_{CN}$ 和 XianJ-TU$_{CN}$,同样包括对角线相邻,例如 BJInstTech$_{CN}$ 和 FudanU$_{CN}$),并且它们的 U-matrix 值都不高于 0.8(背景颜色为蓝色、青色、绿色、黄色或橙色),那么这些机构形成一个聚类。

第二,如果两个或更多机构映射到被空节点分隔开的 SOM 节点(例如 NancU$_{CN}$ 和 HebeiU$_{CN}$),并且其中一个 U-matrix 值高于 0.8(背景颜色为红色),那么这些机构分别形成不同聚类。

第三,如果一个机构的最频繁的受控术语明显不同于另一个相邻机构(例如 EmpoSt 和 TJNormU$_{CN}$),那么这些机构分别形成不同聚类。这一规则可以保证不同机构聚类之间有清晰的主题边界。

于是,考虑 SOM 节点的邻近性、U-matrix 值和每个机构所涉及的最频繁的受控术语,将这些机构划分为五个聚类,如图4—4中的白线所示。

将五个机构聚类及其主要研究领域归纳至表4—7。其中,聚类 C$_4$ 是最大的聚类,包含33所美国图情机构和4所中国机构,占据所有机构数量的42.5%。这说明相当部分的图情机构,尤其是美国机构集中于图情核心研究领域,如信息检索、语义学和数字图书馆。

表4—7　　　　　科研机构聚类及其主要研究领域

聚类编号	科研机构标签	主要研究领域	机构数量(比例)
C$_1$	XianJTU$_{CN}$、BJInstTech$_{CN}$、TianjU$_{CN}$、TongjU$_{CN}$、JilinU$_{CN}$、FudanU$_{CN}$、NJUST$_{CN}$、TianjPolyU$_{CN}$、ShanghJTU$_{CN}$、ChongqU$_{CN}$、NankU$_{CN}$、ZhejU$_{CN}$、HebeiU$_{CN}$、XidianU$_{CN}$、ShandU$_{CN}$、ShanghU$_{CN}$、CAgriU$_{CN}$、ZhenzhU$_{CN}$、LanzhU$_{CN}$、YunnU$_{CN}$、TJNormU$_{CN}$、SunY-SU$_{CN}$、TexaWomaU、SichU$_{CN}$、SCNormU$_{CN}$、AnhuiU$_{CN}$	电子商务、管理科学、供应链	26(29.9%)

续表

聚类编号	科研机构标签	主要研究领域	机构数量（比例）
C_2	BJNormU$_{CN}$、GXNatiU$_{CN}$、HLJU$_{CN}$、ShanxU$_{CN}$、JiangsU$_{CN}$、WaynStU、ECNormU$_{CN}$、SEU$_{CN}$、ZhongnU$_{CN}$、CRenminU$_{CN}$	数学模型、神经网络、行业	10（11.5%）
C_3	XiangtU$_{CN}$、UCLA、USCaro、LiaonNormU$_{CN}$、NCaroCentU、UAlbany、LouiStU、UKent、NJAgriU$_{CN}$、NancU$_{CN}$	万维网、信息技术、网络	10（11.5%）
C_4	Drexel、UPitt、WuhanU$_{CN}$、SyraU、UWash、NJU$_{CN}$、IndiU、BJU$_{CN}$、CCNormU$_{CN}$、UAriz、LongIsaU、UMary、UNCaroChap、UWMilw、UIUC、UTexaAust、Rutg、UOkla、EmpoSt、CathU、UMiss、UTenn、UWMadi、USFlor、KentSt、UAlabama、SimmC、UBuff、UIowa、UNTexa、PratI、QueeC、SanJoseSt、StJohnU、UHawa、UNCaroGree、URhodIsla	信息检索、语义学、数字图书馆	37（42.5%）
C_5	UMich、FlorSt、SWU$_{CN}$、NENormU$_{CN}$	其他	4（4.6%）

聚类 C_1 是第二大聚类，包含 26 个图情机构，占所有机构数量的 29.9%。有 25 个中国的图情机构和 1 个美国机构聚焦于电子商务、管理科学与供应链研究领域。值得说明的是，中国教育部将图书馆学情报学学科设置在管理学学科之下。[①] 因此，许多中国图情机构的研究显示出管理学的主题特点。同样，文献[②]发现，管理信息系统领域对图情领域具有很大的影响，且影响日益增长，尤其是

---

① Ministry of Education of China, *Discipline Directory of Degree Granting and Talent Cultivation* [2013-12-31]. http://www.moe.gov.cn/publicfiles/business/htmlfiles/moe/moe834/201104/116439.html.

② Sugimoto, C. R., Pratt, J. A., & Hauser, K., "Using field cocitation analysis to assess reciprocal and shared impact of LIS/MIS fields", *Journal of the American Society for Information Science and Technology*, Vol. 59, No. 9, 2008, pp. 1441–1453.

在注重技术系统与数字信息的期刊中。

聚类 C_2 包含 9 个中国图情机构和 1 个美国机构，共占据所有机构的 11.5%。这意味着有相当一部分图情机构注重数学模型、神经网络和行业的研究领域。

此外，还有聚类 C_3 中的 10 个图情机构（占 11.5%）注重万维网、信息技术与网络等研究领域；聚类 C_5 中的 4 个图情机构（占 4.6%）注重其他研究领域，如人类工程与特征抽取。

将表 4—7 中的聚类结果与文献①中基于引文的聚类结果进行比较，发现其结论支持笔者的研究发现，并补充了不同的内容。根据晏和丁（Yan & Ding）的研究，IndiU 在文献耦合网络中与 FlorSt 聚类，而在引文网络中与 USFlor 聚类。在表 4—7 中，IndiU 与 USFlor 在 C_4 中聚类。然而，FlorSt 在 C_5 中与其他机构聚类。

UOkla 在文献耦合网络中与 UIUC 聚类，在引文网络中与 UMary 聚类，在合著网络中与 Drexel 聚类。在表 4—7 中，UOkla 在 C_4 中与三个机构聚类。

正如文献所指出的，主题网络与共词网络最为相似，其次是文献耦合网络和共引网络，然后是引文网络，最后是合著网络。在不同的网络中，异同点并存。

二 国内图情科研机构的聚类分析

本部分利用 SPSS 17.0 软件对国内图情科研机构的相似性矩阵 M_2 进行 MDS 分析。通过度量多维量表统计分析发现，二维空间模型和三维空间模型都能较好地显现各个科研机构的研究领域相似性。通过比较拟合度值，三维空间模型相对来说能更好地显示这种结构。但是由于通过空间分布图进行聚类分析时，对三维及以上的

---

① Yan, E., & Ding, Y., "Scholarly network similarities: How bibliographic coupling networks, citation networks, cocitation networks, topical networks, coauthorship networks, and coword networks relate to each other", *Journal of the American Society for Information Science and Technology*, Vol. 63, No. 7, 2012, pp. 1313–1326.

空间分布图难以进行聚类分析①，因此本部分采用二维 MDS 分析。

在进行二维空间图分析时共进行了四次迭代计算从而达到收敛的标准，最终以杨的第一型力系数（S-stress formula 1）为判断准则，因为两次 S-stress 的差异小于 0.001 达到收敛的标准。二维空间拟合优度的检验结果提供应力系数（Stress）和决定系数（RSQ）两个检验值。由 MDS 分析后输出结果显示，Stress 值为 0.12378，根据拟合量度值与拟合优度间的关系标准（见表 4—8）判断，以二维空间表征来描述 47 个高校图书情报院系研究领域的空间关系，达到尚可（fair）的标准。其次，其决定系数（RSQ）为 0.93719，表示以二维空间表征可以解释 47 个高校图书情报院系间差异的变异量的 93.719%。一般而言，RSQ 值大于 0.6 表示可以接受。从模型拟合统计数值上来看，各项考核指标均达到标准，表明模型拟合良好。

表 4—8　　　　　拟合量度值与拟合优度间的关系

拟合量度值	0.200	0.100	0.050	0.025	0.000
拟合优度	不好 (poor)	尚可 (fair)	好 (good)	非常好 (excellent)	完全拟合 (perfect)

被调查机构在二维坐标系中的具体显示如图 4—5 所示。

根据各机构在 MDS 输出中分布的邻近程度，结合各机构发表论文所涉及的关键词，将被调查的研究机构按其研究领域的侧重点划分为四大类。对这些机构发表的论文总量与在图书馆学情报学领域的发文数量进行了统计，并列出了各机构的前五个高频关键词及其出现次数（在括号中显示），如表 4—9 所示。其中，"发文量"这一列为被调查的研究机构在 2001—2011 年的发文总量；"LIS 数量"这一列为在图书馆学情报学领域的发文数量，其统计方法为在发文总量的基础上，通过"按学科类别分组"排序，查找并记录属于

---

① 揭水平：《多维标度法的聚类分析：问题与解法》，《统计与决策》2009 年第 11 期，第 148—149 页。

"图书情报与数字图书馆"的论文数量(即表4—9中的LIS论文数量栏)。

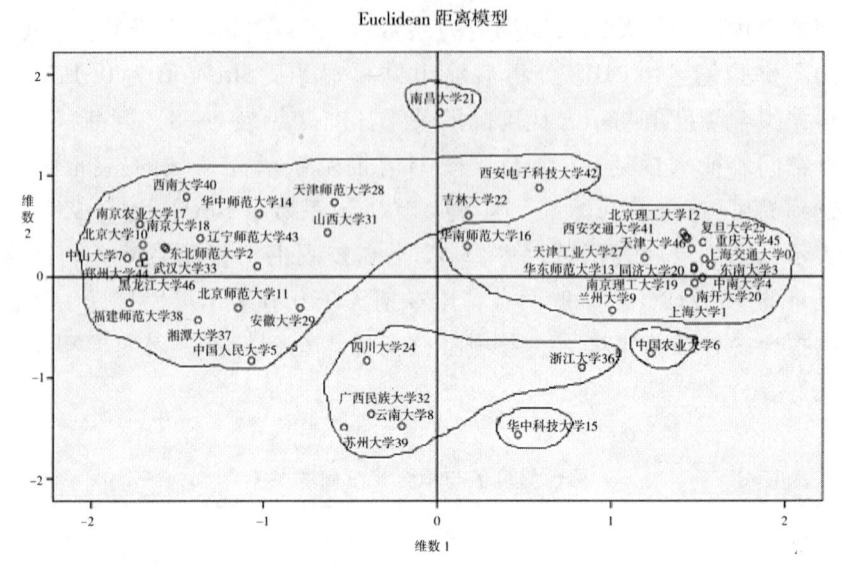

Euclidean 距离模型

图4—5 被调查的国内图情科研机构的MDS输出

表4—9　　　　　图情研机构发文数量及高频关键词

类别	研究机构	发文量	LIS论文数量	高频关键词
C_1	武汉大学	4966	2062	图书馆(258)、数字图书馆(137)、信息服务(136)、高校图书馆(126)、知识管理(103)
	南京大学	2348	1051	CSSCI(96)、引文分析(83)、数字图书馆(70)、图书馆(69)、竞争情报(65)
	北京大学	1727	993	竞争情报(40)、情报学(36)、搜索引擎(28)、中国(26)、企业(23)
	中山大学	1516	528	图书馆(101),公共图书馆(58),数字图书馆(54),知识管理(34),信息检索(30)

续表

类别	研究机构	发文量	LIS论文数量	高频关键词
	郑州大学	841	442	图书馆（66）、数字图书馆（30）、图书馆学（29）、知识管理（26）、高校图书馆（25）
	河北大学	513	282	图书馆（59）、对策（37）、图书馆学（32）、社会保障（26）、信息服务（24）
	华中师范大学	1169	239	电子商务（79）、知识管理（37）、企业（34）、信息服务（29）、数字图书馆（29）
	安徽大学	1697	231	对策（61）、知识管理（52）、图书馆（30）、电子政务（29）、问题（28）
	黑龙江大学	703	223	数字图书馆（31）、图书馆（24）、电子商务（22）、知识管理（20）、竞争情报（15）
	吉林大学	1796	198	数字图书馆（38）、对策（36）、知识管理（33）、企业（29）、影响因素（24）
	北京师范大学	1387	174	图书馆（22）、数字图书馆（20）、复杂网络（17）、经济增长（17）、信息检索（14）
	东北师范大学	570	152	图书馆（33）、知识管理（22）、教育技术（11）、知识共享（10）、网络（8）
	西南大学	947	144	竞争情报（22）、本体（19）、图书馆（14）、数字图书馆（14）、遗传算法（13）
	辽宁师范大学	513	142	图书馆（27）、电子商务（21）、和谐社会（14）、竞争情报（14）、知识组织（12）
	山西大学	723	133	图书馆（27）、企业（17）、知识管理（16）、对策（15）、本体（14）
	湘潭大学	874	120	图书馆（85）、电子政务（70）、对策（56）、地方政府（46）、信息资源（44）
	中国人民大学	1343	102	电子文件（58）、电子政务（35）、档案（35）、档案学（33）、知识管理（32）
	南京农业大学	235	95	数字图书馆（13）、高校图书馆（8）、网络环境（6）、本体（6）、可视化（5）

续表

类别	研究机构	发文量	LIS论文数量	高频关键词
	天津师范大学	460	64	知识管理（16）、竞争情报（14）、情报学（10）、因子分析（9）、图书馆（9）
	西安电子科技大学	927	64	知识共享（28）、供应链（26）、数字图书馆（20）、本体（19）、知识管理（18）
	福建师范大学	1097	1	福建（39）、数字图书馆（29）、图书馆（27）、影响（25）、版权（20）
C_2	南开大学	2604	278	公司治理（98）、竞争情报（48）、情报学（38）、影响因素（37）、供应链（32）
	华南师范大学	1993	207	经济增长（53）、对策（50）、知识管理（29）、图书馆（28）、实证分析（25）
	华东师范大学	2061	84	跨国公司（50）、上海（41）、经济增长（29）、跨国并购（26）、竞争优势（26）
	南京理工大学	2340	81	层次分析法（34）、供应链（32）、对策（32）、中小企业（30）、企业（25）
	兰州大学	1894	42	对策（38）、虚拟企业（32）、可持续发展（31）、甘肃（26）、甘肃省（19）
	重庆大学	4526	38	供应链（102）、经济增长（90）、公司治理（76）、博弈（74）、上市公司（70）
	天津大学	8726	30	可持续发展（115）、层次分析法（111）、供应链（110）、指标体系（94）、遗传算法（94）
	同济大学	5479	20	供应链（86）、知识管理（56）、对策（52）、影响因素（51）、项目管理（43）
	江苏大学	1746	17	中小企业（86）、供应链（43）、对策（41）、技术创新（33）、电子商务（29）
	山东大学	2534	17	公司治理（66）、中小企业（56）、对策（37）、母子公司（32）、跨国公司（29）
	西安交通大学	6233	15	上市公司（81）、影响因素（72）、技术创新（71）、公司治理（71）、供应链（66）

续表

类别	研究机构	发文量	LIS论文数量	高频关键词
	中南大学	6109	15	中小企业（163）、对策（81）、上市公司（76）、产业集群（66）、影响因素（60）
	北京理工大学	2813	11	技术创新（36）、供应链（35）、数据挖掘（31）、影响因素（31）、遗传算法（29）
	上海交通大学	4871	8	供应链（97）、博弈（50）、对策（46）、创新（39）、供应链管理（38）
	东南大学	4322	4	供应链（80）、制造业（71）、经济增长（69）、技术创新（54）、产业集群（49）
	复旦大学	4411	3	供应链（69）、跨国公司（58）、供应链管理（48）、电子商务（41）、技术创新（31）
	上海大学	587	3	对策（12）、高校（11）、创新（10）、供应链（9）、可持续发展（8）
	天津工业大学	482	1	农地城市流转（11）、高等教育（9）、指标体系（7）、第三方物流（7）、项目管理（6）
C_3	四川大学	3485	217	对策（96）、问题（59）、政府（46）、服务型政府（43）、知识管理（43）
	云南大学	1191	58	和谐社会（29）、民族自治地方（22）、对策（21）、电子政务（20）、云南（20）
	广西民族大学	721	42	广西（24）、对策（20）、电子文件（17）、档案（16）、社会保障（13）
	苏州大学	1795	39	美国（32）、日本（30）、苏州（28）、近代（27）、中国红十字会（23）
	浙江大学	1394	37	浙江省（17）、地方政府（16）、影响因素（16）、非营利组织（15）、对策（14）
C_4	南昌大学	1125	29	数据挖掘（28）、XML（17）、遗传算法（17）、关联规则（16）、电力系统（15）

续表

类别	研究机构	发文量	LIS论文数量	高频关键词
	华中科技大学	115	2	新型农村合作医疗（8）、医院管理（8）、影响因素（5）、公立医院（5）、医疗服务（4）
	中国农业大学	2545	0	影响因素（97）、农户（50）、农产品（48）、中国（44）、对策（33）

表4—9显示，第一大类（C_1）是以武汉大学为代表，以图书馆、情报与档案管理核心领域为主要研究领域的科研机构，如北京大学、南京大学、中山大学等21所科研机构。其高频关键词为图书馆、数字图书馆、知识管理、电子商务及情报学等，与安璐等人发现的图书馆学情报学核心领域的热点关键词聚类[1]相对应。

第二大类（C_2）是以南开大学为代表，大多以与经济管理相关的名称命名的院系，包括华南师范大学、华东师范大学、南京理工大学等18所科研机构。它们主要是研究经济管理相关领域的科研机构。其高频关键词包括公司治理、经济增长、跨国公司、供应链、对策等，与文献中的经济管理类热点关键词聚类相对应。

第三大类（C_3）包括四川大学、云南大学、广西民族大学、苏州大学以及浙江大学这五所科研机构，这些机构的研究主题具有一定的地域特点，如"广西"、"苏州"、"民族自治地方"、"云南"等关键词在这些机构发表的论文中出现次数较多。虽然这些机构在图书馆、情报与档案管理方面的研究相对较多，但主要研究和谐社会、社会保障、政府政策及公共服务等公共管理领域，与文献中的公共管理类热点关键词聚类相对应。

第四大类（C_4）则是一些与其他机构的研究领域相差较大、有各自独特的研究重点的研究机构，包括南昌大学、中国农业大学及华中科技大学这三所机构。这些机构在MDS输出中没有特定中心，

---

[1] 安璐、余传明、杨书会、李纲：《国内图书馆学情报学科研机构研究领域的可视化挖掘》，《情报资料工作》2013年第4期，第50—56页。

呈现分散分布的状态。其中，华中科技大学的高频关键词显示，其研究领域着重在医学领域，而在图书情报方面研究较少；南昌大学的高频关键词则显示出其研究重点集中在计算机和通信领域，与文献中的计算机类热点关键词聚类相对应；中国农业大学虽然也有关于经济管理领域的研究，但其关键词显示，其研究的重心是在农产品、质量安全、消费及农业发展等方面。

根据热点关键词聚类与科研机构聚类之间的对应关系，可以发现，这四个热点关键词聚类可以较好地用于揭示科研机构聚类的研究领域侧重点。但是与医学与农业管理相关的关键词出现次数较少，不属于热点关键词，因此华中科技大学和中国农业大学的研究领域侧重点未能体现在热点关键词中。

需要说明的是，这四类科研机构之间并不互相排斥，有些机构介于两者之间，如吉林大学与西安电子科技大学虽然被划分为类别一，但在 MDS 输出中距离类别二的边缘较近，其高频关键词也包含了企业、供应链、对策等经济管理类研究领域。而华南师范大学虽然被划分为类别二，但在 MDS 输出中距离类别一的边缘也较近，其高频关键词也包含了图书馆、知识管理等图书情报类研究领域。这与松本（Sugimoto）等人的研究发现[1]相吻合。他们指出，图书馆学情报学（LIS）与管理信息系统（MIS）这两个学科领域既存在不同又密切联系，通过对各自领域的 48 种领先期刊的共引分析，结果发现 MIS 对 LIS 的影响大于 LIS 对 MIS 的影响，而且这种共同影响日益显著，这两个领域的交叉处主要在于技术系统与数字信息。

关于各研究机构的发文数量与"图书情报与数字图书馆"类别的论文数量，如表 3—9 所示，被调查机构的科研论文发文量相差较大。就总体的发文数量来看，类别二中的科研机构大多发文量较大，如天津大学、西安交通大学、中南大学、同济大学等，而类别一、类别三、类别四中的科研机构分别只有武汉大学、四川大学、中国农业大学的发文量较为领先。这说明以经济管理类研究领域为

---

[1] Sugimoto C. R., Pratt J. A., & Hauser K., "Using field cocitation analysis to assess reciprocal and shared impact of LIS/MIS fields", *Journal of the American Society for Information Science and Technology*, Vol. 59, No. 9, 2008, pp. 1441-1453.

主的科研机构在发文数量方面呈现强势。

从图书馆学情报学领域的论文数量来看,发文量较多的科研机构大多属于类别一,其发文量与文献①发布的排名大致相同。其中武汉大学、南京大学、北京大学、中山大学等机构,发展历史悠久,资源丰富,在科研方面,已经形成了完善的"研究机构—研究者—研究配套资源—研究成果"的科研体系。②而类别二和类别三中分别只有南开大学、四川大学的发文量较为领先,类别四中只有南昌大学以微弱优势处于同类机构的前列。

需要指出的是,有些科研机构在图书馆学情报学领域发表的科研论文数量不容乐观,如中国农业大学在过去11年间在中国知网"图书情报与数字图书馆"学科类别中的论文数量为0,而天津工业大学、福建师范大学及复旦大学等院系在该类别中的发文量也不足5篇。当然,本节中所采取的CNKI划分的"图书情报与数字图书馆"学科类别并没有完全覆盖图书馆学情报学领域,这些机构可能在"出版"、"新闻与传媒"、"档案及博物馆"、"信息经济与邮政经济"等相关类别中发表了论文,也可能在CNKI未覆盖的相关期刊中发表了一些论文。

三 美国图情科研机构的聚类分析

本部分对美国图情科研机构的研究领域进行聚类分析。根据第一节所描述的方法构造SOM输入矩阵,共有43行(代表43所美国图情科研机构),195列(代表EI分类号)。在该矩阵中,由于不同的EI分类号下的论文数量跨度范围不一致,为了避免数值范围较大的属性可能会在SOM显示中占统治地位,将输入数据用var③方法进行规范化。在var方法中,规范化过程是线性的,所有属性

---

① 邱均平、王学东、王碧云:《中国研究生教育及学科专业评价报告:2011—2012》,科学出版社2011年版。
② 孙海生:《国内图书馆情报研究机构科研产出及合作状况研究》,《情报杂志》2012年第2期,第68—70页。
③ SOM_ Norm_ Variable [2012-12-31]. http://www.cis.hut.fi/somtoolbox/package/docs2/som_ norm_ variable.html.

的方差被规范化为1。然后采用线性初始化和批学习算法对输入矩阵进行训练。为了避免平面输出产生的边缘效应，采用超环面的SOM 输出形状，并用 U-matrix 作为背景颜色。SOM 训练的结果如图 4—6 所示。

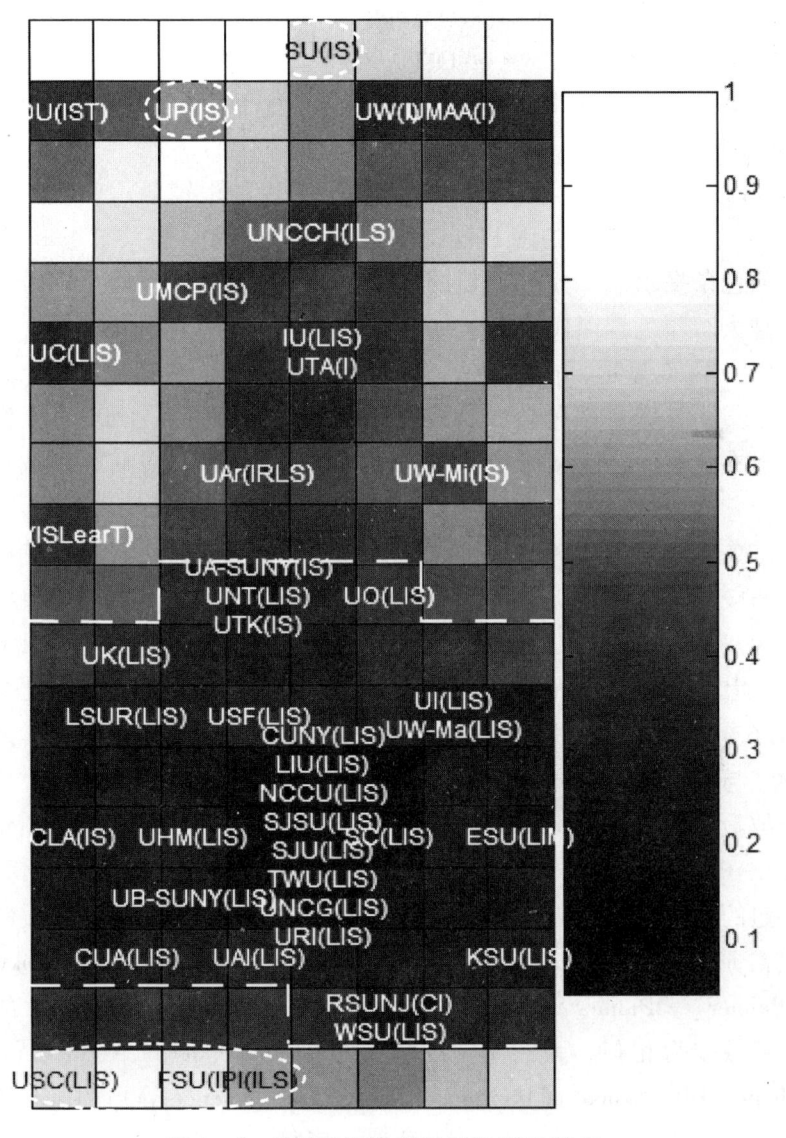

图 4—6 美国信息类科研机构 SOM 输出

图4—6有18行与8列,共144个节点。每个节点中的标签表示映射到该节点的机构名称缩写与学院类型。其中,LIS表示School of Library and Information Science,ILS表示School of Information and Library Science,IS表示School of Information Studies,I表示Information School,CI表示School of Communication and Information,IST表示College of Information Science and Technology,IRLS表示School of Information Resources and Library Science、School of Information Science and Learning Technologies、School of Library and Information Management。

需要注意的是,图4—6是超环面SOM的平铺显示,实际上图4—6的上边缘与下边缘相连,左边缘与右边缘相连。图4—6右方的颜色条提示了U-matrix值的大小。例如,颜色越浅代表U-matrix值越大,颜色越深代表U-matrix值越小。

图4—6显示,在SOM输出的"下半部分",科研机构的分布较为密集,且背景颜色较深,即U-matrix值较小(低于0.3),说明映射在这片深色区域(白色虚线所围区域)的机构其研究领域较为接近,共有27所机构(占所有被调查的美国图情科研机构的62.8%)映射到该区域;而SOM输出的"上半部分",科研机构的分布较为稀疏,且背景颜色较浅,即U-matrix值较大,说明映射到这片浅色区域的机构其研究领域有较大的差异。尤其是位于"上边缘"和"下边缘"的5所机构(占被调查的美国图情科研机构的11.6%,如白色虚线椭圆标示,其U-matrix值高于0.5),其研究领域与其他机构相比有明显的差异。另外还有11所机构(占被调查的美国图情科研机构的25.6%)映射到U-matrix值居中(介于0.3—0.5)的区域,说明这些机构的研究领域与其他机构相比具有一定的差异性。由此可见,各信息类科研机构的研究领域差异性呈现锥形分布,大多数机构(如Long Island University - Brookville (Palmer) - Palmer School of Library and Information Science等)的研究领域较为相似,大约1/4的学院(如University of North Carolina Chapel Hill- School of Information and Library Science等)的研究领域与其他学院相比具有一定的差异性,而只有大约1/10的学院(如

Syracuse University – School of Information Studies 等）具有明显差异的研究领域。

根据各机构在图 4—6 中的分布，结合 U-matrix 值的大小，笔者制定以下聚类规则：①映射到相同节点中的机构形成一个聚类；②映射到相邻节点（含上、下、左、右与对角线相邻）中的机构，如果所在节点的 U-matrix 值均低于 0.5（即背景颜色为黑色或深灰色），则形成一个聚类；③被空节点（即没有任何机构映射到该节点）包围的机构形成一个单独的聚类；④映射到相邻节点中的机构，如果有一个或多个节点的 U-matrix 值高于 0.5（即背景颜色为白色或浅灰色），则每个节点分别形成一个单独的聚类。

根据该聚类规则，这 43 所科研机构共分为 24 个聚类（如表 4—10 第三栏所示）。其中最大的聚类共有 9 所机构（即最后一个聚类），最小的聚类只有 1 所机构（如第一个聚类等），平均聚类大小为 1.8。

表 4—10　　美国图情科研机构的聚类结果

编号	EI 分类号	机构缩写	主要研究领域
1	903 信息科学	FSU（I）	信息科学、图像技术、教育
		UMCP（IS）	信息检索与利用、计算机应用、计算机软件与数据处理
		UAr（IRLS）	信息传播、计算机应用、图书馆
		UW-Mi（IS）	信息检索与利用、计算机应用、计算机软件与数据处理
		CUA（LIS）	信息检索与利用、计算机应用、计算机软件与数据处理
		UB-SUNY（LIS）	
		UHM（LIS）	
		UAl（LIS）	
		USF（LIS）	信息传播、信息来源与分析、信息检索与利用
		RSUNJ（CI）	信息传播、计算机应用、信息检索与利用
		WSU（LIS）	

续表

编号	EI 分类号	机构缩写	主要研究领域
2	723 计算机软件、数据处理及应用	SU（IS）	计算机应用、数据处理与图像处理、计算机软件与数据处理
		USC（LIS）	计算机应用、工程研究、信息检索与利用
		PI（ILS）	计算机应用、计算机软件与数据处理、信息科学
		UP（IS）	计算机软件与数据处理、计算机应用、电信
		DU（IST）	数据处理与图像处理、计算机应用、计算机软件与数据处理
		UIUC（LIS）	计算机应用、计算机软件与数据处理、图书馆
		UNCCH（ILS）	计算机应用、信息检索与利用、计算机软件与数据处理
		IU（LIS）	计算机应用、信息传播、计算机软件与数据处理
		UTA（I）	
		UW（I）	计算机应用、计算机软件与数据处理、人类工程学与人为因素工程
		UMAA（I）	
		UCLA（IS）	计算机应用、社会与机构、技术对社会的影响
		ESU（LIM）	
		UK（LIS）	计算机应用、计算机软件与数据处理、图像处理
		LSUBR（LIS）	
		UA-SUNY（IS）	数据处理与图像处理、计算机软件与数据处理、计算机应用
		UNT（LIS）	
		UTK（IS）	
		UI（LIS）	数据处理与图像处理、信息来源与分析、电信
		UW-Ma（LIS）	
		KSU（LIS）	计算机软件与数据处理、电信、雷达
3	901.2 教育	UM（ISLearT）	教育、人工智能、计算机应用
4	912.2 管理	UO（LIS）	管理、信息科学、工程专业方面

第四章 科研机构研究领域的可视化比较 113

续表

编号	EI 分类号	机构缩写	主要研究领域
5	722.2 计算机外围设备	CUNY（LIS）	计算机外围设备、信息检索与利用、人工智能
		LIU（LIS）	
		NCCU（LIS）	
		SJSU（LIS）	
		SJU（LIS）	
		TWU（LIS）	
		UNCG（LIS）	
		URI（LIS）	
		SC（LIS）	

为了揭示各机构聚类的研究领域特点，针对每所机构，找出其论文数量最多的三个 EI 分类号，作为对应机构的标签，在信息类科研机构 SOM 输出中予以标示，如图 4—7 所示。图 4—7 中括号里的数字代表该 EI 分类号映射到该节点的次数。将图 4—6 与图 4—7 进行对照，映射到 SOM 输出中相同位置节点中的输入数据代表同一所科研机构及其最频繁的 EI 分类号，如 DU（IST）最频繁的三个 EI 分类号为 723.2（1 次）、723.5（1 次）和 723（1 次）。

根据各机构发表论文所涉及的最频繁的 EI 分类号，将表 4—10 中的 24 个机构聚类进一步分为五组：①903 信息科学；②723 计算机软件、数据处理及应用；③901.2 教育；④912.2 管理；⑤722.2 计算机外围设备。各科研机构所属的组别、对应的 EI 分类号、主要研究领域（即最频繁的三个 EI 分类号）如表 4—10 所示。

表 4—10 显示，Florida State University – College of Information 等 11 所科研机构（占全部美国图情科研机构数量的 25.6%）主要以信息科学为研究重点，其主要研究领域包括信息检索与利用、信息传播、信息来源与分析等。Syracuse University – School of Information Studies 等 21 所机构（占 48.8%）主要以计算机软件、数据处理及应用为研究重点，其主要研究领域包括计算机应用、数据处理与图像

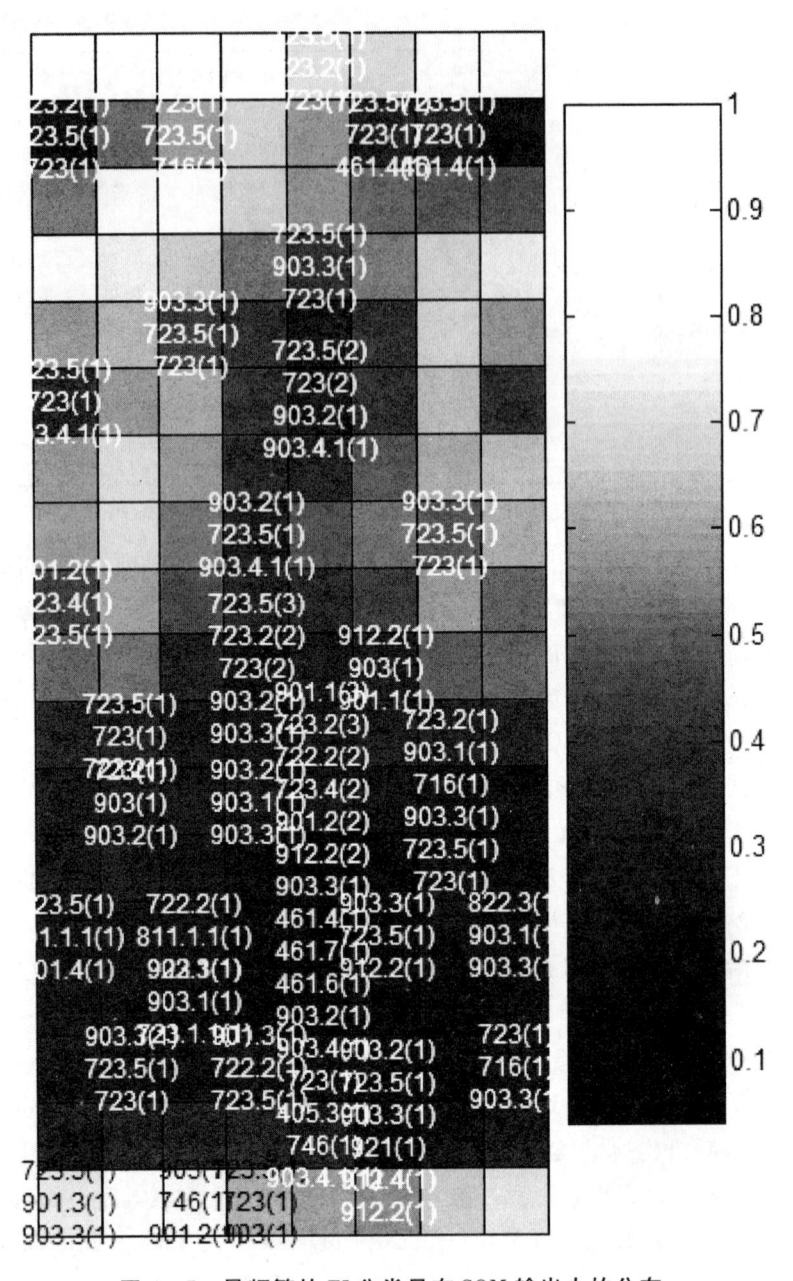

图 4—7　最频繁的 EI 分类号在 SOM 输出中的分布

处理、计算机软件与数据处理、电信等。只有一所机构（占 2.3%），即 University of Missouri – School of Information Science and Learning Technologies 以教育为研究重点，其主要研究领域包括教育、人工智能、计算机应用等。只有一所机构（占 2.3%），即 University of Oklahoma – School of Library and Information Studies 以管理为研究重点，其主要研究领域包括管理、信息科学、工程专业方面等。CUNY– Queens College – Graduate School of Library and Information Studies 等 9 所机构（占 20.9%）以计算机外围设备为研究重点，其主要研究领域包括计算机外围设备、信息检索与利用、人工智能等。

关于两种类型的美国图情科研机构在 SOM 输出中的分布，如果将整个 SOM 输出按照 U-matrix 值的大小分为三个区域（如白色虚线显示），则图 4—6 显示，在 29 所图书情报学院中，有 23 所图书情报学院（占图书情报学院总数的 79.3%）映射到深色区域（白色虚线所围区域，U-matrix 值低于 0.3）；只有 2 所图书情报学院（占 6.9%）映射到浅色区域（U-matrix 值高于 0.5），另外 4 所图书情报学院（占 13.8%）映射到灰色区域（U-matrix 值介于 0.3—0.5）。这说明大多数图书情报学院的研究领域整体趋同，只有少数学院的研究领域存在一定差异，个别学院的研究领域存在较大差异。总的来说，图书情报学院主要分布在深色区域，灰色区域次之，浅色区域最少。

而关于 14 所信息学院在 SOM 输出中的分布，有 7 所学院（占信息学院总数的 50%）映射到灰色区域，4 所信息学院（占 28.6%）映射到深色区域，3 所学院（占 21.4%）映射到浅色区域。这说明有一半的信息学院其研究领域存在一定差异，超过 1/4 的信息学院的研究领域趋同，超过 1/5 的信息学院其研究领域存在较大差异。总的来说，信息学院主要分布在灰色区域，深色区域次之，浅色区域最少。比较而言，信息学院较之图书情报学院而言，其研究领域呈现更加多样化的特点。

为了揭示这两类学院在研究领域上是否存在差异，将表 4—10 中属于各分类号的信息学院与图书情报学院的数量与百分比归纳为

表4—11。从中发现,这两种学院在信息科学领域的分布大致相同,而信息学院比图书情报学院更多地以教育为主要研究方向,图书情报学院比信息学院更多地以计算机外围设备、管理为主要研究方向。

表4—11　　两种类型的学院在各分类号上的分布

		信息科学	计算机软件、数据处理及应用	教育	管理	计算机外围设备
信息学院	个数（个）	4	9	1	0	0
	百分比（%）	28.60	64.30	7.10	0.00	0.00
图书情报学院	个数（个）	7	12	0	1	9
	百分比（%）	24.10	41.30	0.00	3.40	31.00

由此可见,图书情报学院与信息学院在研究领域上的分布存在一定差异,使得这两种学院在SOM输出中的主要分布区域相分离,且这两种学院也很少形成一个聚类(实际上只有四个聚类同时涉及这两种学院)。学院的名称代表着学院大部分教员对学院所在学科发展的理解与期望,也许是这种研究倾向的不同使得其研究成果在各研究领域上存在不同的侧重。

第六节　中美图情机构的热点与特色研究领域识别

如前所述,87所图情机构被划分为五个聚类,每个聚类都标注了主要研究领域。实际上,除了所列举的受控术语,每所机构通常都涉及广泛的研究领域。因此,识别被调查机构的热点研究领域是很有意义的。此外,人们通常对于两国热点研究领域之间的差异颇有兴趣。这也是本节将揭示两国机构的特色研究领域的原因。

热点研究领域被定义为数据集中出现非常频繁的（未必是最频繁的）受控术语。中美图情机构的前十个热点受控术语归纳至表4—12。

表4—12　　　　　　　　前十个热点/特色研究领域

中国的热点领域	美国的热点领域	中国的特色领域	美国的特色领域
电子商务	信息检索	电子商务	信息检索
算法	用户界面	算法	用户界面
竞争	数字图书馆	竞争	人类工程
信息管理	人类工程	创新	人机交互
创新	人机交互	计算机模拟	数字图书馆
计算机模拟	万维网	政府数据处理	万维网
信息技术	搜索引擎	信息管理	搜索引擎
政府数据处理	语义学	管理	元数据
人工智能	情报学	神经网络	社交网络（在线）
神经网络	信息系统	人工智能	网站

为了比较两国图情机构的特色领域，笔者计算中美每个受控术语在每个机构中的平均出现次数，找出两国平均出现次数相差最大的受控术语。在中国图情机构中平均出现次数远高于在美国同行中的受控术语被认为是中国图情机构的特色领域。相反，在美国图情机构中平均出现次数远高于在中国同行中的受控术语被认为是美国机构的特色领域。中美图情机构的特色领域也归纳至表4—12。

表4—12显示，在前十个热点受控术语中，中美图情机构有两个共同的研究领域，即信息技术/信息系统以及信息管理/情报学。中国图情机构的其他热点研究领域包括电子商务、信息技术（即算法、计算机模拟、人工智能和神经网络）、竞争、创新和信息管理（例如政府数据处理）。大多数热点受控术语也是中国图情机构的特色研究领域，这意味着美国图情机构较少从事这类研究。

表4—12中的中国图情机构的热点研究领域与苏新宁和杨文欣等人的研究发现相吻合。苏新宁发现中国图情核心期刊的热点研究主题为信息服务、信息资源、竞争情报等。[①] 杨文欣等人发现中国图情科研项目中最频繁出现的研究主题是信息资源管理、知识创新、电子商务等。[②]

与中国的情况不同，美国图情机构的其他热点研究领域是信息检索（例如搜索引擎）、人类工程（例如用户界面、人机交互）、数字图书馆、万维网、语义学等，其中很多是图情领域的研究前沿。除了语义学、情报学和信息系统，大多数热点主题也是美国图情机构的特色研究领域，这意味着中国图情机构较少研究这类主题。美国图情机构的特色研究领域还包括元数据、社交网络（在线）和网站，这些是中国图情机构的薄弱之处。

表4—12中列举的美国图情机构的热点研究领域与安璐等人和杨文欣等人的研究发现部分吻合。安璐等人揭示了美国图情类期刊的热点研究领域为数字图书馆、信息技术、网站等。[③] 杨文欣等人发现，Journal of the American Society for Information Science and Technology 的热点主题包括智能信息检索、网络用户与行为、数字图书馆等，而 Library and Information Science Abstracts （LISA）的热点主题为网络信息资源管理、数字图书馆、网络信息科学等。

第七节 热点研究领域的主要贡献机构识别

如第一节所述，根据一定数量的属性生成综合成分图（CCP）可以揭示这些属性对 SOM 输出的贡献。为了显示中美图情机构对热

---

① 苏新宁：《图书馆、情报与文献学研究热点与趋势分析（2000—2004）——基于CSSCI的分析》，《情报学报》2007年第3期，第373—383页。
② 杨文欣、杜杏叶、张丽丽、李璐：《基于文献的情报学前沿领域调查分析》，《图书情报工作》2008年第3期，第11—14、61页。
③ An, L., Zhang, J., & Yu, C., "The visual subject analysis of library and information science journals with self-organizing map", *Knowledge Organization*, Vol. 38, No. 4, 2011, pp. 299-320.

点研究领域的贡献度，本节分别生成两个 CCP，如图 4—8 和图 4—9（文前均有彩图）。其中，图 4—8 是根据表 4—12 中的前十个中国热点受控术语，图 4—9 则是根据前十个美国热点受控术语。

综合成分图的背景颜色是取决于 V_i（CCP 的一个元素）的值［参见第一节的等式（4—2）］。右边的颜色条指示每种颜色的 V_i 值，其中红色代表 V_i 值较高，而蓝色代表 V_i 值较低。映射到红色 SOM 节点中的机构发表了许多关于热点受控术语的论文，而映射到蓝色 SOM 节点中的机构则对热点受控术语没有做出多少贡献。

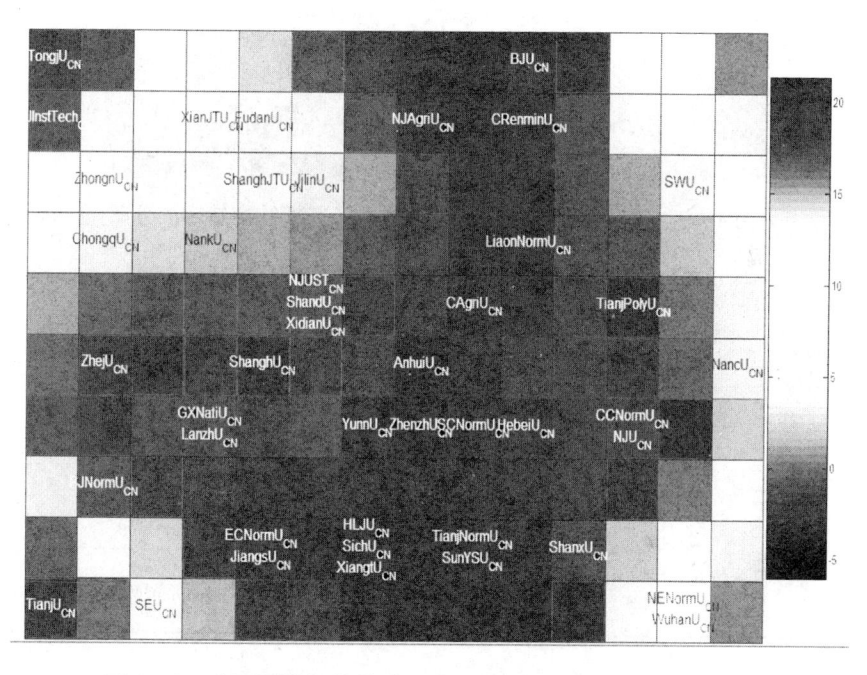

图 4—8 中国图情机构的前十个热点研究领域的综合成分图

图 4—8 和图 4—9 显示，大多数 SOM 节点都呈蓝色，这意味着大多数机构都对热点受控术语没有做出多少贡献。TongjU$_{CN}$、TianjU$_{CN}$、UPitt 和 UWash 映射到 V_i 值较高的节点。这说明这些机构在热点研究领域发表了大量论文。根据对应的 V_i 值，对热点研究领域做出独特贡献的中美机构，即里程碑机构被归纳至表 4—13。

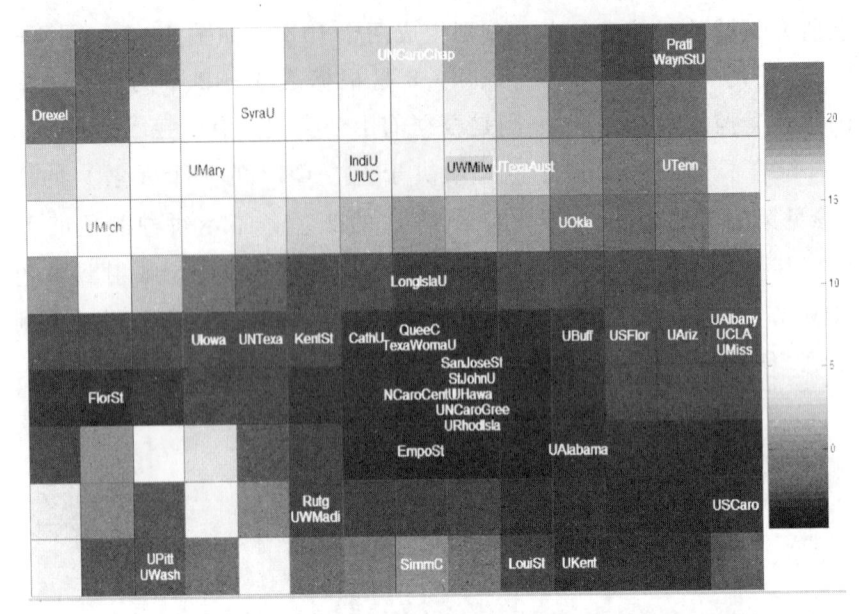

图 4—9 美国图情机构的前十个热点研究领域的综合成分图

表 4—13   里程碑机构

CCP 颜色（V_i 值）	中国里程碑机构	美国里程碑机构
红色（>15）	TongjU$_{CN}$、TianjU$_{CN}$、BJInstTechU$_{CN}$	UPitt、UWash、Drexel
橙色或黄色（10—15）	WuhanU$_{CN}$、NENormU$_{CN}$	
绿色或青色（5—10）	ZhongnU$_{CN}$、XianJTU$_{CN}$、SEU$_{CN}$	UMich、UMary、SyraU

表 4—13 显示，有八所中国图情机构与六所美国同行对该国的前十个热点研究领域做出了主要贡献。这 14 所机构在热点研究领域占据领先位置。

如前所述，综合成分图是设计用于显示被调查机构对热点研究领域的贡献度的。为了检查这一目标是否实现，笔者进行了两次 Spearman 相关系统检验，来验证 V_i 值（构成综合成分图）与热点受控术语在每个机构的出版物中的总次数之间的相关关系。结果显示,它们之间的相关关系具有统计意义上的显著性。因此,综合成分图可以用于有效地识别对热点受控术语的主要贡献机构。

第八节 小结

科研机构的可视化主题分析有助于理解特定学科的科研机构的主题特点,揭示各国科研机构的主题相似性与差异,帮助科研机构发现其适合的定标比超对象,并潜在地促进国内与国际合作。

本章演示了一种有效的信息可视化技巧——自组织映射(SOM),结合一种自定义的综合成分图(CCP)方法如何用于分析不同科研机构之间研究主题的相似性,发现潜在的合作者,并识别对热点研究主题做出主要贡献的机构。将87所中美图情科研机构及其技术类研究领域作为研究对象,从EI数据库中获取数据,从机构发表的论文中抽取受控术语,进行研究领域分析。

将被调查的机构映射到SOM结点,将U-matrix应用于SOM输出的背景颜色,发现5所中国图情机构与7所美国机构在SOM输出中形成一片深色区域,说明它们的研究领域高度相似,系蜂群机构。

中美图情机构在SOM输出中存在的边界,意味着与其国外同行相比,大多数图情机构与其本国同行具有更相似的技术类研究领域。但是,识别出一个中国图情机构与两个美国机构为枢纽机构,它们落入另一个国家的SOM节点区域。

本章提出一种根据研究相似性来确定潜在合作者的方法,并发现了8组国际合作机构、7组中国国内合作机构和9组美国国内合作机构。在每一组中,由于其在技术类研究领域中高度相似,每一所机构被推荐与其组成员合作。

提出一种根据其在SOM输出中映射位置的几何邻近性、U-matrix值及其所涉及的最频繁的受控术语,将科研机构划分为聚类的方法,并将被调查的中美图情科研机构划分为五个聚类,揭示了每个聚类的主要研究领域。分别利用MDS和SOM方法将中美图情科研机构划分为若干个聚类，并分析了各机构聚类的主题特点，以及机构类型与主题侧重点之间的关系。

定义了特色领域的概念，并将中美图情机构的热点与特色领域进行比较。应用自定义的综合成分图（CCP）来确定对热点研究领域做出主要贡献的机构，即里程碑机构。研究发现，有助于科研机构研究其当前的研究领域，为弥补自身与领先机构之间的差距进行决策。所构建的方法还可应用于其他学科或科研类型，如专家与科研团队。

第五章

科研机构对新兴主题的贡献度可视化分析

第一节 研究目的与方法

一 研究目的

科研机构的创新能力决定着科学技术的重大突破和取得的成就。创新能力是科研机构评价的重要标准。一些重要的研究问题可能引起学者的广泛关注,其答案能够有效解决学术或实际问题。因此,研究课题的新颖性和热点性对科研机构的发展和科学技术的进步至关重要。现有的研究机构评估的方法和实践通常是基于公开出版物数量和质量。其中,公开出版物的质量往往是由它们的被引次数、出版物的排名,或是其获奖情况来衡量,而对研究成果的内容、创新性与主题的热门程度重视不足。

创新性是科学研究中最重要的特性。科学研究的过程就是不断提出新观点、新方法,占领和推进科学前沿的过程。早在1965年,普赖斯就通过自定义的即时指数,推断出学者相互引用最近发表文章的趋势,引入研究前沿的概念。[1] 2002年,松村等人在海量的数据中发掘出新出现的主题,提出新兴主题(Emerging Themes)的概念。[2] 2003年康特斯达斯等人提出新兴趋势(Emerging Trend)的

---

[1] Price, D. J., "Networks of scientific papers", *Science*, Vol. 149, No. 3683, 1965, pp. 510-515.

[2] Matsumura, M. N., Matsuo. Y., Ohsawa, Y., & Ishizuka, M., "Discovering emerging topics from WWW", *Journal of Contingencies and Crisis Management*, Vol. 10, No. 2, 2002, pp. 73-81.

定义。① 虽然新兴主题是一个外延模糊的概念，并不存在清晰的主题新兴程度的判断标准，但是它与普赖斯提出的研究前沿、康特斯达斯提出的新兴趋势、罗伊关注的初始趋势（Incipient Trend）② 等含义类似：可以表述为近几年来逐渐引起人们兴趣，并被越来越多的科研机构研究的主题领域；也可以理解为探索某一特定领域中的焦点或热点，在挖掘最新的变化趋势时主动提示的过程。

从海量的科学文献和网络信息中探测新兴主题是科技创新的关键任务之一。科研人员及其管理者在进行科学研究前必须充分了解其研究领域的前沿热点，把握新兴趋势，从而提出有创新性的研究方向和主题。③ 近年来，新兴主题备受学者和管理者关注，逐渐吸引着越来越多的国内外科研机构讨论研究，并在探测方法或某特定学科内取得了卓越成果。由于发表的论文可以直接或间接反映出该领域的研究动态，便于领域内研究者明确研究方向。具体来说，研究新兴主题的意义主要体现在以下几个方面：①有助于主题领域的识别与界定；②为新研究者提供所关注领域的研究方向；③有效帮助研究者从机构层面发现标杆、寻找差距。

理想的科研机构应该在两种能力上出类拔萃：一是创新能力，这可以通过近几年学术文献中新出现的主题来反映。康特斯达斯等人将新兴趋势定义为逐渐引起人们的兴趣并且由越来越多的人使用的主题领域。④ 它也可以被理解为探讨一个特定领域中的热点主题的过程，在形成最新趋势的同时，自动通知相关用户。二是引导或跟踪热点主题的能力，即在学术文献中频繁出现的主题。

---

① Mawhinney, T. C., "Total quality management and organizational behavior management: An integration for continual improvement", *Journal of Applied Behavior Analysis*, Vol. 25, No. 3, 1992, pp. 524-543.

② Roy, S., Gery, D., & Pottenger, W. M., *Methodologies for Trend Detection in Textual Data Mining* [2007-08-01]. http://dimacs.rutgers.edu/billp/pubs/ETD Methodologies.pdf.

③ 张云秋、高歌：《基于文献的新兴趋势探测方法的问题及对策研究》，《情报理论与实践》2011 年第 1 期，第 47—50 页。

④ Kontostathis, A., Galitsky, L. M., Pottenger, W. M., Roy, S., & Phelps, D. J., "A survey of emerging trend detection in textual data mining", In M. W. Berry, eds., *Survey of Text Mining*, New York: Springer, 2004, pp. 185-224.

热点主题的检测是比较容易的。一种常见的方法是计算关键词或术语的出现次数。那些高频率出现的词可以被认为是热点主题。新兴主题的检测比热点主题更加复杂。事实上，无论是热点主题还是新兴主题都是模糊概念。在大多数情况下，很难绝对辨别一个术语是否属于新兴主题。热点主题也是如此。一个备选的方法是为术语的出现次数设置一个阈值，来识别热点主题。那么如何界定和识别新兴主题呢？

如果我们只考虑最近出现的词来确保这些术语的真正新颖性，那么这类新兴主题的数量是非常有限的。测量和比较科研机构对有限的新兴主题的贡献度，其意义也比较有限，不如从长远来看，去分析较多的新兴主题。因此，有必要区分研究主题的新颖性。

据观察，当关于一个特定主题的研究达到一定数目时，这些术语会被引入受控词表或辞典。例如，信息检索早在 1993 年就被引入 EI 数据库的辞典，EI 数据库中关于这个主题的论文从 1992 年的 672 篇激增至 1993 年的 1306 篇；数字图书馆于 2001 年被引入 EI 辞典，2000 年关于这一术语的论文数量为 313 篇，到 2001 年增长至 554 篇；而云计算这个词是 2011 年被引入 EI 辞典的，2010 年其论文数量为 3102 篇，到 2011 年猛增到 5440 篇。可以预计类似的现象将来还会出现，一个新的名词 X 将在某一年被引入辞典。可以看出，一个特定的术语被引入辞典标志着该主题在学术界得到足够的重视，而各术语被引入的序列可以反映其相对新颖性。因此，可行的解决办法是为受控术语引入辞典的时间设置一个阈值，将引入辞典的时间晚于阈值时间的术语作为候选的新兴主题。虽然一个术语引入辞典的时间通常晚于它第一次出现的时间，这似乎使识别出来的新兴主题减少了新颖性，但是术语的引入顺序与其相对新颖性却基本一致。

近年来，在自动检测新兴主题或热点主题的方法与实践上已经取得了令人瞩目的成绩。然而，很少有研究聚集在科研机构的层次，去衡量机构对新兴主题和热点主题的贡献。分析科研机构对新兴主题和热点主题的贡献度有助于揭示科研机构的创新和突破，以及研究主题的流行度，这实际上比出版物数量和被引次数更重要。

因此，建立测量并可视化地显示科研机构对新兴主题与热点主题的贡献度的方法，并提供实证研究的例证是非常重要的。

本章选择笔者所熟悉的图书馆学情报学（LIS）领域，调查中美两国图情机构对新兴主题的贡献度。其研究目的包括：①构建区分术语的新颖性，并适当加权的方法；②建立测量和可视化科研机构对新兴主题的贡献度的方法；③确定并比较中美两国图情机构的新兴主题，并确定对其做出最大贡献的领先机构。这项研究的结果有助于科研资助机构更好地了解科研机构的创新能力，鼓励科研机构跟踪甚至引领研究前沿。

二　研究方法

1. 新兴主题的识别与加权

为了研究新兴主题，所有引入 EI 辞典的时间不早于 2001 年的 105 个受控术语被认为是新兴主题代表。笔者收集了每个术语引入 EI 辞典的年份与分类代码。

为了区分术语的新颖性，本章提出一种术语新兴程度加权方法，并应用于每个术语。其主要思路如下：一个术语被引入 EI 辞典的时间越晚，该术语的新兴权重越大；反之亦然，如等式（5—1）所示。

$$w_{ei} = \frac{1}{year_{current} - year_{i, introduced}} \quad (5—1)$$

其中，w_{ei} 是第 i 个受控术语的新兴权重，$Year_{current}$ 代表当前年份，$year_{i, introduced}$ 代表第 i 个受控术语被引入辞典的年份。例如，云计算（于 2011 年被引入辞典）被分配的权重高于数字图书馆（于 2001 年引入）。

2. 测量科研机构对新兴主题的贡献

为了衡量各个科研机构对新兴主题的贡献，考虑新兴主题的出现次数及其权重，如等式（5—2）所示。

$$contribution_e = \sum_{i=1}^{m} f_i w_{ei} \quad (5—2)$$

其中，$contribution_e$ 表示科研机构对该领域的新兴主题的贡献度；

f_i是第i个新兴主题在对应科研机构的公开出版物中的出现次数;w_{ei}是第i个新兴主题的新兴权重(i=1,2,…,m,其中m是新兴主题的数量),如等式(5—1)所示。contribution$_e$的值越高,代表该科研机构对新兴主题做出的贡献越大。

等式(5—2)显示,一个科研机构对新兴主题的贡献度既取决于研究主题的新颖性,也取决于它涉及那些新兴主题的次数。

3.可视化信息分析方法

朝日等人提出的树图技术是使用嵌套矩形来显示分层数据的信息可视化方法。[1] 它通过矩形的大小和颜色,有效地呈现所述叶子节点的属性。树图技术使用户能够比较节点和不同深度的子树,并帮助他们发现模式和异常。在一个树图显示中,矩形的尺寸和颜色与其属性值成正比,所述节点的相对位置反映它们的包含或排序关系。用户可以直观全面地理解数据分布。本章利用树图技术来显示科研机构对新兴主题的贡献度。

第二节 数据来源与收集

本章调查的科研机构与第四章相同。数据来源于 EI 数据库,它是一个综合性的科学和技术工程数据库。它集成了来自于数以千计的科技期刊和会议论文集中的数以百万计的书目引文和摘要。[2] 之所以选择 EI 数据库的原因有三:首先,EI 数据库具有很宽的覆盖范围。通过按作者机构检索 EI 数据库、Web of Science、Elsevier、ProQuest、EBSCO、Wiley 和 Springer 数据库中前五名中美两国图情机构从 2001 年到 2012 年之间的论文记录,发现 EI 数据库在所有调查的数据库中产生的记录数量最多。其次,EI 数据库具有给每篇论文分配若干受控术语(例如信息检索)的优点,这可以缓解同义词

---

[1] Asahi, T., Turo, D. & Shneiderman, B., "Using Treemaps to visualize the analytic hierarchy process", *Information Systems Research*, Vol. 6, No. 4, 1995, pp. 357-375.

[2] *Engineering Village* [2013-01-05]. http://www.engineeringvillage.com/controller/servlet/Controller? CID = quickSearch&database = 1.

和非受控术语的现象。最后，EI 数据库提供了辞典的功能，并记录了每个受控词被引入辞典的时间，为后续区分术语的新兴程度提供了线索。

笔者从 EI 数据库中收集了从 2001 年 1 月 1 日至 2012 年 12 月 31 日收录中美两国图情机构发表论文的记录，并从论文记录中提取受控术语，总共检索到 10036 篇论文，涉及 878 个受控术语。

通过严格审查这些受控术语，发现一些中国图情机构的研究成果较多涉及管理学，部分原因是一些中国与图书馆学情报学相关的系设置在管理学院的事实。为了删除那些不相关的受控术语，邀请三位具有图情学科博士学位的副教授来评估每个受控词与图情领域的相关性。被两个或更多副教授认为无关的受控术语被排除，共排除 212 个受控术语。之所以这一大部分术语被认为与图情领域无关的原因是，中国的图书馆学情报学学科被设置在管理学学科之下。[①] 因此，666 个受控术语被保留作为分析对象。

这些受控术语共涉及 17 个 EI 分类号，如表 5—1 所示。为了便于计算分析，选取每个新兴主题的第一个分类号，并截取分类号的前三位。

表 5—1　　被调查科研机构所涉及的 EI 分类号

分类号	分类号说明
454	454.1：Environmental Engineering, General（一般性环境工程）
461	461：Bioengineering and Biology（生物工程与生物）；461.4：Ergonomics and Human Factors Engineering（人体工程学和人类因素工程）；461.8.2：Bioinformatics（生物信息学）；461.9：Biology（生物学）
615	615.4：Thermoelectric Energy（热电能）
631	631.1：Fluid Flow, General（一般性流体流动）
654	654.1：Rockets and Missiles（火箭和导弹）
711	711.2：Electromagnetic Waves in Relation to Various Structures（关于各种结构的电磁波）

---

① 教育部：《普通高等学校本科专业目录（2012 年）》，2013 年 1 月 6 日（http://www.moe.gov.cn/ewebeditor/uploadfile/2012/10/12/20121012084054830.doc）。

续表

分类号	分类号说明
716	716：Telecommunication，Radar、Radio and Television（电信、雷达、广播和电视）；716.1：Information Theory and Signal Processing（信息理论与信号处理）；716.3：Radio Systems and Equipment（无线电系统和设备）
718	718.1：Telephone Systems and Equipment（电话系统及设备）
721	721.1：Computer Theory, Includes Formal Logic，Automata Theory，Switching Theory，Programming Theory（计算机理论，包括形式逻辑、自动机理论、开关理论、程序设计理论）
722	722：Computer Systems and Equipment（计算机系统与设备）；722.2：Computer Peripheral Equipment（计算机外围设置）；722.3：Data Communication，Equipment and Techniques（数据通信，设备和技术）；722.4：Digital Computers and Systems（数字计算机与系统）
723	723：Computer Software，Data Handling and Applications（计算机软件，数据处理与应用）；723.1：Computer Programming（计算机程序设计）；723.1.1：Computer Programming Languages（计算机程序设计语言）；723.2：Data Processing and Image Processing（数据处理与图像处理）；723.3：Database Systems（数据库系统）；723.4：Artificial Intelligence（人工智能）；723.5：Computer Applications（计算机应用）
731	731.1：Control Systems（控制系统）；731.5：Robotics（机器人）
903	903：Information Science（情报学）；903.1：Information Sources and Analysis（信息资源与分析）；903.2：Information Dissemination（信息传播）
912	912：Industrial Engineering and Management（工业工程与管理）；912.2：Management（管理）
921	921：Mathematics（数学）
922	922.1：Probability Theory（概率论）；922.2：Mathematical Statistics（数学统计）
971	971：Social Sciences（社会科学）

第三节　中美图情领域的新兴主题识别

本章共有两个数据集，将分别导入由 Macrofocus 有限公司开发的树图工具。[①] 这两个数据集如下。

---

① Macrofocus. Treemap［2013-04-10］. http：//www.treemap.com/.

第一，EI 数据库收录的中国图情机构所发表的论文所涉及的新兴主题出现次数、新兴权重以及分类号；

第二，EI 数据库收录的美国图情机构所发表的论文所涉及的新兴主题出现次数、新兴权重以及分类号。

针对两国图情科研机构的新兴主题生成树图的过程描述如下：为了从整体上获取新兴主题所属的子领域（由分类代码来表示），将这两个数据集分别按分类号分组，然后再按新兴主题分组。用科研机构的名称来标记树图中显示的矩形。为了识别被调查的科研机构所研究的新兴主题，将矩形的尺寸和颜色设置为科研机构对新兴主题的贡献度，即等式（5—2）中所示的新兴主题的出现次数与新兴权重的乘积之和。贡献度越大，标签区域越大，颜色越深。

图 5—1 至图 5—2 分别显示了中美图情领域的新兴主题。

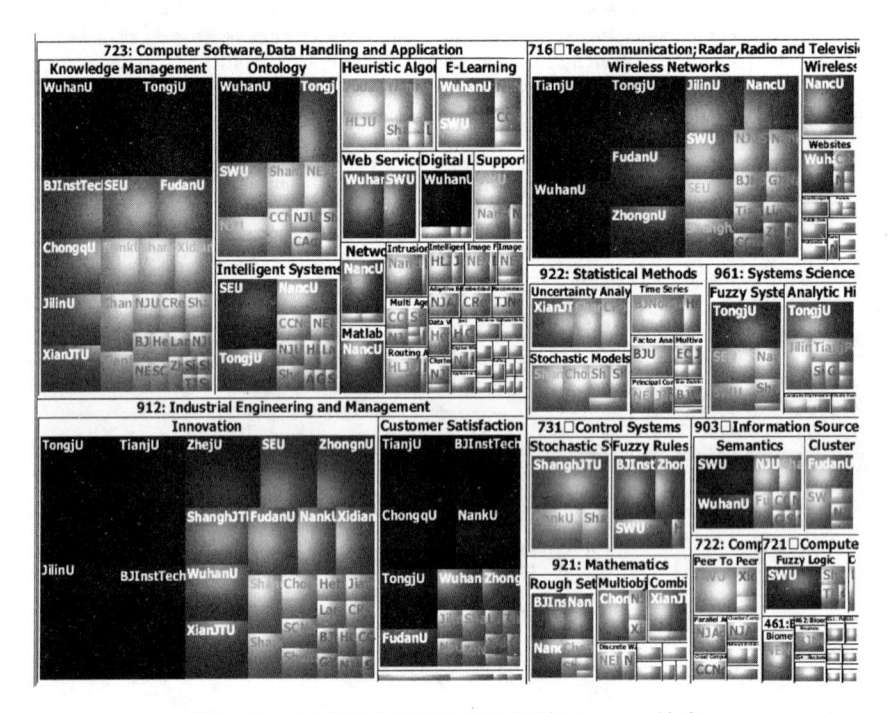

图 5—1　中国图情领域新兴主题的 Treemap 输出

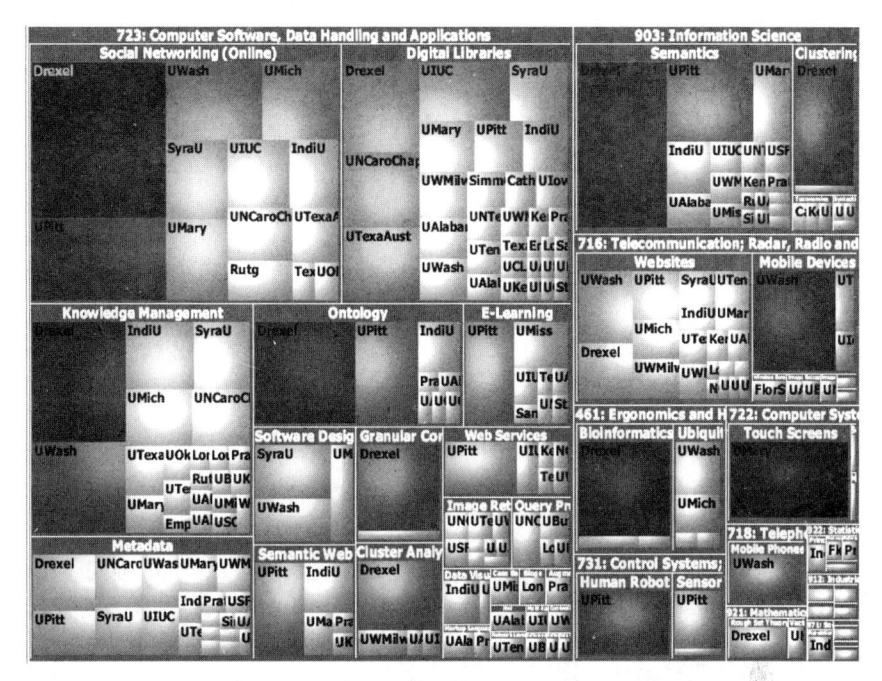

图 5—2　美国图情领域的新兴主题 Treemap 输出

将中美图情领域的前 20 个新兴主题归纳至表 5—2。

表 5—2　　　　　中美图情领域的前 20 个新兴主题

No.	中国的新兴主题	美国的新兴主题	No.	中国的新兴主题	美国的新兴主题
1	知识管理	社交网络（在线）	11	网站	移动设备
2	本体	数字图书馆	12	门户	无线传感器网络
3	智能系统	知识管理	13	人脸识别	图像识别
4	启发式算法	元数据	14	不确定性分析	生物信息学
5	E-learning	本体论	15	随机模型	泛在计算
6	创新	语义学	16	时间序列	触摸屏
7	客户满意度	聚类算法	17	因子分析	服务器
8	竞争情报	分类法	18	多变量分析	多任务
9	无线网络	语法	19	模型集理论	人—机器人交互
10	无线传感器网络	网站	20	多对象优化	传感器网络

将中美两国的新兴主题进行比较，发现两国图情科研机构具有两个相同的分类号，即723计算机软件、数据处理和应用程序，以及716电信、雷达和广播电视。两国图情机构共有六个重合的术语，即知识管理、本体、数字图书馆、电子学习、无线传感器网络和网站。在那两个共同的分类号中，中国的图情科研机构强调智能系统和启发式算法，而美国同行更加注重社交网络（在线）和元数据。

两国的新兴主题之间的差异在于，中国图情科研机构注重与管理和数学相关的分类号，而美国同行则强调情报学、人体工程学和人类因素工程、计算机系统和设备等分类号。后者的新兴主题包括语义学、聚类算法、生物信息学、泛在计算、触摸屏、服务器等。Drexel、UMary、CathU和UWash等机构对这些新兴主题做出了突出贡献。虽然中国的图情机构SWU、FudanU和NENormU也对这些新兴主题进行了研究，但是它们并非出类拔萃，这也值得中国图情科研机构的特别关注。

第四节　国内图情科研机构对新兴主题的贡献度研究

为了调查国内各图情科研机构对新兴主题的贡献度，将第三节所说的第一个数据集（即每个被调查的中国图情科研机构在EI数据库中收录论文所涉及的新兴主题的出现次数、新兴权重以及分类号）导入树图工具。将数据首先按照机构名称分组，然后按照分类号分组，以新兴主题为标签，生成树形输出。标签的颜色和大小由术语的出现次数和新兴权重的乘积之和来确定，如等式（5—2）所示，结果如图5—3所示。

图5—3显示，WuhanU、TongjU、SWU、TianjU和BJInstTech的标签色彩较深，且尺寸较大，表明这些科研机构向新兴主题的贡献非凡。将前五所研究机构和相应的前三个分类号以及新兴主题归纳在表5—3。

第五章 科研机构对新兴主题的贡献度可视化分析 133

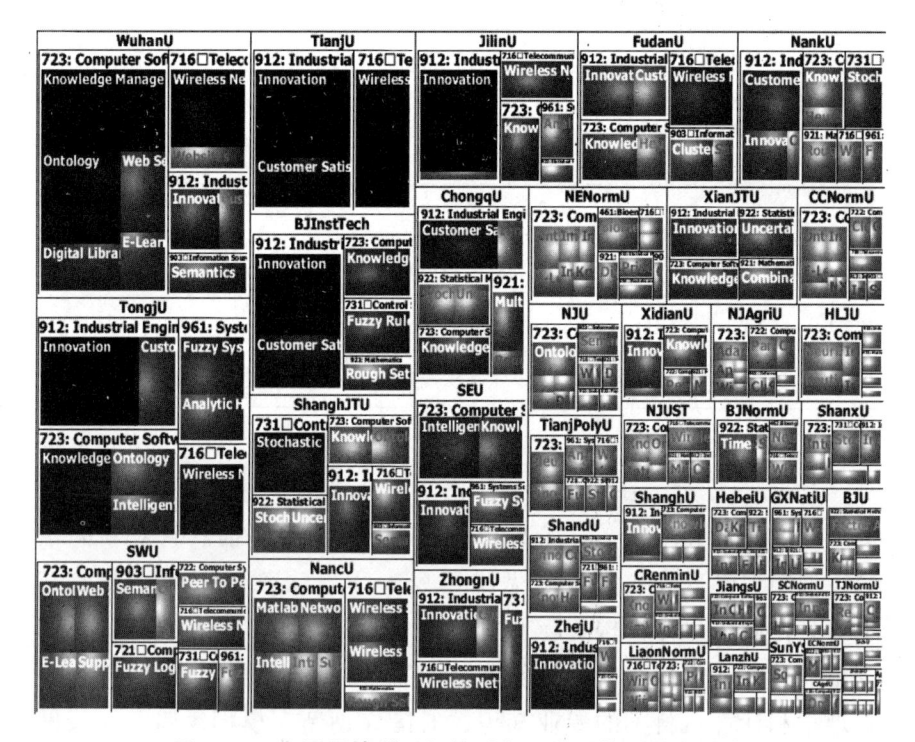

图5—3 中国图情科研机构对新兴主题的贡献度研究

表5—3 对新兴主题贡献最大的前五所中国图情科研机构

机构标签	新兴主题	分类号
WuhanU	知识管理、本体论、数字图书馆等	723
	无线网络、网站	716
	创新、客户满意度	912
TongjU	创新、客户满意度	912
	知识管理、本体论、智能系统	723
	模糊系统、层次分析法	961
SWU	本体论、网络服务、E-learning	723
	语义学、聚类算法	903
	模糊逻辑	721

续表

机构标签	新兴主题	分类号
TianjU	创新、客户满意度	912
	无线网络	716
BJInstTech	创新、客户满意度	912
	知识管理	723
	模糊规则	731

表5—3显示，在前五所中国图情研究机构中，根据中国科学评价研究中心的排名[①]，只有 WuhanU 的排名位置靠前。它对新兴主题，如知识管理和本体论，做出了令人印象深刻的贡献。表5—3中的其他四个研究机构实际上并非中国的核心图情研究机构。它们更多的是经济管理学院、计算机和信息科学学院，结合了经济学、管理学和计算机科学的专业知识，对诸如创新、模糊逻辑、无线网络和客户满意度等新兴主题做出了显著贡献。中国其他具有优秀的学术研究绩效的图情科研机构却没有对新兴主题做出突出贡献。其结果与莫德等人的研究发现[②]不谋而合。他们发现，研究专注度高的大学其绩效往往低于那些研究专注度低的高校。

表5—3的结果与中国图情领域的常识之间的差异可以从两个方面进行解释。首先，目前的科研机构排名通常是根据机构的出版物数量及其被引指标。因此，WuhanU、NanjU、CRenminU 和 BJU 等具有杰出研究绩效的研究机构在这些排名中处于领先地位。然而，在本章中，笔者测量的是图情研究机构对新兴主题的贡献，只调查了在新兴主题上的出版物，而不是所有的出版物。因此，只有那些

[①] 邱均平、王学东、王碧云：《中国研究生教育及学科专业评价报告：2011—2012》，科学出版社2011年版。

[②] Moed, H. F., Moya-Anegón, F., López-Illescas, C., & Visser, M., "Is concentration of university research associated with better research performance?" *Journal of Informetrics*, Vol. 5, No. 4, 2011, pp. 649-658.

对新兴主题做出了重大贡献的机构才出现在表5—3中。不同的方法和目的产生不同的结果,这是合理的结果。

其次,中国图情研究机构的分布明显不同于美国同行。只有不到十个中国图情研究机构是图书情报或类似的学院,其他研究机构更多的是管理学、商学,或公共管理学院。几乎所有的美国图情研究机构都是图书情报或类似的学院。因此,中国图情研究机构表现出明显的学科交叉特点,涉及经济学、管理学和计算机科学。以客户满意度这个术语为例,中国知识资源综合数据库(CNKI)中有457篇关于这一主题的论文被划分为图书馆、信息和数字图书馆类别。该数据库中却有超过1000篇关于此主题的论文被划分为计算机软件和应用程序类别。类似的现象也适用于其他主题,如无线网络、知识管理、网络服务和创新。这进一步验证了中国图情领域的新兴主题具有跨学科的特点,图情领域往往在其发展过程中借鉴其他学科的理论和方法。这也是为什么我们邀请了三位图情专家来评估这些术语与图情领域的相关性,并获得了肯定回答的原因。但是,我们并不鼓励中国图情科研机构保持当前的状态。除了经济学和管理学的研究课题,美国图情研究机构所开展的其他新兴主题[如前面发现的社交网络(在线)和语义学]均根植于核心的图情领域,值得更多的研究。

第五节 美国图情研究机构对新兴主题的贡献度研究

将类似步骤应用于第三节所述的第二个数据集(即EI数据库收录的美国图情科研机构发表论文所涉及的新兴主题的出现次数、新兴权重及其分类号)。将数据首先按照机构名称分组,然后按照分类号分组,生成树图。该树图以新兴主题为标签,标签大小与颜色由新兴主题的出现次数及其新兴权重的乘积之和决定,如等式(5—2)所示,结果如图5—4所示。

图5—4显示,Drexel,UPitt和UWash具有深色标签,且面积较大,表明这些科研机构对新兴主题做出了显著贡献。前五所研究机

构、相应的前三个分类号以及新兴主题归纳至表5—4。

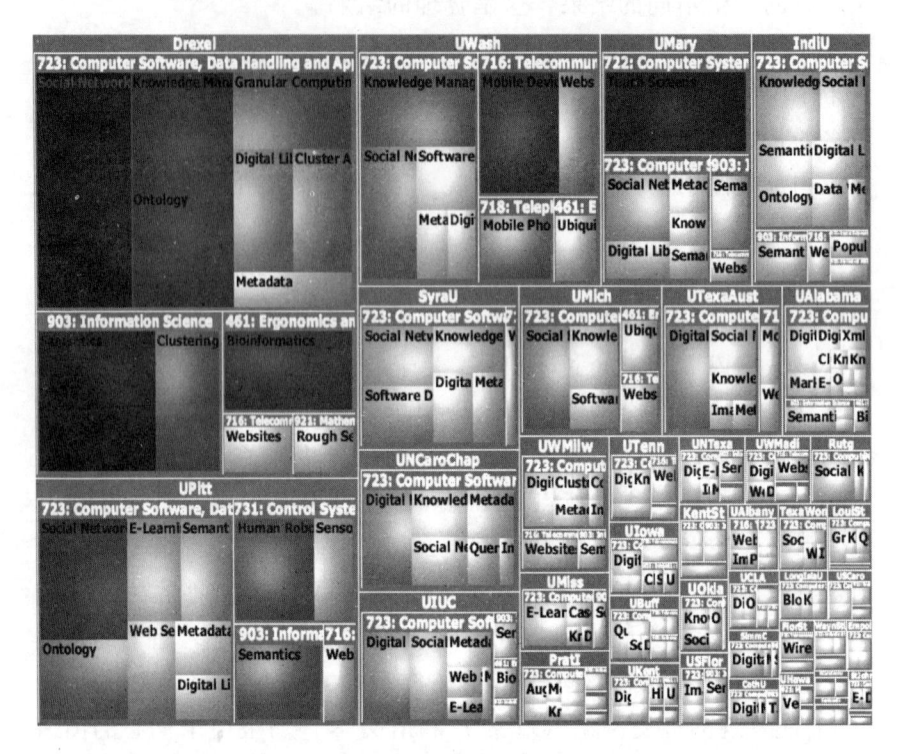

图 5—4　美国图情科研机构对新兴主题的贡献度 Treemap 输出

　　将表5—4和《美国新闻与世界报道》①给出的排名进行比较，发现美国图情领域对新兴主题做出显著贡献的研究机构在《美国新闻与世界报道》中的排名也比较靠前。例如，UWash 排名第四，IndiaU 排名第七，Drexel 排名第九。与此同时，那些在《美国新闻与世界报道》中排名靠后的机构对新兴主题做出的贡献也微不足道。这与中国的现象明显不同：图5—3和表5—3显示，一些被中国科学评价研究中心排名靠后的图情机构却对新兴主题做出了显著的

---

① US News & World Report, *Best Graduate School-Library and Information Studies* [2013-01-15]. http://grad-schools.usnews.rankingsandreviews.com/best-graduate-schools/search.result/program+top-library-information-science-programs/top-library-information-science-programs+y.

贡献。

表 5—4　对新兴主题贡献最大的前五所美国图情机构

机构标签	新兴主题	分类号
Drexel	社交网络（在线）、知识管理、本体论等	723
Drexel	语义学、聚类算法	903
Drexel	生物信息学	461
UPitt	社交网络（在线）、本体论、E-learning 等	723
UPitt	人—机器人交互、传感器网络	731
UPitt	语义学	903
UWash	知识管理、社交网络（在线）、软件设计等	723
UWash	移动设备、网站	716
UWash	手机	718
UMary	触摸屏	722
UMary	社交网络（在线）、数字图书馆、元数据等	723
UMary	语义学	903
IndiU	知识管理、语义网、本体论等	723
IndiU	语义学	903
IndiU	网站	716

根据图 5—4，《美国新闻与世界报道》的排名前三名的研究机构，即 UIUC、UNCaroChap 和 SyraU，实际上它们的贡献度仅次于表 5—4 列出的前五名研究机构。由此可见，美国科研绩效突出的图情科研机构在对新兴主题的贡献度上也占据领先地位。然而，在中国，科研绩效领先的图情研究机构中，只有 WuhanU 对新兴主题做出了显著贡献。这种现象值得中国图情研究机构引起高度关注。中国的其他研究绩效突出的图情科研机构，如 NanjU、CRenminU、

BJU 等需要跟上，甚至引导新兴主题的研究，如知识管理、本体论、社交网络（在线）、数字图书馆等。

第六节 小结

　　本章提出一种新的术语加权方法，用于区分术语的新兴程度，建立了一套较为完整的测量和可视化研究机构对新兴主题贡献度的方法。采用树图技术对新兴主题以及 90 所中美图情科研机构对其贡献度进行了可视化分析。

　　研究发现，中美两国图情领域的新兴主题之间存在很多差异。虽然两国图情科研机构均涉及知识管理、本体、数字图书馆、电子学习、无线传感器网络和网站，但是中国图情机构强调与管理学和数学相结合的新兴主题，如创新、客户满意度、不确定性分析、随机模型、模糊集理论和多目标优化；而美国同行则集中在情报学、人体工程学和人类因素工程的子领域，如语义学、聚类算法、生物信息学、泛在计算、触摸屏和服务器等新兴主题。即使在同一分类号下，一些由美国图情研究机构研究的新兴主题，如社交网络（在线）、元数据、移动设备和图像识别在中国同行的新兴主题列表中几乎很少。我们鼓励中国图情科研机构根植于核心图情领域的新兴主题。

　　关于对新兴主题的贡献度，贡献最大的研究机构包括中国的 WuhanU、TongjiU、SWU、TianjU 和 BJInstTech 以及美国的 Drexel、UPitt、UWash、UMary 和 IndiU。

　　中美两国的图情研究机构之间的差异在于：只有一个中国图情研究机构（即 WuhanU）无论是在研究绩效还是对新兴主题的贡献度上都名列前茅，而中国其他研究绩效突出的图情研究机构却未对新兴主题贡献显著。然而，美国图情研究机构在其研究绩效方面的排名与它们对新兴主题的贡献度上高度一致。也就是说，在美国，具有较高的学术研究绩效的图情机构同时也在对新兴主题的贡献度上处于领先地位，这为中国图情科研机构树立了典范。因此，中国图情机构,尤其是那些具有较高的研究绩效的图情机构,如 NJU、CRenminU、BJU 等需要进一步提高其跟踪甚至引导研究前沿〔如社交网络(在线)、数字图书馆、知识管理等〕的能力。

本章有两个局限性:一是数据源的局限性,只调查了 90 所中美图情科研机构。一些其他的图情研究机构未包括在本章的研究中,如加州大学欧文分校、佐治亚理工学院、宾夕法尼亚州立大学等。今后,笔者将进一步研究更多图情研究机构对新兴主题的贡献度。此外,在本章的研究中,新兴主题仅是从 EI 数据库中获取,该数据库倾向于收录技术类出版物。因此,本章所确定的新兴主题应当视为技术类图情领域的新兴主题。

二是新兴主题的确定及其权重计算。由于笔者是通过术语引入 EI 辞典的时间来识别新兴主题,因此一些非常新颖的,还没有被引入 EI 辞典的术语可能被忽略。此外,并没有考虑一所科研机构从事某主题研究的即时时间。今后,笔者将收集这些时间数据,即一所研究机构的出版物涉及某新兴主题的当下时间,以提高新兴主题权重计算的准确性与合理性。本章所建立的研究方法也可应用到其他学科和数据集。其研究结果有助于研究机构评估其创新现状,探索研究前沿和领先的研究机构,并鼓励科技创新。

第六章

科研机构对热点主题的
贡献度可视化分析

第一节 研究目的与方法

一 研究目的

学科领域热点主题聚集了大量研究者所关注的主要方向,许多学者通常利用多元化的统计方法和工具对学术文献的主题进行分析,挖掘学科领域的研究重点,分析该领域的研究主题结构。其研究发现有利于掌握学科领域的发展动态和研究方向,为研究者、研究机构、政府部门等相关研究单位提供丰富的素材,也为学科领域的后续研究提供重要的借鉴意义。

最近十几年,国内图情领域研究硕果累累,众多研究者广泛采用多种分析方法,如共词分析对图情领域的热点研究主题进行深入研究和探索。共词分析法属于内容分析法中的一种,主要是统计分析一组词同时出现在一篇文献中的频次,通过统计出来的"共现"频次反映词与词之间的关联程度的强弱,两个词的"共词强度"(指两个关键词同时出现于一篇文献论文中的频次)越高,则这两个词之间的关系越密切;反之,则这两个词之间的关系越疏远。共词分析法经常被用于聚类。SPSS等统计软件具有聚类分析(冰柱图分析和树状图分析)、多维尺度分析等功能,可用于分析特定领域的研究热点分布和主题结构现状。

本章收集了国内图情科研机构在知名文献数据库——中国知网中的论文条目及关键词,试图分析目前国内图情领域的研究热点,其研究意义主要体现在以下两个方面:

第一,现有的科研机构分析大多是对其公开出版物的数量与被引次数、科研管理模式、学科建设成果、科研团队状况进行探讨,而关于科研机构对热点主题的贡献度研究还甚少,而这一研究有助于识别出对热点主题做出突出贡献的科研机构;

第二,揭示对热点主题做出主要贡献的科研组织,有助于概括总结重要的科研机构的研究热点,并与目前所在学科领域的研究热点进行比较,促使科研机构做出相关的调整与改进,促进科研机构及至整个学科的良性发展。

二 研究方法

1. 热点主题的识别与加权

热点主题的识别是基于术语的频率。鉴于本章旨在揭示科研机构对热点主题的贡献,因此,选择前 100 个最频繁出现的术语作为热点主题代表。

为了区分术语的热点程度,提出一种术语的热点加权方法。其主要思路如下:术语的出现次数越频繁,该术语被分配的权重越高,反之亦然,如等式(6—1)所示。其中热点权重被归一化为 0 到 1 之间。

$$w_{sj} = \frac{f_j - f_{min}}{f_{max} - f_{min}} \qquad (6—1)$$

其中,w_{sj} 是第 j 个词的热点权重。f_j 是第 j 个术语的出现频次,f_{min} 是所有术语的最低频次,f_{max} 为所有术语的最高频次。

2. 科研机构对热点主题的贡献度测量

科研机构对热点主题贡献度的测量方法为,既考虑科研机构出版物中热点主题的出现次数,又考虑这些热点主题的热门程度。与第五章第一节中的等式(5—2)相类似,测量科研机构对热点主题的贡献度的公式如等式(6—2)所示。

$$contribution_s = \sum_{j=1}^{n} f_j w_{sj} \qquad (6—2)$$

其中,$contribution_s$ 表示科研机构对该领域热点主题的贡献度。f_j 是第 j 个热点主题在对应科研机构的公开出版物中的出现次数;w_{sj}

是第 j 个热点主题的热点权重（$j=1$，2，…，n，其中 n 是热点主题的数量），如等式（6—1）所示。contribution$_s$ 贡献值越高，表示该科研机构对热点主题做出的贡献越大。

根据科研机构对新兴主题和热点主题的贡献度，对被调查的科研机构进行排名，并将这些机构分为四种类型。

3. 构建共词矩阵、相似矩阵与相异矩阵

为了方便揭示热点关键词的聚类结构，拟采用共词分析法，首先需要构造共词矩阵。共词矩阵能反映词与词之间的相互依存关系，矩阵中两个关键词在同一文献或机构中共同出现的次数越多，代表这两个词之间的联系越紧密。共词矩阵能够实现对类团甚至是小类团成员的修改和纠正，并且在类团成熟度的判定中具有良好的参考作用。

共词矩阵是一个对称矩阵，其对角线上的数值表示对应行（或列）的关键词自身出现的次数，而非对角线上的数值代表对应行与列的这两个不同的关键词共同出现的次数。

多元统计方法对共词矩阵的数值分布有一定的限制和要求。为了方便后续采用多维标度分析，将共词矩阵转化为相似矩阵和相异矩阵。首先，运用 Ochiia 系数将共词矩阵转换成相似矩阵，如等式（6—3）所示。

$$Ochiia\,(a,\,b) = \sqrt{\frac{C_{ab}}{C_a C_b}} \qquad (6—3)$$

其中，Ochiia（a，b）表示词 a 和词 b 的 Ochiia 系数；C_{ab} 表示 a、b 两词共同出现的次数，C_a 表示关键词 a 出现的频次，C_b 表示关键词 b 出现的频次。利用等式（6—3）进行计算，可以得到相似矩阵。

相似矩阵中 Ochiia 系数的数值大小代表矩阵中对应的两个关键词之间的亲疏关系的强弱：数值越小则代表相似矩阵中两个关键词之间的距离越远，亲疏关系越弱；反之，数值越大则代表相似矩阵中两个关键词之间的距离越近，亲疏关系越强。

由于相似矩阵中的小数值过多，统计时容易造成较大的误差，笔者用 1 与相似矩阵中的数值相减，得到表示两个关键词之间相异

程度的相异矩阵。

4. 热点关键词共词聚类分析

聚类分析是一种常见的数据分析方法。本章拟采用共词聚类分析来揭示图情领域热点关键词的主题结构。将科研机构高频关键词共词矩阵导入 SPSS 软件中进行系统聚类分析（包括冰柱图分析和树状图分析）和多维尺度分析，通过可视化输出进行共词聚类。

（1）冰柱图分析

把共词矩阵导入 SPSS 17.0 进行系统聚类分析，生成科研机构所涉及的热点关键词聚类的冰柱图。其分析方法是观察树状冰柱的缺口及冰柱间的间隔。用一把尺子水平放在图上，上下移动（如果冰柱图是纵向的）并观察，可以发现标尺与冰柱有交点，再将两个相邻交点之间的间隔视为一类。从冰柱图中可以找出被调查科研机构的研究主题并分为若干类别。冰柱图的优点在于，不仅可以显示分类结果，还能揭示聚类的过程，易于理解；缺点是不能表现出聚类过程中距离的大小。

（2）树状图分析

树状图是以父子层次结构来组织对象，以树的形式来显示数据层次。为了用图形来显示层次关系，把待分类的对象列在树状图的树枝顶部，根据分枝可以表示其相互关系。

聚类分析树状图展现了聚类分析中的每一次类合并的情况。将数据导入 SPSS 软件后，可自动将各类间的距离映射到 0—25 之间，并将凝聚过程近似地在图上展现。聚类分析的结果的状态可以反映这些关键词之间的亲疏程度，将"亲缘关系"较近的关键词重新组合起来，能反映出这些关键词所代表的学科结构和主题变化，从而获得科研机构对研究热点的关注现状。

在树状图的最右边，用户将看到左边有开口的矩形，有上下两条横线。设置一个数字作为阈值，对树状图进行切割分析，就能更为详细地看到共词聚类，以此类推。

（3）多维尺度分析

应用多维尺度分析首先要确定空间的维数。通常维数越多，包含的信息量就越大；维数越少，则越能够方便地进行数据分析。因此，需要确定既能包含大部分重要信息又方便数据分析的较为适当的维数。在基本的多维尺度分析中，一般将维数默认为 2。在确定了空间的维数以后，需要准确概括四个象限坐标轴的分类再进行勾画，并对整个空间结构做出解释。最后一步是总结分析方法与结果的准确性和可靠性。

与共词聚类分析的冰柱图分析和树状图分析法相比，多维尺度分析法需要首先将共词矩阵转化为相异矩阵。由于相似矩阵中的小数值过多，统计时容易造成较大误差，为了更准确地进一步处理，需要用 1 与相似矩阵中的数值相减，得到表示两个关键词之间相异程度的相异矩阵。

在多维尺度输出中，输入数据可能形成既相互紧密联系，又具有一定独立性的群组分布图。本章所研究的图情领域热点主题的相关程度是由各高频关键词之间的距离来反映的。距离越大，说明热点主题越独立，主题与主题之间的关联性越小；距离越小，说明热点主题之间相似度越高，研究内容越集中趋同。研究者通常根据输出中数据点的分布来划分类别，而各类别之间可能存在交叉。

（4）Treemap 显示

为了可视化地显示各科研机构对热点主题的贡献度，本章拟采用 Treemap 方法与工具对各科研机构 contribution$_s$ 的值进行可视化显示。Treemap 方法的特点是：用层次嵌套的矩形来表达层次结构，将传统节点连线树转换成层次嵌套的矩形。Treemap 表示法将整个显示空间进行充分利用，在很大程度上提高了屏幕的利用率，随着节点的增多，这一方法的优越性更加突出。它是一种既可以展示结构，又可以展示内容的树型算法。其标签面积的大小在不同的应用中代表不同含义，而且区域中不同的填充色彩可以再增加一维数据属性。

由于 Treemap 不仅可以表达结构，还可以把矩形的大小和颜色用于表达海量数据中权重或者加权和的关系，能够在有限的屏幕空间中直观明了地展示大量数据。不仅可以揭示数量关系，而且可以显示结构关系。本章将该方法应用于国内图情科研机构对热点主题的贡献度可视化任务，在有限的屏幕空间同时显示聚类、热点关键词、科研机构的信息，并将分组和标签所显示的内容进行实时交互，得出各种结果，并筛选本章需要的数据和内容。

在实验过程中，测量科研机构对热点主题的贡献度，将标签面积大小和颜色设置为热点关键词出现次数乘以热点权重，按热点关键词分组，显示各科研机构对热点关键词的贡献度大小。按照关键词出现的次数，显示各聚类中各关键词的频繁程度。标签的面积大小和颜色设置为加权和，显示各热点关键词聚类中各科研机构的贡献度大小；按照科研机构分组，显示热点关键词聚类的研究频繁程度。通过比较综合各方面的实验，得出有意义的结论。

第二节 数据来源与收集

本章的数据来源包括两个数据库：一是第五章所提到的 EI 数据库，其数据集与第五章相同；二是 CNKI 数据库。CNKI 是中国最大的学术数据库，包括自 1985 年以来超过 9000 多种期刊、60 万篇会议论文、48 万篇博士和硕士学位论文、3000 多种参考书、2000 多种年鉴、500 多种报纸以及所有的专利全文等。[1] 本章共收集了 CNKI 数据库从 2001 年 1 月 1 日至 2011 年 12 月 31 日中国图情机构的论文记录，共检索到 105253 篇论文，涉及 1017 个关键词。本章有两个数据集：

一是 CNKI 数据库收录的中国图情机构所发表的论文所涉及的热点主题出现次数与热点权重；

二是 EI 数据库收录的美国图情机构所发表的论文所涉及的热点主题出现次数与热点权重。

这两个数据集分别按热点主题分组，并以类似的方式进行处理。矩形的尺寸和颜色分别设置为科研机构对热点主题的贡献度，即热点主题的出现次数与其热点权重的乘积之和，如等式（6—2）所示。

---

[1] 中国知网（http://ec.cnki.net/cp&fw.html）。

第三节 热点关键词的识别

为了识别热点关键词，首先统计各关键词在此期间在所有被调查机构发表的论文中出现的总次数，将总次数高于 100 次的关键词确定为热点关键词，共有 108 个。将数据集一和数据集二按关键词分组，以科研机构名称为标签，分别生成其 Treemap 输出，如图 6—1 和图 6—2 所示。其中，标签的大小和颜色由科研机构对热点主题的贡献度，即等式（6—2）中所示的热点主题的出现次数与热点权重的乘积之和。贡献度越大，标签区域越大，颜色越深；贡献度越小，标签区域越小，颜色越浅。

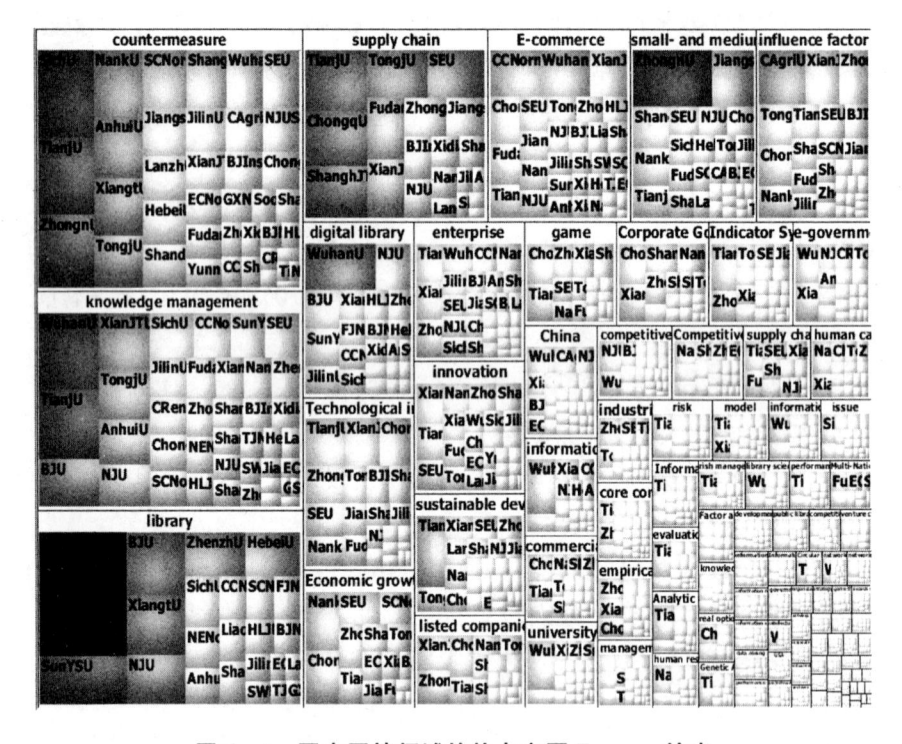

图 6—1　国内图情领域的热点主题 Treemap 输出

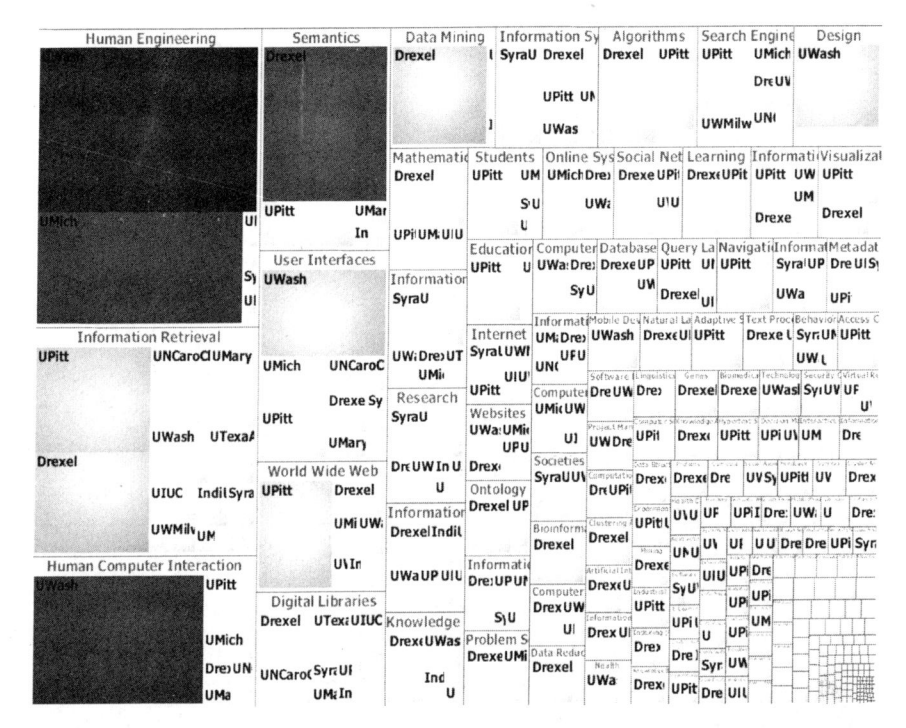

图 6—2　美国图情领域的热点主题 Treemap 输出

根据图 6—1 和图 6—2，将中美图情领域的前 20 个热点主题及其做出主要贡献的前三所机构归纳至表 6—1 和表 6—2，其中，科研机构后面的括号中的数值代表该机构所发表的论文涉及该术语的次数。

表 6—1　国内图情领域的前 20 个热点主题及其主要贡献机构

No.	国内的热点主题	机构 1	机构 2	机构 3
1	对策	SichU（96）	TianjU（86）	ZhongnU（81）
2	知识管理	WuhanU（103）	TianjU（94）	BJU（64）
3	图书馆	WuhanU（258）	SunYSU（101）	BJU（90）
4	供应链	TianjU（110）	ChongqU（102）	ShanghJTU（97）

续表

No.	国内的热点主题	机构1	机构2	机构3
5	电子商务	CCNormU（79）	WuhanU（78）	XianJTU（58）
6	中小企业	ZhongnU（163）	JiangsU（86）	ShandU（56）
7	影响因素	CAgriU（97）	XianJTU（72）	ZhongnU（60）
8	数字图书馆	WuhanU（137）	NJU（70）	BJU（56）
9	技术创新	TianjU（81）	XianJTU（71）	ChongqU（65）
10	经济增长	NankU（99）	ChongqU（90）	SEU（69）
11	企业	TianjU（50）	XianJTU（48）	ZhongnU（48）
12	创新	XianJTU（56）	TianjU（48）	NankU（40）
13	可持续发展	TianjU（115）	TongjU（38）	XianJTU（37）
14	上市公司	XianJTU（81）	ZhongnU（76）	ChongqU（70）
15	博弈	ChongqU（74）	TianjU（66）	ZhongnU（52）
16	公司治理	ChongqU（76）	XianJTU（71）	ShandU（66）
17	指标体系	TianjU（94）	ZhongnU（59）	TongjU（34）
18	电子政务	WuhanU（73）	XiangtU（70）	NJU（35）
19	中国	WuhanU（54）	CAgriU（44）	NJU（37）
20	信息服务	WuhanU（136）	BJU（43）	XiangtU（43）

表6—2　美国图情领域的热点主题及其主要贡献机构

No.	美国的热点主题	机构1	机构2	机构3
1	人类工程	UWash（80）	UMich（64）	UNCaroChap（12）
2	信息检索	UPitt（47）	Drexel（46）	UNCaroChap（30）
3	人机交互	UWash（65）	UPitt（23）	UMich（17）

续表

No.	美国的热点主题	机构 1	机构 2	机构 3
4	语义学	Drexel（60）	UPitt（28）	UMary（12）
5	用户界面	UWash（45）	UMich（26）	UPitt（25）
6	万维网	UPitt（40）	Drexel（19）	UMich（15）
7	数字图书馆	Drexel（25）	UNCaroChap（21）	UTexaAust（20）
8	数据挖掘	Drexel（44）	UPitt（9）	IndiU（5）
9	信息系统	SyraU（30）	Drexel（22）	UPitt（16）
10	算法	Drexel（34）	UPitt（26）	UMich（8）
11	搜索引擎	UPitt（28）	UWMilw（18）	UMich（15）
12	设计	UWash（38）	UMich（13）	UMary（7）
13	数学模型	Drexel（30）	UPitt（15）	UMary（12）
14	信息技术	SyraU（30）	UWash（15）	Drexel（11）
15	研究	SyraU（28）	Drexel（14）	UWash（12）
16	信息科学	Drexel（20）	IndiU（18）	UWash（17）
17	知识管理	Drexel（24）	UWash（18）	IndiU（10）
18	学生	UPitt（28）	UMiss（12）	SyraU（8）
19	在线系统	UMich（25）	Drexel（14）	UWash（13）
20	社会网络	Drexel（25）	UPitt（13）	UWash（9）

中美两国图情领域的热点主题比较结果表明，只有两个热点主题是相同的，即知识管理和数字图书馆。当然，信息服务（中国的热点主题）也可以被认为是与信息科学（美国热点主题）相关。可以看出，中美两国的图情科研机构在热点主题上的共同点少于在新兴主题上的共同点（6个重合的主题，参见第四章第三节）。中国图情科研机构的热点主题更倾向于与经济学和管理学相结合，如供

应链、电子商务等；而美国同行的热点主题则更多地与人类学和控制论等理论相结合，如人类工程、数据挖掘等。

将国内图情领域的新兴主题（第五章第四节的表5—3）和热点主题（表6—1）进行比较，发现只有两个术语既是新兴主题，又是热点主题，即知识管理和创新。国内图情领域的其他热点主题均与本国的新兴主题不同。这意味着，多数中国的图情科研机构集中在传统或早期提出的研究主题，如图书馆、电子商务、电子政务、信息服务等。许多新兴主题，如本体论、智能系统、启发式算法、电子学习等主题的研究并不突出，需要进一步加强。

美国图情领域的新兴主题（见表5—4）和热点主题（见表6—2）的比较结果表明，美国图情科研机构的新兴主题和热点主题中有四个共同的术语，即语义学、数字图书馆、知识管理和社交网络（在线）。另外，还发现了三对术语是相关的。例如，聚类算法（美国新兴主题）是算法（美国热点主题）中的特定类型、网站（美国新兴主题）是万维网（美国热点主题）的组成部分、人—机器人交互（美国新兴主题）是一种人机交互（美国热点主题）。这意味着，美国图情科研机构的新兴主题中有相当一部分很热门。换句话说，美国图情科研机构把他们的大部分重点放在新兴主题上，这与中国的图情领域颇为不同。前述结果发现，只有两个术语（即知识管理和创新）被认为既是中国图情领域的新兴主题，也是热点主题。由于新兴主题通常代表研究前沿，有很大的潜力成为未来的热点主题，因此，中国图情科研机构需要对新兴主题引起足够重视。

第四节 热点关键词的聚类分析

为了揭示热点关键词的内在主题结构，本节采用共词聚类方法对热点关键词进行聚类分析。

一 层次聚类分析

首先，生成共词矩阵。将热点关键词按照词频从高到低降序排列，分别赋予编号 A_1—A_{108}。对 108 个关键词两两配对，统计它们在 47 所国内图书情报机构中共同出现的频次，形成词与词的共现矩阵。

共词矩阵是一个相关矩阵，对角线上的数据为该词在被调查科研机构中出现的次数（在同一科研机构中出现多次只计为 1 次，因此最大次数为 47，即科研机构的总数），其他数据则反映对应行与列的词对的共现程度。例如，"对策"（A_1）与"数字图书馆"（A_8）同时在 17 所图情科研机构的出版物中出现，因此共词矩阵第 1 行第 8 列的值为 17，表示"对策"和"数字图书馆"共现了 17 次。

其次，生成相似矩阵。由于将要使用的多元统计方法对共词矩阵的数据分布有特定的限制和要求，为了统计分析的准确性和便利性，将共词矩阵转化为相似矩阵。运用 Ochiia 系数 [参见等式（6—3）] 将共词矩阵转换成相似矩阵，如表 6—3。

表 6—3　　　　　　热点关键词的相似性矩阵（局部）

	对策	知识管理	图书馆	供应链	电子商务	中小企业
对策	1	0.969	0.578	0.785	0.935	0.942
知识管理	0.969	1	0.684	0.733	0.961	0.901
图书馆	0.578	0.684	1	0.026	0.542	0.361
供应链	0.785	0.733	0.026	1	0.83	0.913
电子商务	0.935	0.961	0.542	0.83	1	0.943
中小企业	0.942	0.901	0.361	0.913	0.943	1

根据 Ochiia 系数生成的相似性矩阵中的数值大小代表表 6—1 中所对应的两个关键词之间的亲疏关系，数值越小则代表相似性矩阵中两个关键词之间的距离越远，关系越疏远，如图书馆与供应链之间的关系很疏远（关联度为 0.026）。反之，数值越大则代表相似性

矩阵中两个关键词之间的距离越近，关系越亲密，如对策与知识管理之间的关系很密切（关联度为0.969）。

再次，生成相异矩阵。由于相似性矩阵中的小数值元素过多（表6—3仅显示了部分数据），不易进行区分且在统计时容易造成误差较大。为了更准确地进一步处理，用1减去相似性矩阵中的所有数值，得到体现两个关键词之间相异程度的相异矩阵，如表6—4所示。

表6—4　　　　　　　　热点关键词相异矩阵（局部）

	对策	知识管理	图书馆	供应链	电子商务	中小企业
对策	0	0.031	0.422	0.215	0.065	0.058
知识管理	0.031	0	0.316	0.267	0.039	0.099
图书馆	0.422	0.316	0	0.974	0.458	0.639
供应链	0.215	0.267	0.974	0	0.17	0.087
电子商务	0.065	0.039	0.458	0.17	0	0.057
中小企业	0.058	0.099	0.639	0.087	0.057	0

将热点关键词的共词矩阵导入SPSS，进行系统聚类分析，包括树状图与冰柱图。

1. 树状图分析

聚类分析树状图展现了聚类分析中的每一次类合并的情况。SPSS软件可自动将各类间的距离映射到0—25之间，其凝聚过程如图6—3所示。聚类分析的结果反映了这些关键词之间的亲疏程度。将"亲缘关系"较近的关键词重新组合起来，能反映出这些关键词所代表的学科结构和主题变化，获得国内图情科研机构研究的热点主题聚类。

```
Dendrogram using Average Linkage   (Between Groups)
              Rescaled Distance Cluster Combine
 C A S E      0         5        10        15        20        25
 Label    Num +---------+---------+---------+---------+---------+
 数字图书    8  -+
 高校图书   22  -+
 竞争情报   23  -+
 图书馆      3  -+-+
 信息服务   20  -+ +---+
 电子政务   18  -+-+   +-------------+
 信息化     35  -+     |             |
 中国       19  -------+             |
 管理       29  -+-+                 |
 问题       34  -+ +-----+           |
 发展       47  ---+     |           |
 供应链      4  -+       |           |
 技术创新    9  -+-+     |           |
 指标体系   17  -+ |     |           |
 上市公司   14  -+ |     |           |
 竞争优势   24  -+ | +-------+       |
 公司治理   16  -+ +-+-+   |         |
 商业银行   21  -+-+ | |   |         |
 核心竞争   30  -+ | | |   |         |
 产业集群   27  -+-+ | |   |         |
 实证研究   28  -+ | | |   |         |
 经济增长   10  -+ | | |   |         |
 博弈       15  -+-+ +-+   |         |
 人力资本   26  -+ |   |   +---------------------+
 模型       32  ---+   |   |                     |
 人力资源
 管理       38  -+-+   |   |                     |
 人力资源   81  -+ | | |   |                     |
 供应链管   25  -+ | | |   |                     |
 因子分析   43  -+ +-+  |   |                     |
 层次分析   37  -++ |   |   |                     |
 风险管理   39  -+ | |   |   |                     |
 竞争力     49  -+ +-+   |   |                     |
```

主题	频次				
风险	31	─+│	│ │	│
绩效评价	41	─+│	│ │	│
评价	36	──+	│ │	│
信息不对	56	─++	│ │	│
组织学习	64	─+│	│ │	│
实物期权	45	─+│	│ │	│
博弈论	67	─+│	│ │	│
风险投资	50	─+│	│ │	│
循环经济	57	─+│	│ │	│
激励机制	66	─+│	│ │	│
遗传算法	46	─+│	+──+	│
战略联盟	73	─+│	│ │	│
企业绩效	84	─++	│ │	│
资本结构	74	─+│	│ │	│
虚拟企业	72	─+│	│ │	│
国有企业	96	─+│	│ │	│
产业结构	87	─+ +──+	│ │	│
绩效	55	─+│ │	│ │	│
战略	65	─+│ │	│ │	│
跨国公司	42	─+│ │	│ │	│
价值链	94	─+│ │	│ │	│
项目管理	63	─+│ │	│ │	│
企业文化	71	─+│ │	│ │	│
知识转移	83	─++ │	│ │	│
自主创新	91	─+│ │	│ │	│
制造业	80	─+│ ++	│ │	│
预测	99	─+│ │ │	│ │	│
神经网络	97	─+│ │ │	│ │	│
上海	100	─++ │ │	│ │	│
实证分析	93	─+ │ │	│ │	│
档案	70	─+ │ │	│ │	│
电子文件	82	─++ │ │	│ │	│
公务员	98	─+│ │ │	│ │	│
和谐社会	77	─+│ │ │	│ │	│
社会保障	86	─+ +──+│	│ │	│
地方政府	79	─++ │	│ │	│

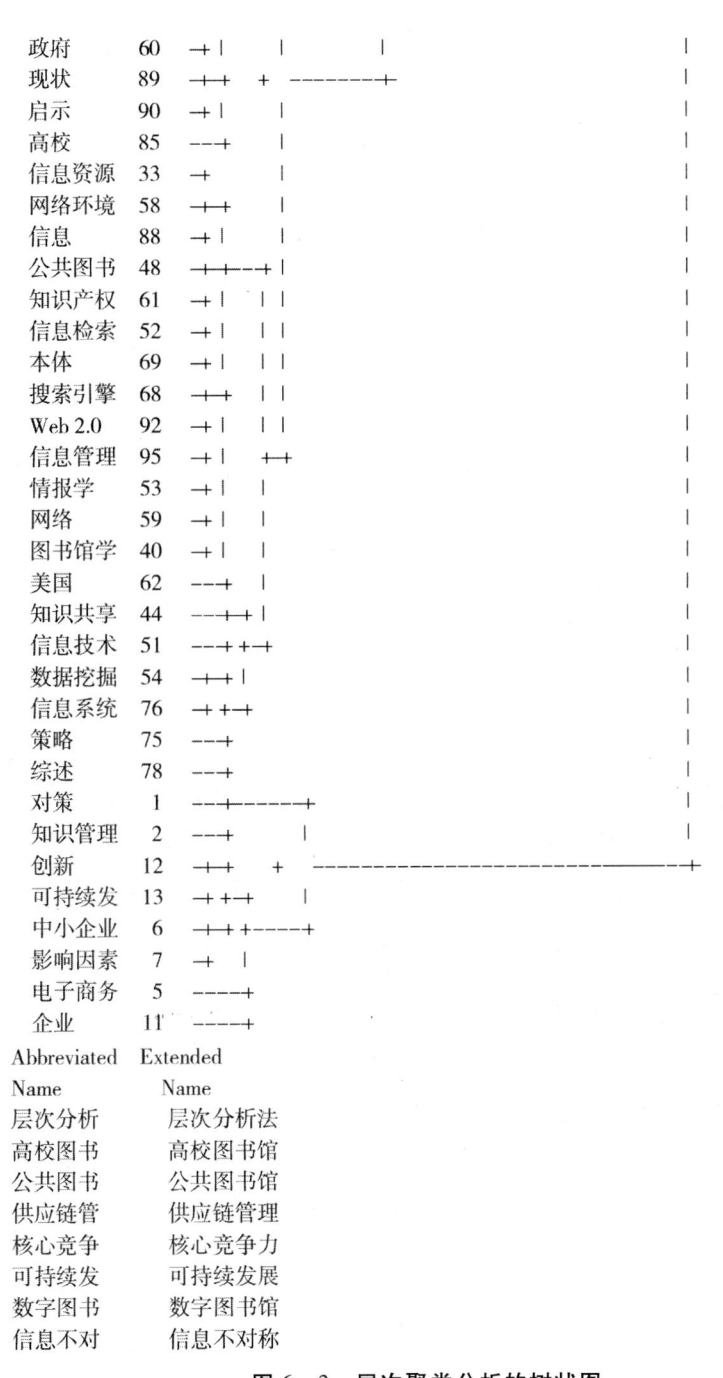

```
政府        60   —+ |      |           |                              |
现状        89   —++  +  ———————+                            |
启示        90   —+ |  |                                      |
高校        85   ——+ |                                        |
信息资源    33   —+   |                                        |
网络环境    58   —++  |                                        |
信息        88   —+ | |                                        |
公共图书    48   —++—+ |                                       |
知识产权    61   —+ | | |                                      |
信息检索    52   —+ | | |                                      |
本体        69   —+ | | |                                      |
搜索引擎    68   —++ | |                                       |
Web 2.0     92   —+ | | |                                      |
信息管理    95   —+ |  —++                                     |
情报学      53   —+ |   |                                      |
网络        59   —+ |   |                                      |
图书馆学    40   —+ |   |                                      |
美国        62   ——+   |                                      |
知识共享    44   ——++  |                                      |
信息技术    51   ——+ +—+                                      |
数据挖掘    54   —++ |                                         |
信息系统    76   —+ +—+                                        |
策略        75   ——+                                           |
综述        78   ——+                                           |
对策         1   ——+———+                                       |
知识管理     2   ——+     |                                     |
创新        12   —++    +———————————————————————+
可持续发    13   —+ +—+                                         |
中小企业     6   —++ +————+                                     |
影响因素     7   —+  |                                           |
电子商务     5   ————+                                           |
企业        11   ————+

Abbreviated    Extended
Name           Name
层次分析       层次分析法
高校图书       高校图书馆
公共图书       公共图书馆
供应链管       供应链管理
核心竞争       核心竞争力
可持续发       可持续发展
数字图书       数字图书馆
信息不对       信息不对称
```

图6—3　层次聚类分析的树状图

以刻度 5.5 为阈值，对树状图进行切割分析，可以将这些关键词分为五类。

第一类（C_1）：数字图书馆、高校图书馆、竞争情报、图书馆、信息服务、电子政务、信息化、中国；

第二类（C_2）：管理、问题、发展、供应链、技术创新、指标体系、上市公司、竞争优势、公司治理、商业银行、核心竞争力、产业集群、实证研究、经济增长、博弈、人力资本、模型、人力资源管理、人力资源、供应链管理、因子分析、层次分析法、风险管理、竞争力、风险、绩效评价、评价；

第三类（C_3）：信息资源、网络环境、信息、美国、公共图书馆、知识产权、信息检索、本体、搜索引擎、Web 2.0、信息管理、情报学、网络、图书馆学；

第四类（C_4）：知识共享、信息技术、数据挖掘、信息系统、策略、综述、信息不对称、组织学习、绩效、战略、企业文化、资本结构、跨国公司、价值链、项目管理、战略联盟、企业绩效、虚拟企业、国有企业、产业结构、知识转移、自主创新、实物期权、风险投资、博弈论、循环经济、激励机制、神经网络、遗传算法、制造业、预测、上海、实证分析、档案、电子文件、公务员、和谐社会、社会保障、地方政府、政府、启示、现状、高校；

第五类（C_5）：对策、知识管理、创新、可持续发展、中小企业、影响因素、电子商务、企业。

2. 冰柱图分析

把共词矩阵导入 SPSS 17.0 进行系统聚类分析，生成国内图情科研机构研究的热点关键词聚类冰柱图，如图 6—4 所示。

冰柱图的分析方法是看其树状冰柱的缺口及冰柱间的间隔。用一把尺子垂直放在图上，左右移动并观察，可以发现标尺与冰柱有交点，将两个相邻交点之间的间隔视为一类。根据图 6—4，将国内图情科研机构研究的热点主题分为五大类（用虚线表示不同类别之间的界限）：

（1）从"对策"到"可持续发展"为一类，主要是研究与知识管理相关的主题；

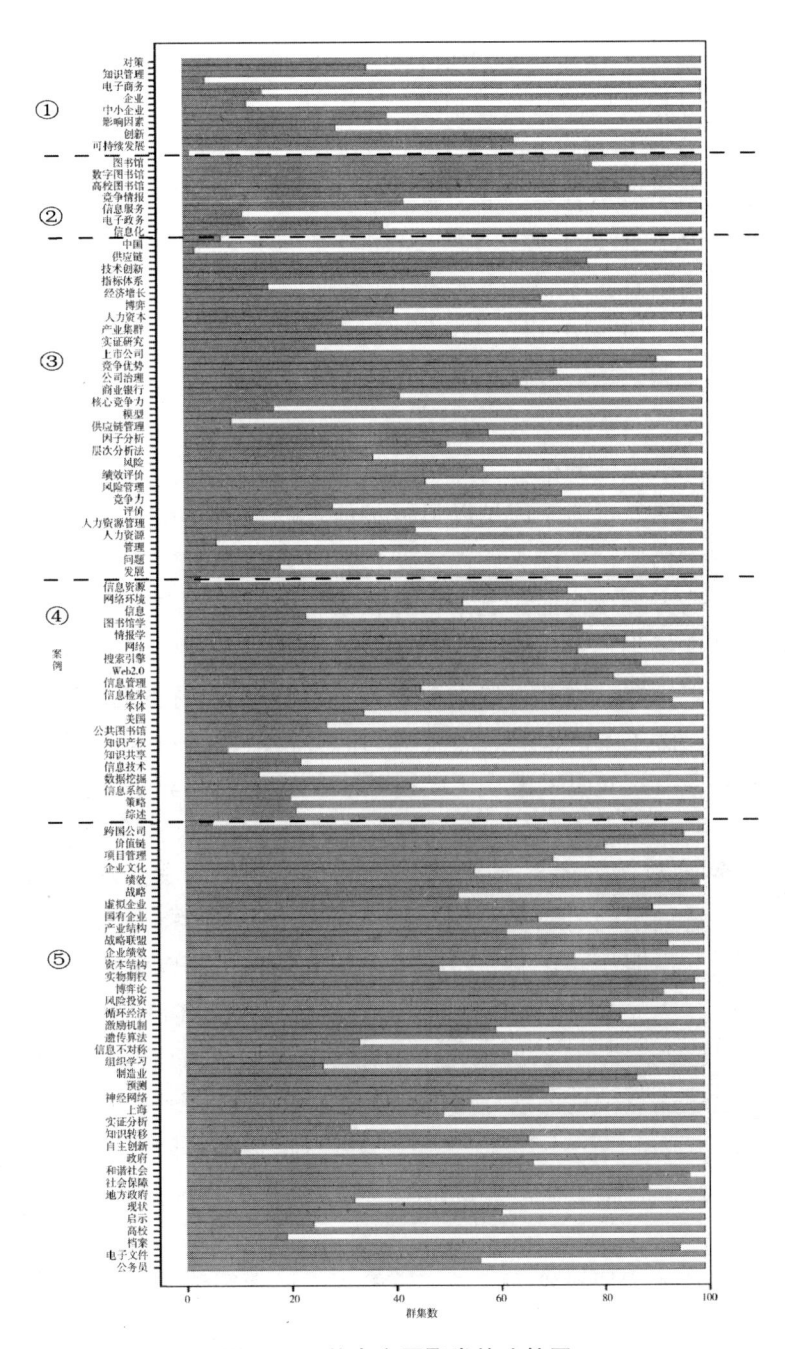

图 6—4　热点主题聚类的冰柱图

(2) 从"图书馆"到"信息化"为一类,主要研究与图书馆、信息服务等相关的图情核心领域;

(3) 从"中国"到"发展"为一类,主要是研究管理学相关领域,包括供应链管理、人力资源管理与风险管理等主题;

(4) 从"信息资源"到"综述"是一类,主要研究网络信息资源管理与信息技术;

(5) 从"跨国公司"到"公务员"是一类,主要研究企业竞争战略等主题。

二 多维尺度分析

多维尺度分析的原理是以最大可能性利用二维或三维空间距离充分反映术语之间的语义距离,使用户可以通过视觉距离直观明了地发现所研究领域内的主题结构和领域变化。SPSS 统计软件中的分析度量功能提供多维尺度分析(MultiDimensional Scale, ALSCAL)。用户先设置维数,本节设置维数为 2。选取平面对称的图形(square symmetric)描述图情领域热点关键词的分布结构,数据衡量水平的指标用序数(ordinal)来表示,对热点关键词的相异矩阵进行多维尺度分析,得到可视化的分析结果,如图 6—5 所示。

图 6—5 显示,各关键词之间既相互紧密联系,又具有一定的独立性。关键词之间的相关程度是由各关键词之间的距离来反映的。距离越大,说明研究主题之间越独立,主题与主题之间的关联性越小;距离越小,说明关键词之间相似度越大,研究内容越相关。

根据各关键词在 MDS 输出中的位置邻近性,结合各关键词的语义,将这些热点关键词划分为五个类别。

C_1 包括数字图书馆、高校图书馆、竞争情报、图书馆、信息服务、电子政务、信息化等关键词,主要涉及图书馆与情报学核心研究主题;

C_2 包括人力资源管理、供应链管理、博弈等关键词,主要涉及管理学研究领域;

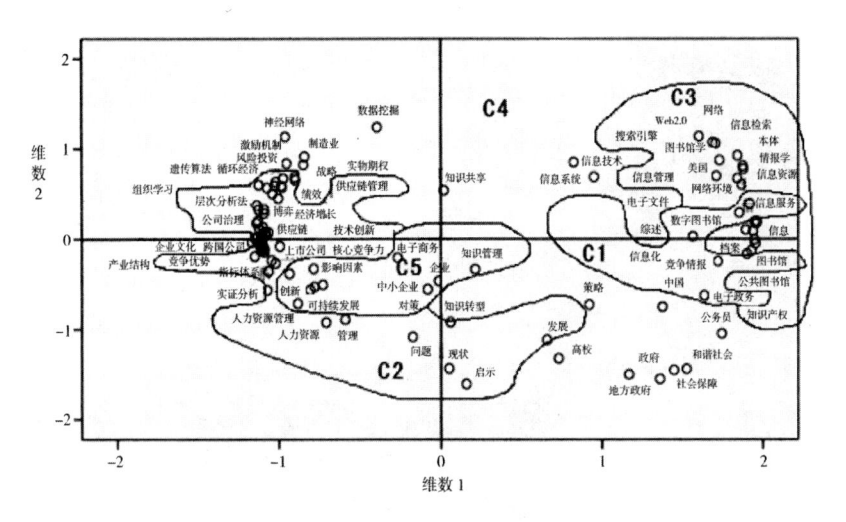

图 6—5 热点主题的多维尺度输出

C_3 包括 Web 2.0，搜索引擎、信息资源、网络等关键词，主要研究网络信息资源管理与信息技术；

C_4 包括数据挖掘、神经网络、信息系统等关键词，主要研究管理信息系统相关主题；

C_5 包括电子商务、知识管理、中小企业等关键词，主要研究企业知识管理等主题。

从五个聚类在 MDS 输出中的位置来看，C_1 和 C_3、C_2 和 C_5 之间的距离很近，彼此之间存在交叉重叠的现象。这说明图情学科的核心领域与信息技术、管理学问题以及管理信息系统之间关联密切。

三 热点关键词聚类的可视化词频分析

根据图 6—3 中的层次聚类分析结果，利用可视化分析软件 Treemap 对热点关键词聚类结果进行可视化词频分析。Treemap 输出中标签的面积大小与背景颜色由对应关键词的出现次数确定。出现次数多的关键词显示标签面积较大，颜色较深。由此可观察到不同聚类中各关键词的频繁程度，如图 6—6。

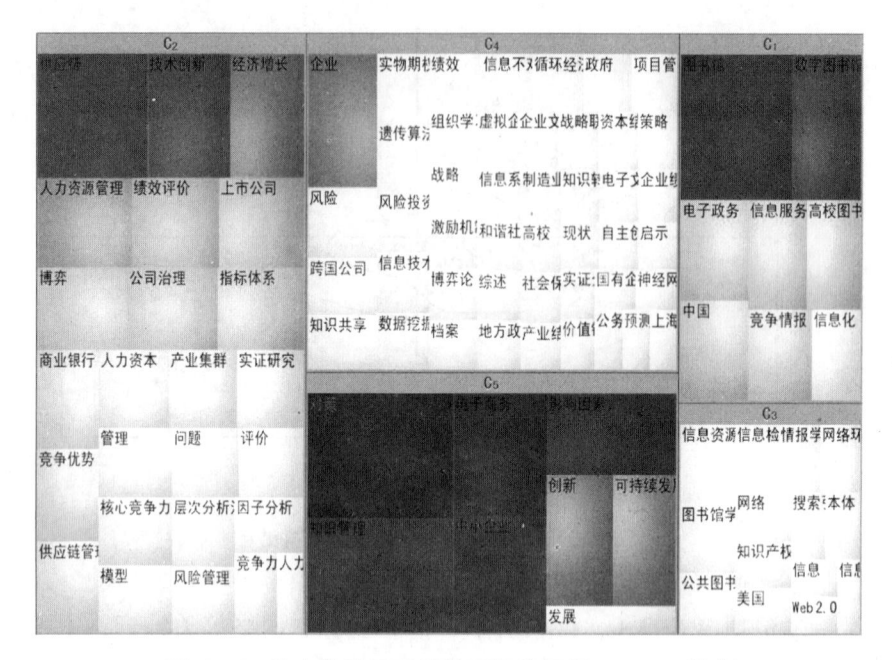

160　科研文化机构的主题特征可视化挖掘

图 6—6　热点关键词聚类的可视化词频 Treemap 输出

图 6—6 显示，与企业竞争战略领域相关的热点关键词聚类 C_2 占据最大比重，其次是与企业信息管理相关的 C_4，与知识管理相关的 C_5 位居第三，然后是与图书馆、信息服务相关的图情核心研究主题 C_1，最后是与网络信息资源管理、信息技术相关的 C_3。将各热点关键词聚类及其涉及的关键词按词频降序排列，如表 6—5。

表 6—5　　　　　热点关键词聚类及其包含的热点关键词

聚类编号	热点关键词（按词频降序排列）
C_1	图书馆、数字图书馆、电子政务、中国、信息服务、高校图书馆、竞争情报、信息化
C_2	供应链、技术创新、经济增长、人力资源管理、绩效评价、上市公司、博弈、公司治理、指标体系、商业银行、竞争优势、供应链管理、人力资本、产业集群、实证研究、管理、核心竞争力、模型、问题、评价、层次分析法、风险管理、因子分析、竞争力、人力资源
C_3	信息资源、图书馆学、公共图书馆、信息检索、情报学、网络环境、网络、知识产权、美国、搜索引擎、本体、信息、Web 2.0、信息管理

续表

聚类编号	热点关键词（按词频降序排列）
C_4	激励机制、企业、风险、跨国公司、知识共享、实物期权、遗传算法、风险投资、信息技术、数据挖掘、绩效、信息不对称、循环经济、政府、项目管理、组织学习、战略、博弈论、档案、虚拟企业、企业文化、战略联盟、资本结构、策略、信息系统、和谐社会、综述、地方政府、制造业、知识转移、电子文件、企业绩效、高校、社会保障、产业结构、现状、自主创新、启示、实证分析、价值链、国有企业、神经网络、公务员、预测、上海
C_5	对策、知识管理、电子商务、中小企业、影响因素、创新、可持续发展、发展

四　热点关键词聚类及主要贡献科研机构分析

为了揭示各热点关键词聚类中不同科研机构所做出的贡献，将被调查的国内图情科研机构涉及热点关键词及其聚类数据按热点关键词聚类编号分组，将科研机构名称作为标签，生成 Treemap 输出，如图 6—7 所示。

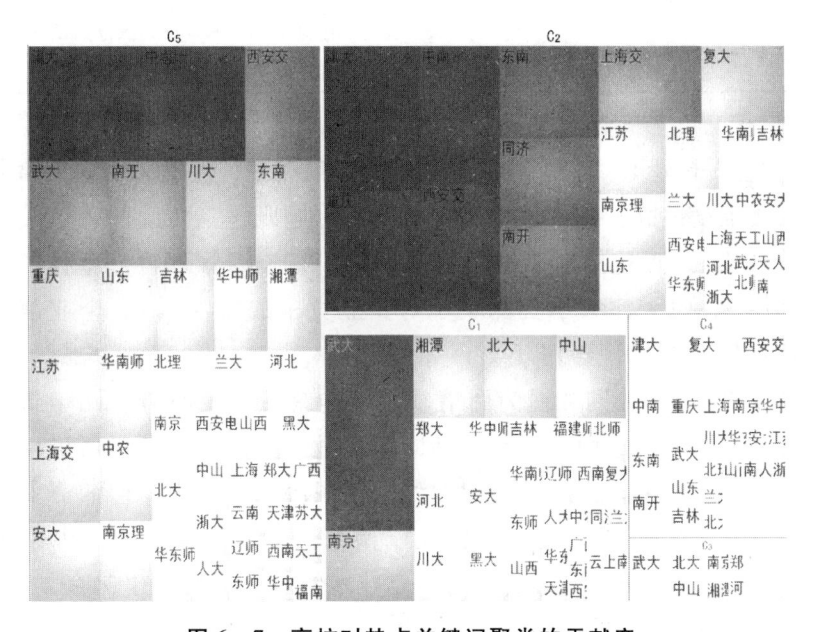

图 6—7　高校对热点关键词聚类的贡献度

图6—7中标签面积大小与背景颜色由该科研机构涉及该热点关键词聚类中的所有关键词出现次数与权重［如等式（6—1）］的乘积之和确定。标签面积越大，背景颜色越深，表示该科研机构对这个热点关键词的贡献度越大，反之亦然。

图6—7显示，不同热点关键词聚类中，各图情科研机构做出了不同的贡献，如表6—6所示。

表6—6　　　　　　热点关键词聚类及其主要贡献机构

热点关键词聚类	科研机构（按贡献度降序排列）
C_1（与图书馆、信息服务相关）	武汉大学、湘潭大学、南京大学、北京大学、中山大学
C_2（与企业竞争战略相关）	天津大学、中南大学、重庆大学、西安交通大学、东南大学
C_3（与网络信息资源管理、信息技术相关）	武汉大学、北京大学、中山大学、南京大学、湘潭大学
C_4（与企业信息管理相关）	天津大学、复旦大学、西安交通大学、中南大学、东南大学
C_5（与知识管理相关）	天津大学、中南大学、西安交通大学、武汉大学、南开大学

表6—6显示，在这五个热点关键词聚类中，武汉大学和天津大学的贡献度最高，其中武汉大学的研究主题既包括传统的图情核心领域（C_1），也包括近几年新兴的网络信息资源管理与信息技术领域（C_3）；而天津大学更侧重于与企业竞争战略（C_2）、企业信息管理（C_4）与知识管理（C_5）等主题。

C_1和C_3可分别被视为图情领域的传统研究主题与近几年新兴的研究主题，对这两个热点关键词聚类做出突出贡献的科研机构几乎完全一致，都以武汉大学为领先。其顺序稍有不同，即湘潭大学更注重于传统的图情领域（领先于南京大学、北京大学、中山大学），但在网络信息资源管理与信息技术的研究上略低于北京大学、中山大学和南京大学。

C_2、C_4 和 C_5 都与企业管理或管理学相关，其主要贡献机构也非常相似，都以天津大学为领先，都包括中南大学和西安交通大学，而顺序稍有变化。中南大学在企业竞争战略和知识管理相关主题上强于重庆大学、西安交通大学、东南大学、武汉大学、南开大学，但在企业信息管理主题上弱于天津大学、复旦大学和西安交通大学。

第五节　国内图情科研机构对热点主题的贡献度分析

为了调查国内各图情科研机构对热点主题的贡献度，将第二节所述的第一个数据集（即 CNKI 数据库收录的各科研机构发表论文所涉及的热点主题出现次数和热点权重）导入 Treemap 工具。将数据按照机构名称分组后，通过标记热点主题，生成树形输出。标签的大小和颜色由关键词的出现次数和热点权重的乘积之和确定，［如等式（6—2）］所示，如图 6—8 所示。

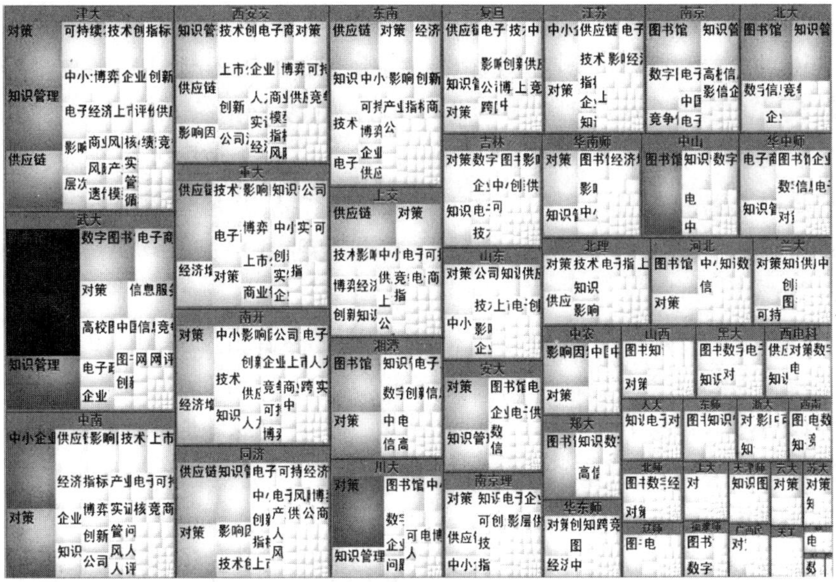

图 6—8　国内图情科研机构对热点主题的贡献度 Treemap 输出

图 6—8 显示，TianjU、WuhanU、ZhongnU 等机构的标签色彩较深，且尺寸较大，这表明这些研究机构对热点主题做出了非凡贡献。排名前五位的研究机构及其排名前三的热点主题归纳至表6—7。

表 6—7　对热点主题贡献最大的前五所国内图情科研机构

机构名称	热点主题
天津大学	对策、知识管理、供应链
武汉大学	图书馆、知识管理、数字图书馆
中南大学	中小企业、对策、供应链
西安交通大学	知识管理、供应链、影响因素
重庆大学	供应链、经济增长、技术创新

将表6—7和第五章第四节的表5—3（对新兴主题贡献最大的前五所国内图情科研机构）进行比较，发现只有两个科研机构，即武汉大学和天津大学既对新兴主题也对热点主题做出了显著贡献。表6—7中的其他研究机构有别于表5—3中的机构。为了调查它们在新兴主题和热点主题中的绩效，将所有的国内图情研究机构根据图5—3和图6—8分别从1到47排名，并投影到图6—9所示的二维空间。其中，横轴是由被调查的研究机构的新兴排名构造的，纵轴是由其热点排名构造的。例如，武汉大学在图5—3中排名第一，在图6—8中排名第二，因此，它被投射到图6—9中（1，2）的位置。

为了更好地揭示各研究机构在新兴主题和热点主题上的绩效，用两条虚线将两个坐标轴划分为两半。国内图情研究机构可以分为四种类型，如表6—8所示。

表6—8显示，第Ⅰ种类型共有15所研究机构（占全部调查的中国图情研究机构的31.9%），如WuhanU、TongjU等。它们被认为是理想的研究机构，在新兴主题和热点主题上的表现均很突出。第Ⅱ种和第Ⅲ种类型各包括八个研究机构（占17%）。前者有敢为

人先的特点，因为这种类型的研究机构在新兴主题上表现突出，但在热点主题上表现薄弱，包括 SWU、NancU 等。后者则更为保守，这种类型的研究机构在热点主题上表现突出，但在新兴主题上表现薄弱，包括 NJUST、BJU 等。第Ⅱ种类型的研究机构被认为具有比第Ⅲ种类型的机构更多优势，因为新兴主题通常有很大的潜力，并有可能成为未来的热点主题。第Ⅳ种类型包括 16 所研究机构（占 34.0%），如 BJNormU、ShanxU 等。建议第Ⅳ种类型的研究机构提高自身的研究竞争力，要么紧跟新兴主题，要么多注意热点主题，或两者兼而有之。

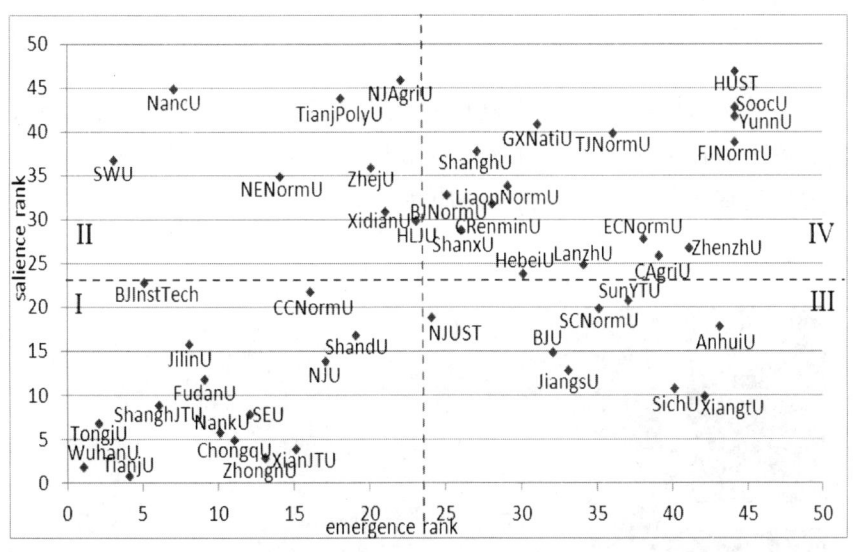

图 6—9　国内图情科研机构的新兴与热点排名的二维显示

表 6—8　　　　　　　国内图情科研机构的四种类型

类型	机构标签	主题特点	数量（百分比）
Ⅰ	WuhanU、TongjU、TianjU、ShangJTU、JilinU、FudanU、NankU、ChongqU、ZhongnU、SEU、XianJTU、NJU、CC-NormU、ShandU、BJInstTech	在新兴主题和热点主题上绩效均很突出	15（31.9%）

续表

类型	机构标签	主题特点	数量（百分比）
II	SWU、NancU、NENormU、ZhejU、XidianU、TianjPolyU、NJAgriU、HLJU	在新兴主题上突出，但在热点主题上薄弱	8（17.0%）
III	NJUST、BJU、JiangsU、SCNormU、SunYTU、SichU、XiangtU、AnhuiU	在热点主题上突出，但在新兴主题上薄弱	8（17.0%）
IV	BJNormU、ShanxU、CRenminU、LiaonNormU、ShanghU、GXNatiU、HebeiU、LanzhU、TJNormU、ECNormU、CAgriU、ZhenzhU、FJNormU、YunnU、SoocU、HUST	在新兴主题和热点主题上均很薄弱	16（34.0%）

为了揭示国内图情科研机构对热点关键词聚类的贡献度差异，按照科研机构分组，生成 Treemap 输出，显示不同科研机构中各热点关键词聚类的比重，如图 6—10 所示。

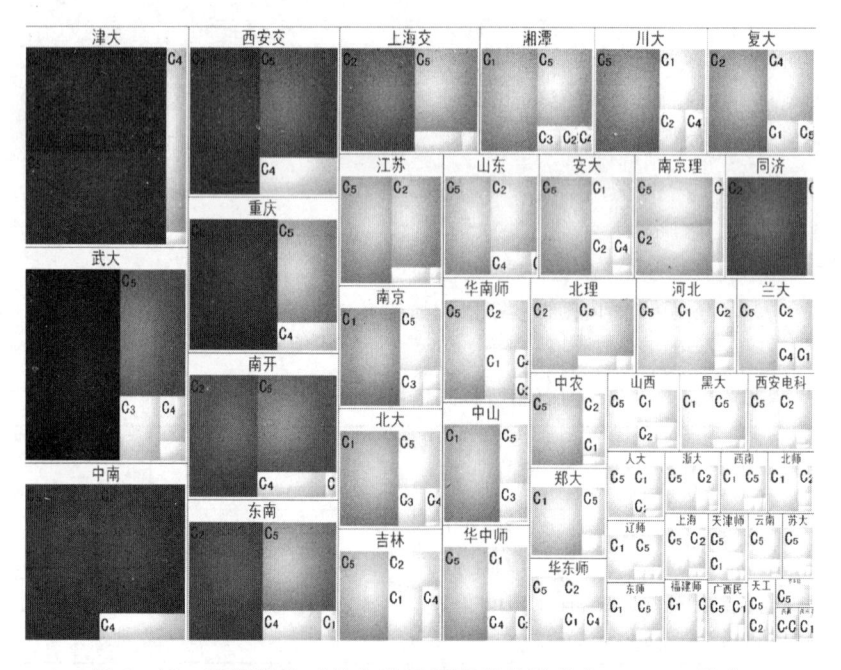

图 6—10　科研机构对热点关键词聚类的贡献度 Treemap 输出

Treemap 输出中，各标签面积的大小和背景颜色由该关键词聚类中各关键词的词频与权重和乘积之和确定。词频与权重乘积之和较大的热点关键词聚类，其标签显示面积较大，且背景颜色较深。图 6—10 显示，各科研机构在热点关键词聚类的侧重点方面存在明显的差异，并不是所有的图情科研机构对热点关键词的各个聚类都进行了相同程度的研究，各图情科研机构明显根据各自的发展方向和研究定位，选择某几个聚类进行更加深入的研究和探索。

将图 6—10 中观察到各科研机构对不同热点关键词聚类的贡献度按降序排列，归纳至表 6—9。

表 6—9　　　　　科研机构对热点关键词聚类的贡献度

科研机构	热点关键词聚类（按降序排列）
天津大学	C_2、C_5、C_4
武汉大学	C_1、C_5、C_3、C_4、C_2
中南大学	C_2、C_5、C_4
西安交通大学	C_2、C_5、C_4
重庆大学	C_2、C_5、C_4
南开大学	C_2、C_5、C_4、C_1

表 6—9 显示，对热点关键词聚类做出主要贡献的科研机构大多侧重于 C_2（与企业竞争战略相关）、C_5（与知识管理相关）和 C_4（与企业信息管理相关），仅有武汉大学最侧重于 C_1，即图情领域的核心研究主题。从图 6—10 中可以清晰地辨别出国内图情科研机构明显分为以下三种类别。

第一，坚持图情核心研究领域的科研机构（侧重于 C_1），包括武汉大学、南京大学、北京大学、湘潭大学、中山大学、郑州大学、黑龙江大学、辽宁师范大学、东北师范大学、福建师范大学、北京师范大学、西南大学等；

第二，以企业竞争战略领域为主的科研机构（侧重于 C_2），包

括天津大学、西安交通大学、重庆大学、南开大学、东南大学、上海交通大学、北京理工大学、复旦大学、同济大学等;

第三,侧重于图情领域与管理学交叉领域的科研机构(侧重于C_5,与知识管理相关),包括中南大学、江苏大学、吉林大学、山东大学、华南师范大学、华中师范大学、四川大学、安徽大学、南京理工大学、河北大学、兰州大学、中国农业大学、山西大学、西安电子科技大学、中国人民大学、浙江大学、上海大学、天津师范大学、云南大学、苏州大学、广西民族大学等。

值得注意的是,没有发现一所科研机构以C_3(与网络信息资源管理、信息技术相关)或C_4(与企业信息管理相关)为其主要侧重点。实际上C_3和C_4是两个较有潜力的热点关键词聚类,但是目前尚未形成研究规模,值得国内相关科研机构的关注。

第六节 美国图情研究机构对热点主题的贡献度研究

为了调查美国各图情研究机构对热点主题的贡献度,将第二节描述的第二个数据集(即EI数据库收录的美国图情科研机构发表论文所涉及的热点主题出现次数和热点权重)导入Treemap工具。将数据按照机构名称分组,通过标记热点主题,生成树图输出。标签的大小和颜色由术语的出现次数和热点权重的乘积之和确定[如等式(6—2)所示],如图6—11所示。

图6—11显示,Drexel、UWash、UPitt等机构的标签色彩较深,尺寸较大,这表明这些研究机构对热点主题做出了非凡贡献。排名前五位的研究机构及其排名前三的热点主题归纳至表6—10。

表6—10(对热点主题贡献度最大的美国科研机构)和第五章第五节的表5—4(对新兴主题贡献度最大的美国科研机构)的比较结果显示,有三家研究机构,即Drexel、UWash和UPitt无论对新兴主题还是对热点主题均做出了显著贡献。表6—10中的其他研究机构均不同于在表5—4中的机构。为了揭示其在新兴主题和热点主题上的表现,将所有的美国图情研究机构分别根据图6—11和图

5—4 排名，投影到图 6—12 所示的二维空间。其中，横轴是由被调查的研究机构的新兴度排名构造的，纵轴则是由其热点排名构造的。例如，UPitt 在图 5—4 中名列第 2 位，在图 6—11 中排名第 3。因此，它被投射到图 6—12 中的（2，3）所示的位置。

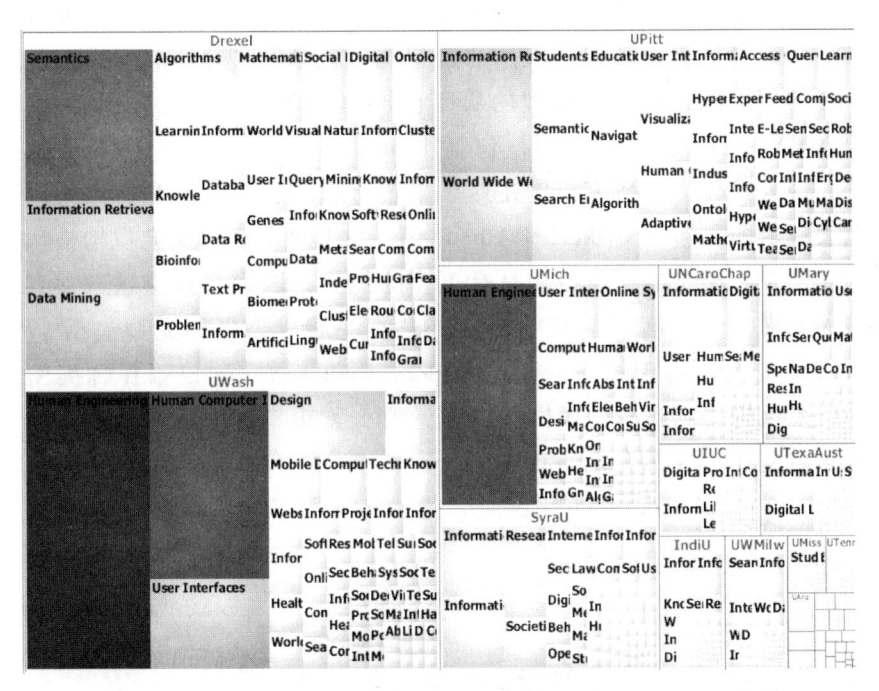

图 6—11　美国图情科研机构对热点主题的贡献度 Treemap 输出

表 6—10　对热点主题贡献最大的前五所美国科研机构

机构标签	热点主题
Drexel	语义学、信息检索、数据挖掘
UWash	人类工程、人机交互、用户界面
UPitt	信息检索、万维网、学生
UMich	人类工程、用户界面、在线系统
SyraU	信息技术、信息系统、研究

同样地，用两条虚线将两个轴均匀地划分为两半。美国图情研究机构也可以分为四种类型，如表 6—11。

表 6—11 中的第Ⅰ种类型包括 16 所研究机构（占全部调查的美国图情研究机构的 37.2%），如 Drexel、UPitt 等。它们被认为是理想的研究机构，在新兴主题和热点主题上的表现均很突出。第Ⅱ种类型和第Ⅲ种类型各包括五所研究机构（占 11.6%）。前者有敢为人先的特点，因为这种类型的研究机构均在新兴主题上表现突出，但在热点主题上表现薄弱，包括 UIowa、UAlabama 等。后者更保守，因为该类型的研究机构在热点主题上表现突出，但在新兴主题上表现薄弱，包括 UOkla、UAlbany 等。第Ⅱ种类型的研究机构被认为比第Ⅲ种类型的科研机构具有更多的优势，因为新兴主题通常有很大的潜力，并有可能成为未来的热点主题。第Ⅳ种类型包括 17 所研究机构（占 39.5%），如 USFlor、KentSt 等。建议第Ⅳ种类型的研究机构提高自身的研究竞争力，要么紧跟新兴主题，要么多注重热点主题，或两者兼而有之。

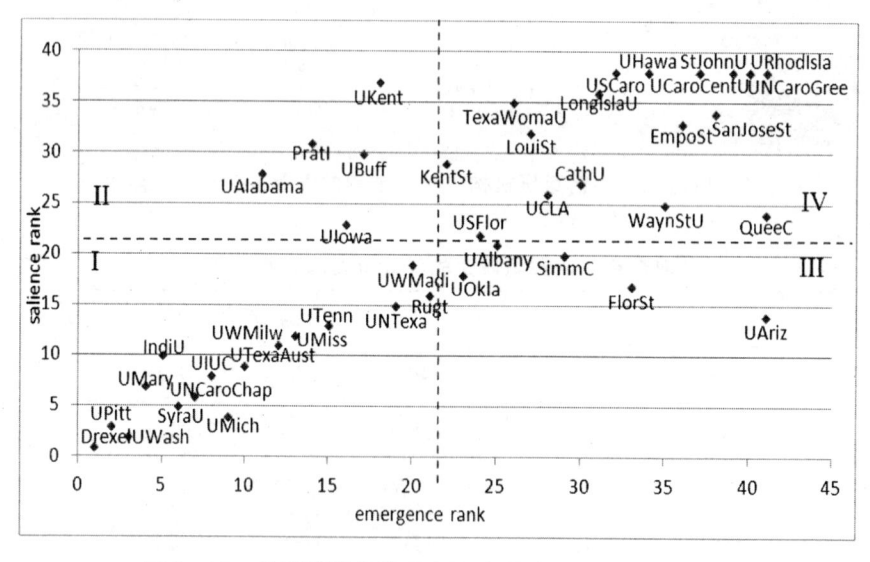

图 6—12　美国图情机构的新兴和热点排名的二维输出

另一个有趣的发现是，所有第Ⅰ种类型的研究机构都是 iSchools

组织①的成员。但是，只有一个第Ⅱ种类型机构（UKent）、两个第Ⅲ种类型机构（SimmC 和 FlorSt）和一个第Ⅳ种类型机构（UCLA）是 iSchools 组织的成员。由于 iSchool 筛选的标准是基于其研究活动和培养未来的研究人员②，其比较结果验证了笔者在这项研究中所提出的方法能够有效地识别领先的研究机构。

表 6—11　　　　　　　美国图情机构的四种类型

类型	机构标签	主题特点	数量（百分比）
Ⅰ	Drexel、UPitt、UWash、UMary、SyraU、UMich、UNCaroChap、IndiU、UIUC、UTexaAust、UWMilw、UMiss、UTenn、UNTexa、Rutg、UWMadi	在新兴主题和热点主题上绩效均很突出	16（37.2%）
Ⅱ	UIowa、UAlabama、PratI、UBuff、UKent	在新兴主题上突出，但在热点主题上薄弱	5（11.6%）
Ⅲ	UOkla、UAlbany、SimmC、FlorSt、UAriz	在热点主题上突出，但在新兴主题上薄弱	5（11.6%）
Ⅳ	USFlor、KentSt、UCLA、LouiSt、TexaWomaU、CathU、WaynStU、LongIslaU、USCaro、UHawa、EmpoSt、QueeC、SanJoseSt、UCaroCentU、StJohnU、URhodIsla、UNCaroGree	在新兴主题和热点主题上均很薄弱	17（39.5%）

第七节　小结

本章运用词频分析法识别出中美图情科研机构发表论文涉及的热点主题，并对两国的热点主题内容进行了比较。研究发现，热点关键词中除了"图书馆"属于图情传统研究主题之外，其他热点关键词均与管理学或互联网研究领域相关，如知识管理、电子商务、

---

① *iSchools Directory*［2015-01-03］. http：//ischools. org/members/directory/.
② *Apply to join iSchools*［2015-01-18］. http：//ischools. org/members/apply-to-join/.

对策等。天津大学、武汉大学、中南大学等科研机构对这些热点关键词做出了突出的贡献。

从热点关键词的新兴程度来看，除了少数热点关键词（包括知识管理、创新、竞争情报、数字图书馆）为新兴主题之外，其他热点主题的新兴程度并不高。而中美图情领域科研机构所涉及的新兴主题，包括社交网络、本体论、语义学、智能系统、用户满意、无线网络、网站、门户、聚类算法、分类法、语法学、移动设备、生物信息学、泛在计算、触摸屏、服务器、不确定分析、随机模型、时间序列、模糊集理论、多对象优化、组合优化等，均未被发现成为热点研究主题，值得引起国内相关研究者与科研机构的高度关注。

两国的图情研究机构在热点主题上的共同点比在新兴主题上的共同点更少。只有两个术语（即知识管理和数字图书馆）和一对术语（信息服务/信息科学）被认为在两国图情领域均为热点主题。国内图情研究机构的热点主题更倾向于结合经济学和管理学的研究课题，如供应链、电子商务等；美国同行的热点主题则更多地结合人类学和控制论，如人类工程学、数据挖掘等。鉴于国内图情科研机构的新兴主题和热点主题的重合度很低，建议国内图情科研机构更多地研究两国的新兴主题。

本章利用层次聚类分析、冰柱图分析与多维标度分析等多种方法对国内图情科研机构的热点关键词进行聚类，将其分为五个类别，即图书馆与信息服务、企业竞争战略、企业信息管理、网络信息资源管理与信息技术以及知识管理。提出一种热点关键词加权方法，并应用于所识别出的热点关键词，生成多个 Treemap 输出，据此分析热点关键词与关键词聚类的特点以及做出主要贡献的科研机构。

提出一种测量科研机构对热点主题的贡献度的方法，进行了实验研究，并将对热点主题做出主要贡献的两国图情科研机构的特点进行比较。研究发现，对热点关键词做出主要贡献的国内图情科研机构的排名与其科研绩效排名并不一致。除了武汉大学属于国内图情领域的核心科研机构之外，其他主要贡献科研机构并不属于国内图情领域的核心科研机构，其原因主要是两者的测量指标与数据采集存在明显差异。科研绩效评价结果靠前的科研机构未必对热点研究主题做出主要贡献，对热点研究主题做出主要贡献的科研机构也未必在图情领域表现突出。国内高校图情研究组织通常设置在管理学院、商学院等学院中的机构设置特点使得国内图情领域的研究者往往不自觉地转移研究注意力至管理学相关领域，而容易忽略图情领域的核心主题。

国内图情科研机构在研究方向上明显分为三大类别。

第一，坚持图情核心研究领域的科研机构，包括武汉大学、南京大学、北京大学、湘潭大学、中山大学、郑州大学、黑龙江大学、辽宁师范大学、东北师范大学、福建师范大学、北京师范大学、西南大学等；

第二，以企业竞争战略领域为主的科研机构，包括天津大学、西安交通大学、重庆大学、南开大学、东南大学、上海交通大学、北京理工大学、复旦大学、同济大学等；

第三，侧重于图情领域与管理学交叉领域的科研机构，包括中南大学、江苏大学、吉林大学、山东大学、华南师范大学、华中师范大学、四川大学、安徽大学、南京理工大学、河北大学、兰州大学、中国农业大学、山西大学、西安电子科技大学、中国人民大学、浙江大学、上海大学、天津师范大学、云南大学、苏州大学、广西民族大学等。

虽然网络信息资源管理和信息技术、企业信息管理也是两个有前途的研究方向，但是目前尚未形成研究规模，即在被调查的科研机构中，尚未发现一所科研机构着重于这两个研究方向，值得国内相关科研机构给予关注。

中美两国的图情研究机构之间的差异在于，只有一个国内图情研究机构（即武汉大学）无论是在研究绩效还是对新兴主题和热点主题的贡献度上都名列前茅，国内其他研究绩效突出的图情研究机构却未对新兴主题或热点主题贡献显著。美国图情研究机构在其研究绩效方面的排名与它们对新兴主题和热点主题的贡献度上高度一致。也就是说，在美国，具有较高的学术研究绩效的图情机构同时也在对新兴主题和热点主题的贡献度上处于领先地位，这为国内图情科研机构树立了典范。因此，国内图情机构，尤其是那些具有较高的研究绩效的图情机构，如南京大学、中国人民大学、北京大学等需要进一步提高其跟踪甚至引导研究前沿［如社交网络（在线）、数字图书馆、知识管理等］和热点［如人体工程学、信息检索、人机交互等］的能力。

至于对热点主题的贡献度，国内的领先研究机构为天津大学、武汉大学、中南大学、西安交通大学和重庆大学，美国贡献最大的机构是 Drexel、UWash、UPitt、UMich 和 SyraU。根据其对新兴主题和热点主题做出的贡献，将中美两国图情研究机构分为四种类型，并对每种类型的机构数量和主题特点进行了分析和讨论。

这些研究发现有助于国内相关科研机构评估自身的研究主题状况，了解其优势与不足，发现新的研究主题的拓展机会；也有助于相关研究者，尤其是新进入的研究者理解掌握国内图情领域的研究主题分布状况，根据自身的兴趣与专长，选择合适的研究主题进行探索。

第七章

科研机构研究领域的演化

第一节 研究目的与方法

一 研究目的

过去20多年来，随着新技术革命的影响，世界经济和科学都得到了很大发展。越来越多的学科和研究领域由此衍生，科研机构的研究领域也发生了深刻的变化。为了更好地了解和把握各学科领域的研究态势和范式体系，需要对各科研机构的学科领域结构进行深入的分析，掌握该学科领域的发展规律，包括各科研机构的研究领域在各阶段出现了哪些热点问题、学科结构发生了怎样的转变、其研究和学科发展方向将何去何从、研究重点如何转变等。对此需要运用现代化的工具和方法对科研机构研究领域的演化进行可视化分析，这对于理清各科研机构的研究领域、研究方向以及研究成果，探讨其研究规模、发展现状、研究热点以及发展趋势，给予读者直观的理解和把握各学科的研究动向和研究趋势，帮助各领域更快更好地发展具有十分重要的意义。

信息技术的迅速发展，给图书馆学情报学带来了机遇和挑战。图书馆学情报学的研究重点从单纯的文献管理转向知识管理、数据挖掘等领域。图书馆学情报学的研究对象不再是单一的文献信息，而是更多地集中在电子资源的挖掘、数字图书馆的管理、知识范围的发展、竞争情报研究等一系列数字化与网络化的信息资源。许多学者致力于图书馆学情报学的研究，并取得了丰硕的成果。

为了揭示国内图情机构的研究领域和产出、研究水平现状、热点研究课题以及发展趋势,本章采用树图技术,直观地分析 CNKI 数据库中收录的被调查机构从 1998 年到 2012 年的期刊论文的关键词及其频率。其研究结果有助于了解图情学科的发展趋势和中国图情研究机构的科研优势和劣势。

二 研究方法

本章采用 Macrofocus 公司开发的 Treemap 2.4.2 工具。树图采用嵌套矩形来可视化地显示等级数据。

树图的基本布局和算法决定了二维输出中矩形(节点)的排列。由于树图布局和算法具有递归性,因此只需要定义如何将父节点分为直接的子节点。[①] Treemap 2.4.2 版本提供了六种算法,即二叉树、切片和切块、正方、带状、分割大小旋转、圆形和 Voronoi。最常用的算法是切片和切块、正方、带状和圆形。本章采用正方形算法[②],因为它非常直观且易于观察。该算法尝试生成接近矩形的节点,并使用贪心策略来平衡有效性和算法的效率。当划分每个节点时,它根据权重的降序增加子节点,并自动调整布局。因此,所生成的树图显示出平衡的宽度和高度,且容易观察。

树图呈现树的结构,不仅可以显示数据的结构,而且在三个维度,即大小、颜色和标签方面来显示数据的属性。矩形的尺寸和颜色通常用来反映定量属性的值,这在数据分析中很常见。例如,矩形的尺寸越大,或颜色越深,则表示属性的值越高。矩形的标签表示数据分类。用户可以指定属性组、标签内容、标签大小、颜色和背景描述。

本章通过词频分析来识别热点研究主题和研究机构的演化路径,

---

① 张昕、袁晓如:《树图可视化》,《计算机辅助设计与图形学学报》2012 年第 9 期,第 1113—1124 页。
② Bruls, M., Huizing, K. & van Wijk, J. J., "Squarified treemaps", In W. de Leeuw & R. van Liere, eds., *Data Visualization 2000*: *Proceedings of Joint Eurographics and IEEE TCVG Symposium on Visualization*, Berlin / Heidelberg: Springer-Verlag, 2000, pp. 33-42.

收集并分析所调查的研究机构的关键词。如果一个关键词频频出现在某个特定的机构发表的论文中，那么与该关键词相关的研究主题就是对应机构的热点主题。

第二节 数据来源与收集

本章的数据来自中国知识资源综合数据库（CNKI）。笔者选择中国科学评价中心给出的47所最佳图书馆、情报与档案管理类的科研机构。[①] 在CNKI数据库中的学科类别中勾选出版、图书情报与数字图书馆、档案及博物馆等三类领域进行数据收集。分别在1998—2002年、2003—2007年、2008—2012年这三个时间段中，按照作者单位分别搜索上述47个科研机构的论文数量和关键词词频统计。需要说明的是，在作者单位一栏要勾选精确，避免数据的重复和错误。搜索结果显示可得所选时间段内所选的科研机构在该领域内发表的科技论文的总量，然后点击中文关键词选项，则可得到该时间段内该科研机构发表论文的关键词及词频排序，将得到的数据记录下来。如有机构更名，则既搜索机构的旧名称，也搜索机构的新名称，将两者的数据合并。

第三节 图情科研机构出版物的主题演化

为了揭示图情机构出版物的主题演化模式，把时间跨度分为三个区间，即1998—2002年、2003—2007年以及2008—2012年，各时间段的论文数量如表7—1所示。在每个时间段内，每个图情机构根据其出版物数量的降序显示在树图中，如图7—1。

[①] 邱均平、王学东、王碧云：《中国研究生教育及学科专业评价报告：2011—2012》，科学出版社2011年版。

表 7—1　　　　　　　各时间段的论文数量

1998—2002 年	2003—2007 年	2008—2012 年
950	2219	3446

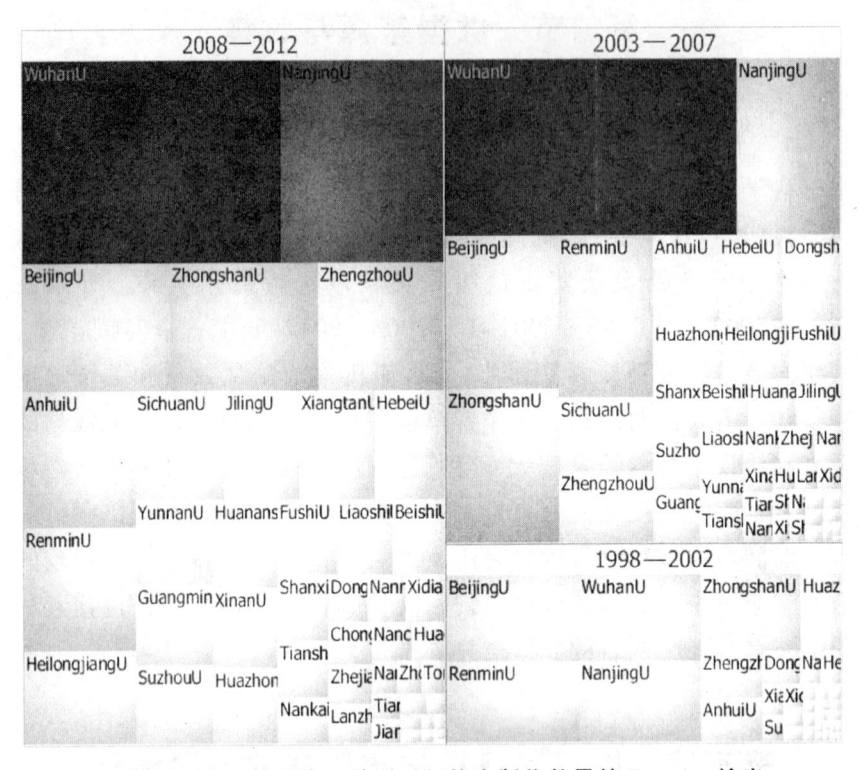

图 7—1　各时间段内图情科研机构出版物数量的 Treemap 输出

图 7—1 显示，总的出版物数量随着时间的推移呈现增长趋势，意味着图情领域在过去 15 年间具有蓬勃的生命力。进一步观察发现，过去 15 年间，武汉大学、南京大学和华中师范大学的出版物数量一直在增长，而北京大学和中国人民大学的出版物数量却有所下降。中山大学、郑州大学和安徽大学的出版物数量保持稳定。有些机构属于后出现的机构，如四川大学、黑龙江大学和吉林大学。同时，有些机构的出版物数量呈现波动状况，如东北师范大学。

为了比较各图情机构在不同时期的出版物数量，将数据按照机构名称分组，生成树图，如图7—2。

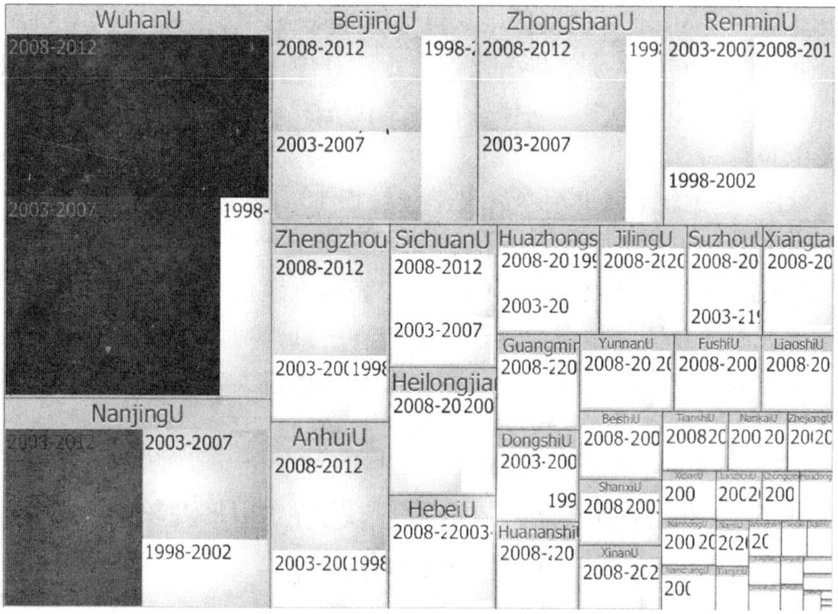

图7—2 按机构分组的 Treemap 输出

图7—2显示，随着时间的推移，图书馆学情报学领域的学术论文发表数量也日益增多，反映图书馆学情报学领域近15年来发展日益壮大，当前具有蓬勃发展的生命力。武汉大学在所有图情领域的出版物中占据最大份额，其次是南京大学、北京大学、中山大学和中国人民大学，其出版物数量一直呈现逐年上升趋势。这五所机构系中国图情领域的核心研究机构。

分析不同时间段内各科研机构的论文数量可以看出，各科研机构对于图书馆学情报学领域的贡献度及其在图书馆学情报学领域的地位演变。取图7—2中的前十名科研机构，分析其顺序演变，可以发现武汉大学、南京大学的排名在近十年有所上升。其中武汉大学从1998—2002年时间段的第三位上升到现在的第一位；南京大学从1998—2002年时间段的第四位上升到现在的第二位；而排名第一的武汉大学的论文量远远超过排名第二的南京大学。北京大学、中国人民大学的排名在近十年有所下滑。其中北京大学从1998—2002年时间段的第一位下滑到现在的第三位；中国人民大学从1998—2002年时间段的第二位下滑到现在的第七位。中山大学、郑州大学、安徽大学的排名比较稳定。其中中山大学长期保持在第四位左右；郑州大学长期保持在第六位左右；安徽大学长期保持在第七位左右。

图7—2显示图书馆学情报学领域近10年来出现了若干后来者居上的科研机构，典型代表为四川大学、黑龙江大学和吉林大学。它们在图书馆学情报学领域的论文发表量日益增加，所占比重也逐渐上升；而在图情领域内逐渐隐退的科研机构的典型代表为华中师范大学和东北师范大学，它们在图书馆学情报学领域的论文发表量所占比重逐渐减小，论文数量排名日益靠后。

第四节　热点研究主题在科研机构出版物中的演化

为了揭示图情科研机构热点研究主题的演化模式，将三个时间段的数据按照关键词分组，生成三个树图，如图7—3、图7—4和图7—5。

图7—3显示，1998—2002年之间，国内图书馆学情报学领域的主要关键词包括图书馆、数字图书馆、图书馆学、中国、搜索引擎等。取其排名前十位的关键词进行分析，发现在这段时间内国内图情科研机构的研究重点主要聚集在图书馆、搜索引擎、信息、情报学、网络等方面。其中图书馆包括图书馆及其下属的数字图书馆、图书馆学等关键词，信息包括其下属的信息服务、信息检索、信息资源等关键词。

图7—4显示，2003—2007年之间，国内图书馆学情报学领域的主要关键词与1998—2002年相似，也包括图书馆、数字图书馆、图书馆学，增加了高校图书馆、信息服务等。取其排名前十位的关键词进行分析，发现在这段时间内国内图情科研机构的研究重点主要

聚集在图书馆、信息、情报学、网络、知识管理、搜索引擎等方面。其中图书馆包括图书馆及其下属的数字图书馆、高校图书馆、图书馆学等关键词,信息包括其下属的信息服务、信息检索等关键词。

图7—5显示,2008—2012年之间,国内图书馆学情报学领域的主要关键词仍然与前两个时间段相似,还是包括图书馆、数字图书馆、高校图书馆、信息服务等,增加了公共图书馆。取其排名前十位的关键词进行分析,发现在这段时间内国内图情科研机构的研究重点主要聚集在图书馆、信息服务、情报、知识管理、引文分析等方面。其中图书馆包括图书馆及其下属的数字图书馆、高校图书馆、公共图书馆、图书馆学等关键词,情报包括其下属的情报学、竞争情报等关键词。

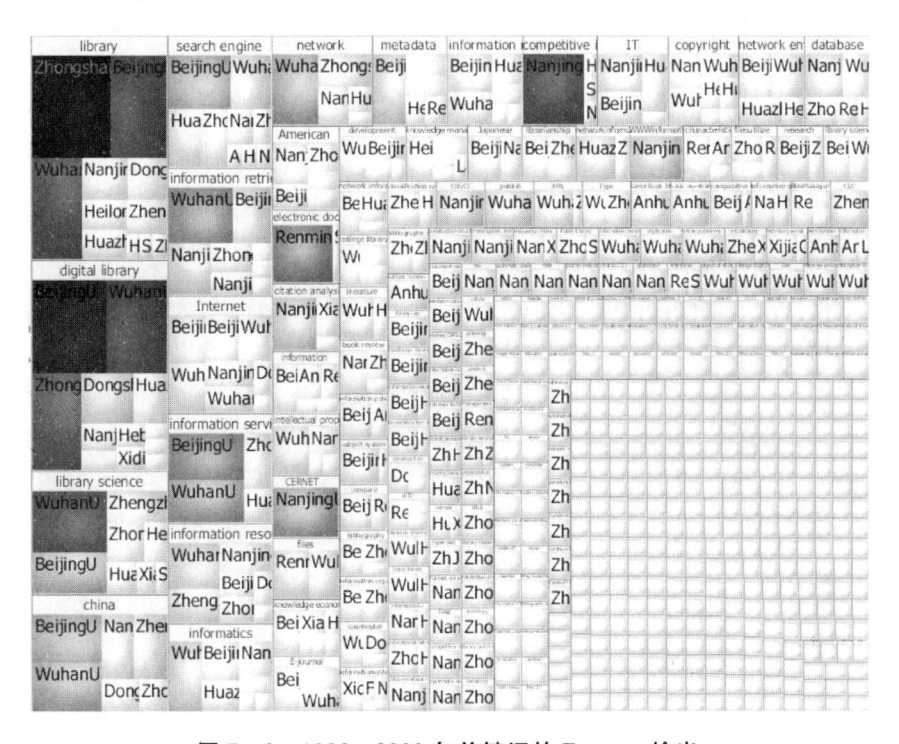

图 7—3　1998—2002 年关键词的 Treemap 输出

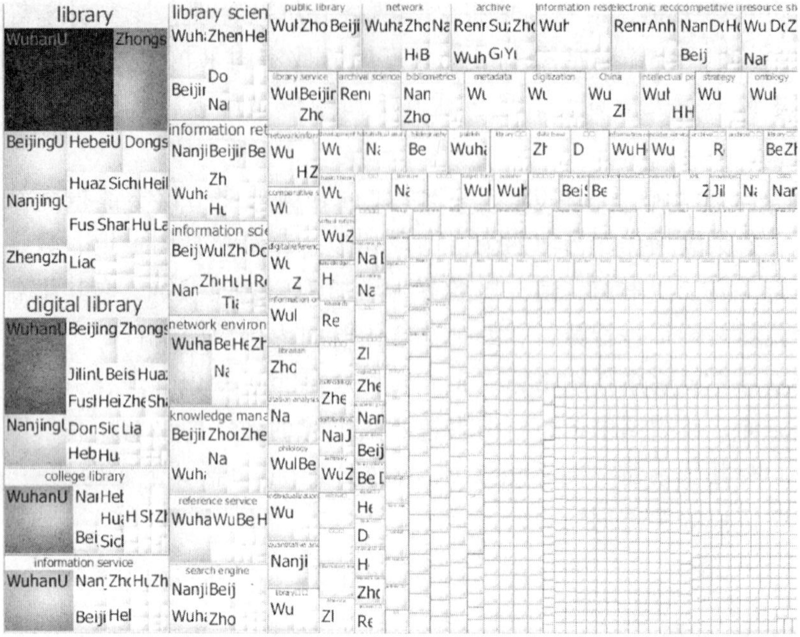

图 7—4 2003—2007 年关键词的 Treemap 输出

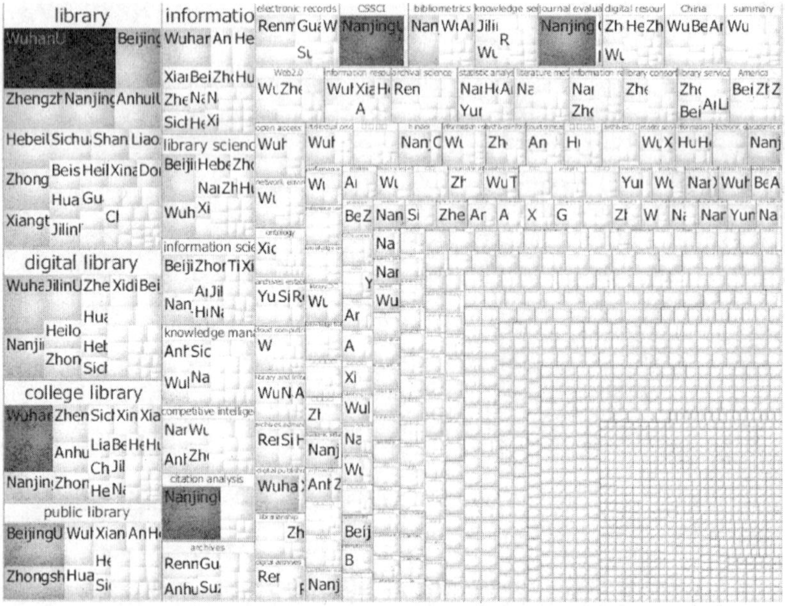

图 7—5 2008—2012 年关键词的 Treemap 输出

将图7—3、图7—4和图7—5进行比较，发现自1998年以来，图书馆是图情领域最热门的研究主题，包括图书馆、数字图书馆、高校图书馆、公共图书馆和图书馆学等关键词；信息为图情领域第二热门的研究主题，包括信息服务、信息检索、信息资源等；其他热门的研究主题包括信息学、竞争情报等关键词。

请注意：自1998年以来，知识管理、引文分析等关键词变得越来越热门，它们代表了图情领域的发展趋势。此外，搜索引擎、网络和其他一些关键词随着时间的推移逐渐过时，这是由其生命周期决定的。研究结果表明，图情领域的重点已经从早期的与计算机硬件和信息技术相关的研究主题转换到最近的与信息内容分析和管理相关的主题。这表明，知识管理与信息计量学将是今后的热点研究主题，包括引文分析、CSSCI、文献计量学等。

虽然图书馆在很长一段时间一直是图情领域的热点研究主题，但是其下位类词，如数字图书馆、高校图书馆、图书馆学和公共图书馆却有不同的演化路径。数字图书馆一直保持稳定；高校图书馆与公共图书馆自从其分别于2003年到2007年之间、2008年到2012年期间异军突起以来，一直高频率出现。然而，图书馆学的研究在近几年逐渐下降。据预计，图书馆学关键词可能在未来五年会继续下降。

信息及其下位类词，如信息服务、信息检索、信息资源表现出波动的演变路径。整体而言，它们先升后降。这意味着，它们曾经在中间一段时间受到越来越多的关注，但是在过去的五年中被替换成其他关键词。

第五节　图情科研机构研究重点的演化

为了调查图情机构研究重点的演化模式，对三个不同的时间段分别生成树图，如图7—6、图7—7和图7—8。以前五所图情机构为例，研究中国的图情机构在不同的时间段内的研究重点。

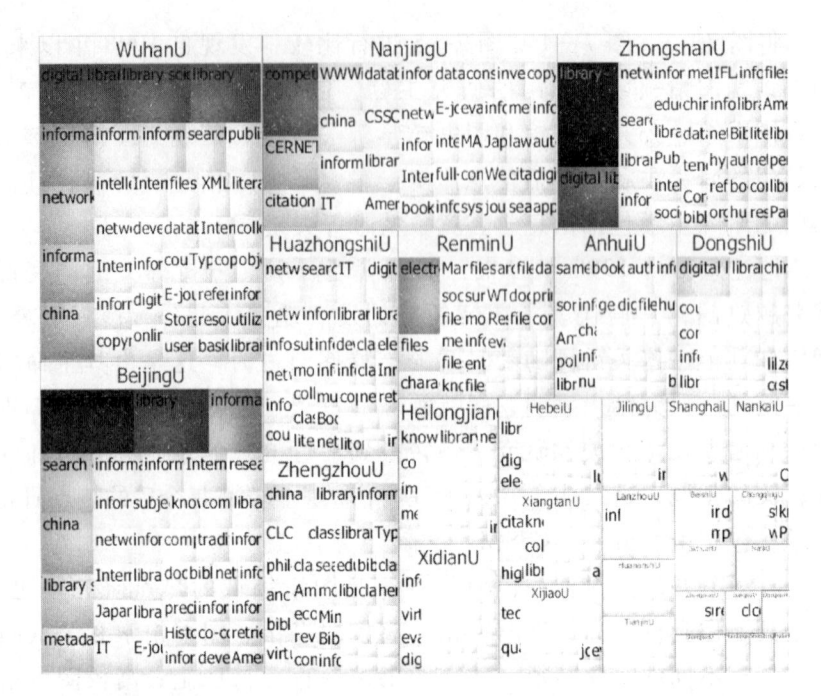

图 7—6 1998—2002 年图情机构研究主题的 Treemap 输出

图 7—7 2003—2007 年图情机构研究主题的 Treemap 输出

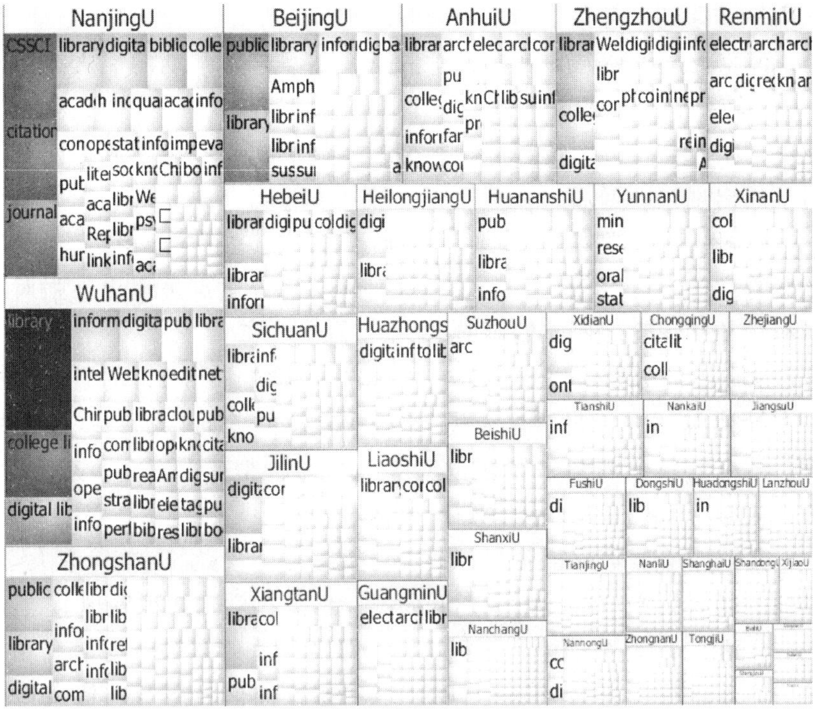

图 7—8　2008—2012 年图情机构研究主题的 Treemap 输出

通过比较图 7—6、图 7—7 和图 7—8，发现武汉大学的研究重点是图书馆和信息及其下位类词，如图书馆学、数字图书馆、高校图书馆、公共图书馆、信息服务、信息资源等。其中，图书馆和数字图书馆是名列前茅的关键字；图书馆学、信息服务、信息检索在过去五年之间逐渐下滑；信息资源保持稳定；高校图书馆、公共图书馆和信息需求的出现频率不断增加。武汉大学的研究重点从网络、情报和搜索引擎转移到知识管理和 web 2.0，后两者有望成为武汉大学新的研究重点。

北京大学和中山大学也有与武汉大学相类似的研究重点。与图书馆相关的关键词占据了主导地位，如公共图书馆、图书馆学、数字图书馆等。第二个研究重点是信息科学和信息服务。北京大学早期的研究重点是元数据、网络和搜索引擎，后来被基层图书馆和图书馆服务等新兴关键词替换。中山大学的研究重点已经从网络、搜索引擎转移到信息科学与知识管理。

南京大学维持着文献计量学的研究重点，从早期的引文分析和 CSSCI 转移到最近的 h 指数和期刊评价关键词。另一个研究重点是竞争情报。与整体图情领域相类似，网络的出现频率下降，而信息科学的出现频率增加。

中国人民大学保持着档案学的研究重点，如电子档案、档案、档案管理等。近五年来，中国人民大学的研究重点呈现出加强对信息科学与知识管理研究的倾向。

从以上的分析可以看出，在中国图情领域，图书馆的研究占据了主导地位。近年来，涉及图书馆的新兴关键词包括：基层图书馆、图书馆服务和图书馆职位。武汉大学、北京大学、南京大学、中山大学等系代表性的国内图情机构。

文献计量学研究得到比以往更多的关注，特别是在南京大学。其他的新兴研究主题包括：期刊研究、信息科学和知识管理。

衰落的研究主题包括搜索引擎、网络、元数据等。与信息相关的研究主题在过去 15 年中保持稳定状态，如信息服务、信息检索和信息资源。较为明显的发展趋势是关于期刊研究、信息科学和知识管理的研究。

对上述每个时间段内武汉大学、南京大学、北京大学、中山大学、中国人民大学的研究热点进行整理，得到表 7—2。

表 7—2　　　　　各时期科研机构的研究热点

	1998—2002 年	2003—2007 年	2008—2012 年
武大	数字图书馆、图书馆学、图书馆	图书馆、数字图书馆、高校图书馆	图书馆、高校图书馆、数字图书馆
南大	竞争情报、CERNET、引文分析	数字图书馆、图书馆、信息检索	CSSCI、引文分析、期刊评价
北大	数字图书馆、图书馆、信息服务	图书馆、数字图书馆、图书馆学	公共图书馆、图书馆、数字图书馆
中山	图书馆、数字图书馆、网络	图书馆、数字图书馆、公共图书馆	公共图书馆、图书馆、数字图书馆

续表

	1998—2002 年	2003—2007 年	2008—2012 年
人大	电子文件、档案、特点	电子文件、档案学、档案	电子文件、档案、档案管理

第六节 小结

在本章研究中，笔者采用树图技术可视化地分析了47所中国图情科研机构研究主题的演变格局。数据来自于CNKI数据库，涵盖15年的时间跨度。

对不同时间段内图情科研机构出版物的数量进行了比较和分析。研究结果表明，随着时间的推移科研机构的出版物数量呈现增长趋势，南京大学和武汉大学分别上升至出版物数量的第一位和第二位。这两所机构与北京大学、中山大学等形成国内图情领域的核心研究机构。

将被调查的时间跨度分为三个时间段，分别生成三个树形显示。比较结果表明，图书馆自1998年以来在图情领域一直是最热门的研究主题，而知识管理、引文分析等关键词越来越热门，代表着图情领域的发展趋势。然而，近年来，搜索引擎、网络以及其他一些关键词已经过时。

通过对五所核心图情机构的研究重点做进一步调查发现，武汉大学的研究重点从网络、情报和搜索引擎转移到知识管理和web 2.0；北京大学从早期的元数据、网络和搜索引擎研究转移到基层图书馆和图书馆服务等新兴关键词研究；中山大学的研究重点已经从网络和搜索引擎转移到信息科学与知识管理；南京大学维持着文献计量学的研究重点，从早期的引文分析和CSSCI转移到h指数和期刊评价等近期关键字；中国人民大学保持着档案学的研究重点。其研究结果有助于了解国内图情机构的发展模式与研究前沿。

第八章

博物馆藏品特征的可视化挖掘

第一节 研究目的与方法

一 研究目的

博物馆是典藏、保存、长期或短期展示具有科学、艺术或历史重要意义的物件，为公众提供观赏服务与接受教育的机会，为考古、历史、艺术等学科的研究人员提供资源、专长与合作等研究环境的文化机构。根据收藏品类型与教育研究目的的不同，博物馆又分为考古博物馆、艺术博物馆、历史博物馆、海事博物馆、军事和战争博物馆、自然史博物馆、科学博物馆、专业博物馆、动物园、植物园等。根据其建筑构造的不同，博物馆又分为移动博物馆、露天博物馆、虚拟博物馆等。

随着人类文明的发展与各种知识的积累，博物馆的藏品越来越丰富多样，而随着人们物质生活水平的提高，公众对博物馆服务等精神文化的需求也越来越强烈。博物馆作为一个专业性较强的文化机构，其藏品的专业性与非专业性的普通公众的知识结构之间存在一定的障碍。以欣赏性较强的艺术博物馆为例，普通游客通常对艺术家与艺术博物馆的了解非常有限。人们往往是根据片面的了解，要么追求一些非常知名的艺术博物馆（例如美国纽约大都会艺术博物馆）或艺术家（如毕加索）作品；要么因为不了解而尚未激发兴趣，即游客并不知道他们所不知道的东西，国内许多博物馆游客稀少便是明证。

由于普通游客的时间与精力有限，将所有的博物馆都一一游览是不现实的；太多的游览也会使游客感到疲倦而兴趣骤减。如何使游客在有限的时间内以最省力的方式选择最感兴趣的博物馆，以及博物馆中有哪些艺术家的作品可能引发游客的兴趣，这些问题的答案不仅有助于普通游客选择适合的博物馆进行游览，而且对于博物馆的管理者全面掌握自身藏品在同类博物馆中所处的位置以及如何进行合作交流与改善也是大有裨益的。

鉴于此，本章以艺术博物馆为例，旨在建立一种揭示博物馆藏品特征的可视化方法体系，用于分析：①博物馆的藏品数量、艺术家范围、主题与年份等属性；②艺术家的专长与特征；③博物馆在各属性上的差异程度，建立面向游览者偏好的博物馆推荐机制；④博物馆各属性在被调查的博物馆中的分布规律。

二　研究方法

1. 词频分析

利用 Word Frequency Counter 工具[1]统计博物馆藏品所涉及的主题栏中各主题的词频。利用 Matlab 工具来构造各类矩阵，统计分析对象的属性值分布。

2. 树图

利用树图可视化地揭示博物馆的藏品、艺术家、主题的数量与构成、不同艺术家的作品主题、材质与尺寸分布以及不同艺术家、主题在各博物馆的藏品中的分布。

3. 三维投影

在 Matlab 环境中，利用三维投影，可视化地显示被调查的博物馆在藏品、艺术家与主题数量上的取值分布，勾勒不同的博物馆群体。

4. 自组织映射

利用 SOM 方法，可视化地显示博物馆在艺术家范围、主题等属性上的相似性与差异程度，为面向游览者偏好的博物馆推荐机制提供数据支持。

---

[1] *Word Frequency Counter*［2015-02-27］. http：//www. writewords. org. uk/word_count. asp.

针对面向艺术家偏好的博物馆游览推荐研究，构造一个 SOM 输入矩阵，即博物馆—艺术家矩阵 M_1，如等式（8—1）。

$$M_1 = \begin{pmatrix} c_{11} & c_{12} & \cdots & c_{1n} \\ c_{21} & c_{22} & \cdots & c_{2n} \\ & & \cdots & \\ c_{m1} & c_{m2} & \cdots & c_{mn} \end{pmatrix} \quad (8—1)$$

其中，每一行代表一所博物馆，每一列代表一位艺术家，c_{ij}（$i=1$，2，…，m，$j=1$，2，…，n）的值等于第 i 所博物馆的藏品中涉及第 j 位艺术家的次数。如果第 i 所博物馆未收藏第 j 位艺术家的作品，则 c_{ij} 等于 0。

针对面向主题偏好的博物馆游览推荐研究，构造另一个 SOM 输入矩阵，即博物馆—主题矩阵 M_2，如等式（8—2）。

$$M_2 = \begin{pmatrix} d_{11} & d_{12} & \cdots & d_{1p} \\ d_{21} & d_{22} & \cdots & \\ & & \cdots & \\ d_{m1} & d_{m2} & \cdots & d_{mp} \end{pmatrix} \quad (8—2)$$

其中，每一行代表一所博物馆，每一列代表一个主题，d_{kl}（$k=1$，2，…，m，$l=1$，2，…，n）的值等于第 k 所博物馆的藏品中涉及第 l 个主题的次数。如果第 k 所博物馆未收藏与第 l 个主题相关的藏品，则 d_{kl} 等于 0。

第二节　数据来源与收集

本章的数据来源于 Getty 研究所的法国艺术家数据库。[①] Getty 研究所位于美国加州洛杉矶的 Getty 中心，是一个致力于为艺术历史研究与出版物提供资源、专长与合作环境的国际中心。截至 2011 年，Getty 研究所的图书馆已经收录了 100 万卷图书、期刊、拍卖目

[①] *The Getty Research Institute database of French artists*［2015－02－19］. http：//www.getty.edu/research/.

录与特殊馆藏,以及 200 万张艺术与建筑的照片。[①] 本章所使用的法国艺术家数据库包含美国、英国、爱尔兰等国家 90 所博物馆收藏的法国艺术家的 7177 件作品的编号、艺术家姓名、作品标题、博物馆名称、博物馆地点、存取编号、主题、艺术品类型、是否签名、作品大小、记录来源、注释、补充主题、直径、作品日期、日期来源、参考书目、备选标题、备选属性、备选来源、以前的存取编号、版权等属性。通过查看各属性值的缺失值,发现前面 11 个属性的缺失值较少,可作为调查分析的属性。

需要说明的是,原数据库中存在对旧金山博物馆的三种不同表述,即 Fine Arts Museums of San Francisco; Fine Arts Museums of San Francisco, California Palace of the Legion of Honor 以及 Fine Arts Museums of San Francisco, M. H. de Young Memorial Museum。经查证,这是旧金山博物馆的不同分馆,彼此地理位置很近,都属于旧金山博物馆,于是将其统一为旧金山博物馆。同样,Philadelphia Museum of Art [John G. Johnson Collection] 与 Philadelphia Museum of Art 也都属于费城艺术博物馆,也统一为费城艺术博物馆。

第三节 博物馆藏品概况的可视化分析

本节旨在揭示被调查的博物馆的藏品数量、艺术家范围与藏品主题概况。其研究发现有助于游览者根据这些博物馆特征选择最值得游览的博物馆。

一 博物馆的藏品、艺术家与主题数量的可视化分析

首先,将博物馆数据导入 Access 数据库管理系统,利用 SQL 语言查询,计算出各博物馆的藏品数量。

[①] Getty Research Institute [2015-02-26]. http://en.wikipedia.org/wiki/Getty_Research_Institute.

用 Word Frequency Counter 工具①统计博物馆藏品所涉及的主题栏中各主题的词频。由于该工具无法统计数字，而主题栏中的数字大多代表年份，这属于藏品的重要属性，不能忽略，因此从主题栏中筛选出数字。

从统计的词频结果中去掉停用词，包括：with、of、the、and、in、de、or、a、on、by、at、from、to、as、s、is、la、e、le、d′、′f、etc、v、an、re、over、out、other、i、f、du、th、tre、r、m、dr、ne、l、es、d′、von、ve、van、h、′d、tr、p、j、for、be、x、up、then、sa、n、les、k、it、fr、di、b、among、am、above、z、u、thou、ry、na、et、abb、y、upon、tz、t、ste、sta、sous、sch、que、pyr、nd、li、had、gr、gl、get、ges、em、del、dei、de′、cond、′la、′en、about、after、also、are、br、c、ch、da、each、en、g、its、te、uz、around、away、becomes、behind、being、beside、between、into、other、when、which、where、while。

为了避免含义相同的词被作为不同的主题，进行以下预处理：①将单词复数还原为单词单数形式，如 eggs 还原成 egg；②将单数动词变形或时态变形还原成动词原形，如将 eating 还原为 eat，将 takes 和 taken 还原成 take；③去掉所有格形式，如去掉单词后面的′s 和前面的 d′、l′以及前后的′；④将同源词去掉后缀，如将 architecture、architectural、architectura 统一为 architectur；⑤将不同语言而含义相同的词合并，如 artiste、artist 合并为 artist。

经过这些预处理，共获得单词主题 3512 个，年份主题 26 个，共计 3538 个主题。利用 Matlab 工具，统计出各博物馆藏品涉及的艺术家数量（共 1106 个）与主题数量，生成博物馆名称、地点、艺术家数量、主题数量的列数据，并导入树图。

利用树图工具将博物馆藏品数据依次按博物馆地点、博物馆名称分组，标签大小和颜色显示为藏品数量，背景说明显示为艺术家数量，标签显示设置为主题数量，如图 8—1 所示。其中，标签颜

---

① *Word Frequency Counter* [2015-02-27]. http：//www. writewords. org. uk/word_count. asp.

色越深，面积越大，表示该博物馆的藏品数量越多。例如，美国纽约大都会艺术博物馆标签面积最大，颜色最深，表示该博物馆的藏品数量最多；其背景说明为220，表示该博物馆收藏了220位法国艺术家的作品；其标签显示为829，表示该博物馆的藏品涉及829个主题。

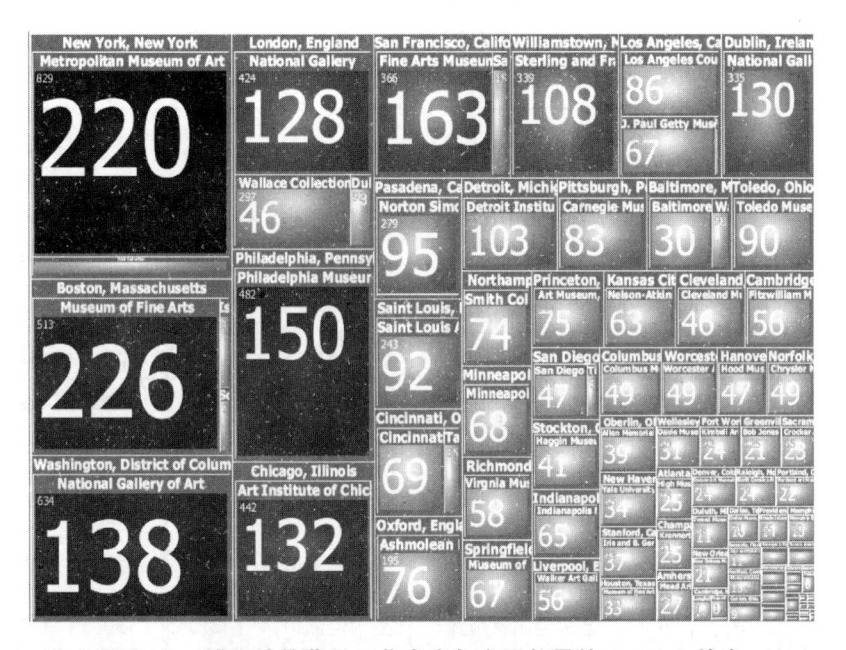

图8—1　博物馆的藏品、艺术家与主题数量的Treemap输出

图8—1显示，除了美国纽约大都会艺术博物馆之外，波士顿的美术博物馆、华盛顿的国家艺术画廊等机构的藏品、所涉及的艺术家与主题的数量也较大。将图8—1中显示的前20所博物馆的藏品、艺术家与主题数量按降序归纳至表8—1。

注意：图8—1是按地点分组，因此它依次显示的是藏品数量最多的地点。这是考虑游览者往往会就近游览。例如，在美国纽约游览的人同时还可以游览Frick收藏馆的66件作品，在波士顿游览的人同时还可以游览Isabella Stewart花园博物馆的15件作品等。此外，有些博物馆的名称相同，但位于不同的地点，如有三个博物馆的名称都是美术博物馆,但分别位于波士顿、斯普林菲尔德和休斯敦,如果仅按博物馆名称进行分组,则会将这三个不同的博物馆误作为同一博物馆。因此,按地点分组不仅有助于游览者选择值得游览的地点,而且有助于区分名称相同而地点不同的博物馆。而表8—1是按藏品数量对博物馆排序,同时给出博物馆按艺术家或主题数量排序,与图8—1中博物馆的显示顺序略有差异。

表8—1　　　　博物馆的藏品、艺术家与主题数量与排序

藏品排序	艺术家排序	主题排序	博物馆名称	博物馆地点	藏品	艺术家	主题
1	2	1	大都会艺术博物馆	美国纽约	704	220	829
2	1	3	美术博物馆	美国波士顿	529	226	513
3	5	2	国家艺术画廊	美国华盛顿	521	138	634
4	4	4	费城艺术博物馆	美国费城	471	150	482
5	6	5	芝加哥艺术研究所	美国芝加哥	349	132	442
6	8	6	国家画廊	英国伦敦	302	128	424
7	3	7	旧金山美术博物馆	美国旧金山	273	163	366
8	9	8	Sterling 与 Francine Clark 研究所	美国威廉斯敦	244	108	339
9	7	9	爱尔兰国家画廊	爱尔兰都柏林	213	130	335
10	11	11	Norton Simon 博物馆	美国帕萨迪纳	161	95	279
11	12	13	圣路易斯艺术博物馆	美国圣路易斯	149	92	243
12	33	10	华莱士收藏	英国伦敦	148	46	297
13	16	19	Ashmolean 艺术与考古博物馆	英国牛津	142	76	195
14	10	14	底特律艺术研究所	美国底特律	137	103	234
15	15	20	卡耐基艺术博物馆	美国匹兹堡	129	83	183
16	14	15	洛杉矶郡艺术博物馆	美国洛杉矶	122	86	230
17	13	17	Toledo 艺术博物馆	美国托莱多	120	90	210
18	19	25	辛辛那提艺术博物馆	美国辛辛那提	119	69	167

第八章　博物馆藏品特征的可视化挖掘　195

续表

藏品排序	艺术家排序	主题排序	博物馆名称	博物馆地点	藏品	艺术家	主题
19	21	12	J. Paul Getty 博物馆	美国洛杉矶	105	67	258
20	18	21	史密斯学院艺术博物馆	英国北安普敦	104	74	181

为了方便用户观察并了解被调查博物馆的整体概况，将各博物馆的藏品、艺术家与主题数量分别作为三个坐标轴，在 Matlab 中生成三维显示，如图 8—2 所示。图 8—2 中的标签与博物馆名称的对照表参见附录 2。

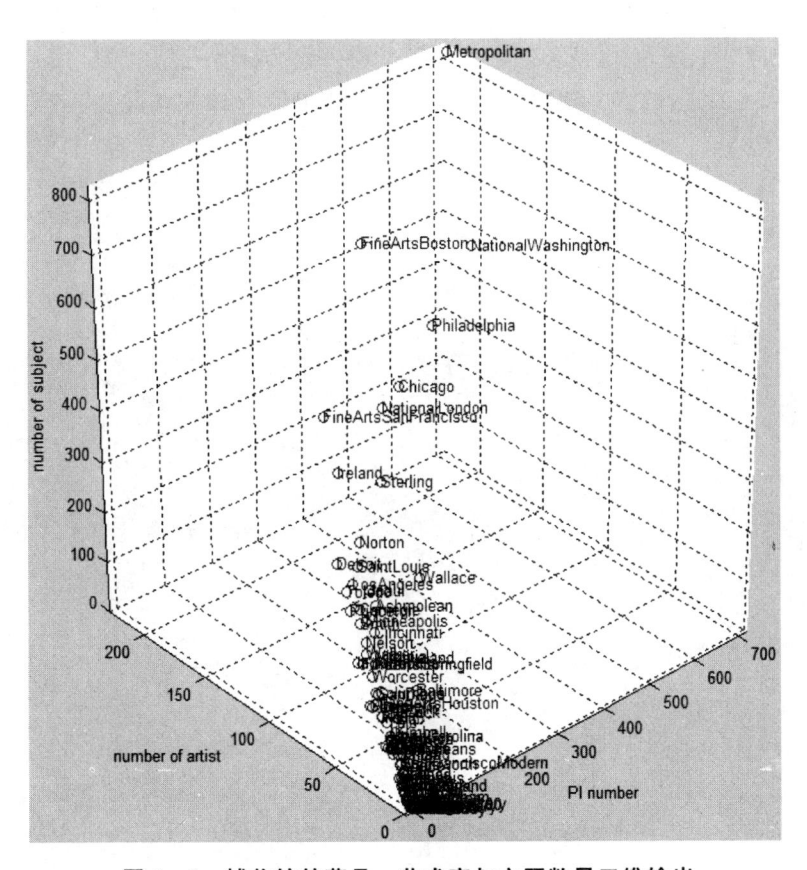

图 8—2　博物馆的藏品、艺术家与主题数量三维输出

图 8—2 显示，纽约大都会艺术博物馆、波士顿美术博物馆、华盛顿国家艺术画廊等博物馆在藏品数量、艺术家与主题范围上均处于领先位置。而多数博物馆则聚集在藏品数量、艺术家与主题范围较为有限的区域，例如 Allentown、Bucknell 等。用户可以在 Matlab 环境中放大、旋转图 8—2，更清晰地观察各博物馆的藏品、艺术家与主题数量及其与其他博物馆的比较。

二 博物馆藏品所涉及的艺术家构成的可视化分析

为了揭示博物馆藏品所涉及的艺术家范围，利用 Matlab 统计各博物馆藏品所涉及的艺术家数量，生成博物馆名称、地点、艺术家、艺术家数量的列数据，并导入树图工具，依次按地点、博物馆名称和艺术家分组，背景说明、标签大小与标签颜色均设置为艺术家数量，如图 8—3 所示。在树图工具中，每个标签分组均可放大、缩小、下钻与上卷，方便用户仔细观察各分组中的艺术家构成。

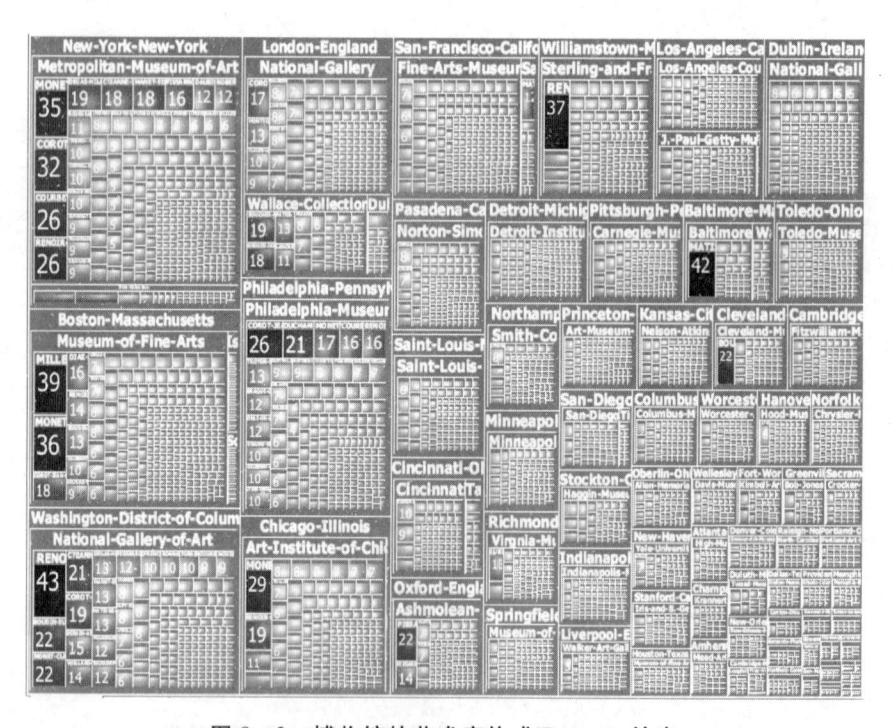

图 8—3 博物馆的艺术家构成 Treemap 输出

图 8—3 显示出了各博物馆藏品所涉及的艺术家构成情况。例如，纽约大都会艺术博物馆收藏了 35 件莫奈的藏品、32 件让·巴蒂斯特·柯罗的藏品等。关于各博物馆藏品所涉及的艺术家构成详细情况将在第四节中进一步揭示。

三 博物馆的主题构成可视化分析

与前一部分相类似，为了揭示博物馆藏品的主题构成，利用 Matlab 统计各博物馆藏品的主题数量，生成博物馆名称、地点、主题、主题数量的列数据，并导入树图工具，依次按地点、博物馆名称和主题分组，背景说明、标签大小与标签颜色均设置为主题数量，如图 8—4 所示。为了避免标签太多，无法清楚地观察细节，图中仅显示出现次数高于 20 次的主题。

图 8—4 显示了各博物馆藏品的主题构成。例如，纽约大都会艺术博物馆收藏了 131 件风景作品、66 件女性作品、48 件河流作品等。关于各博物馆藏品所涉及的艺术家构成详细情况将在第四节中进一步揭示。

图 8—4　博物馆藏品的主题 Treemap 输出

第四节　艺术家的专长与特征识别

一　艺术家作品的主题分析

本节旨在识别艺术家擅长的作品主题与类型，方便游客了解重要的艺术家及其专长与特征。利用 Matlab 统计每位艺术家的作品涉及不同主题的次数，生成艺术家、主题、每位艺术家的作品涉及该主题的次数的列数据，并导入树图工具。将该数据依次按主题、艺术家分组，背景说明、标签大小与颜色均设置为该艺术家的作品涉及对应主题的次数。由于被调查的博物馆共涉及 3538 个主题，如果全部显示，会导致标签太多而观察困难，因此，这里仅显示排名前 15 位的主题，如图 8—5 所示。

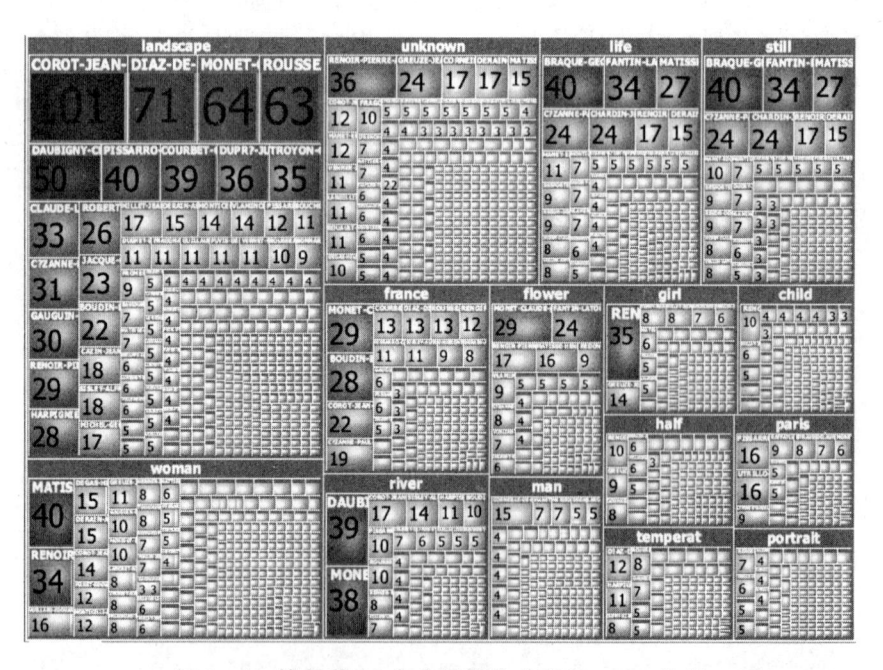

图 8—5　擅长前 15 个主题的艺术家 Treemap 输出

图 8—5 显示了前 15 个主题在不同艺术家中的分布。将这些热

门主题、前三位艺术家及其作品数量归纳至表8—2。

表8—2显示，对风景画做出突出贡献的艺术家包括 Corot, Jean Baptiste Camille；Diaz, de la Pena Narcisse Virgile 和 Monet, Claude。这与现有的相关文献相吻合。成纬[1]指出，让·巴蒂斯特·柯罗（Corot, Jean Baptiste Camille）是法国艺术史上最出色的巴比松派风景画家之一。王哲雄指出，Diaz 作为风景画的大师一直致力于将巴黎树立为世界艺术中心，以取代罗马。[2] 张巍译指出，印象派大师莫奈（Monet, Claude）的风景油画最为出色，他不局限于表现风景本身的自然美，而且将自然本身的美融入意象中予以主观呈现。[3]

表8—2　　　　前15个主题及其重要艺术家

主题	艺术家	作品数量
Landscape（风景）	Corot, Jean Baptiste Camille	101
Landscape（风景）	Diaz, de la Pena Narcisse Virgile	71
Landscape（风景）	Monet, Claude	64
Woman（女性）	Matisse, Henri	40
Woman（女性）	Renoir, Pierre Auguste	34
Woman（女性）	Vuillard, Edouard	16
Unknown（未知）	Renoir, Pierre Auguste	36
Unknown（未知）	Greuze, Jean Baptiste	24
Unknown（未知）	Corneille, de Lyon	17

---

[1] 成纬：《柯罗风景油画研究》，硕士学位论文，苏州大学，2007年。
[2] 王哲雄：《印象主义之前——西洋风景画的萌芽及其演变》，《教育科学研究期刊》1988年第1期，第549—573页。
[3] 张巍译：《浅析印象派大师莫奈风景油画——〈日出印象〉、〈睡莲〉》，《陕西教育（高教版）》2011年第9期，第25—25页。

续表

主题	艺术家	作品数量
Life（生活）	Braque, Georges	40
	Fantin, Latour Henri	34
	Matisse, Henri	27
Still（静物）	Braque, Georges	40
	Fantin, Latour Henri	34
	Matisse, Henri	27
France（法国）	Monet, Claude	29
	Boudin, Eugene Louis	28
	Corot, Jean Baptiste Camille	22
River（河流）	Daubigny, Charles Francois	39
	Monet, Claude	38
	Corot, Jean Baptiste Camille	17
Flower（花）	Monet, Claude	29
	Fantin, Latour Henri	24
	Renoir, Pierre Auguste	17
Man（男性）	Corneille, de Lyon	15
	Manet, Edouard	7
	Meissonier, Jean Louis Ernest	7
Girl（女孩）	Renoir, Pierre Auguste	35
	Greuze, Jean Baptiste	14
	Corot, Jean Baptiste Camille	8

续表

主题	艺术家	作品数量
Child（儿童）	Renoir, Pierre Auguste	10
	Millet, Jean Francois	6
	Fragonard, Jean Honore	5
Half length（半长）	Renoir, Pierre Auguste	10
	Greuze, Jean Baptiste	9
	Corneille, de Lyon	8
Temperate zone（温带）	Diaz, de la Pena Narcisse Virgile	12
	Harpignies, Henri	11
	Dupre, Jules	8
Paris（巴黎）	Pissarro, Camille	16
	Utrillo, Maurice	16
	Lepine, Stanislas Victor Edouard	9
Portrait（肖像）	Renoir, Pierre Auguste	7
	Degas, Hilaire Germain Edgar	6
	Ingres, Jean Auguste Dominique	5

Matisse, Henri；Renoir, Pierre Auguste 和 Vuillard, Edouard 则擅长女性主题的作品。金现夏通过比较马蒂斯（Matisse, Henri）和林风眠的画风之后发现，二者在人物画中存在相似之处，即人物形态的曲线与丰盈的女性形象；马蒂斯专门选择称为 Odalisque 的人物，即宫女，描绘了大量性感、挑拨性形态的女人。① 里德（Read）指出，皮埃尔·奥古斯特·雷诺阿（Renoir, Pierre Auguste）是著名

---

① 金现夏：《林风眠和马蒂斯的画风比较分析》，硕士学位论文，中央美术学院，2010 年。

的法国印象派发展史上的领导人物之一，其画作对于女性形体的描绘特别著名。① 欣赏者常常能从其画作中感受到家庭的温暖，如母亲或是年长姐姐般的笑容。② 林葳指出，艾德华·威亚尔（Vuillard, Edouard）创作了许多描绘女性的室内作品，广受好评，常以家中裁缝铺的雇员、母亲、姐姐与外婆工作或操持家务的样貌作为题材，反映女性人物柔美的姿态。③

由此可见，从博物馆藏品数据中可以有效地提取艺术家的专长与作品特征，其研究发现有助于游览者迅速掌握艺术家的相关知识，从而选择感兴趣的博物馆与有价值的藏品进行欣赏。

二 艺术家作品的材质分析

艺术家作品的材质多种多样，包括帆布油画、木质、水彩画等。不同的艺术家有其擅长的不同作品材质。根据艺术作品的材质，可以将博物馆藏品划分为若干类别。识别艺术家作品的材质，有助于游览者了解不同艺术家最擅长的作品类别，从而根据游客偏好的作品类别来选择最突出的艺术家的作品进行欣赏。

经统计，被调查的博物馆共收藏了133种类别的藏品，其中有些类别属于大类之下的细类划分，如帆布油画（oil on canvas）又分为拱顶帆布油画（oil on canvas, arched top）、拱顶切角帆布油画（oil on canvas, arched top, cut corners）、圆形帆布油画（oil on canvas, circular）、正方形中的圆形帆布油画（oil on canvas, circular in square format）、弧形顶帆布油画（oil on canvas, curved top）、碎片帆布油画（oil on canvas, fragment）、不规则形帆布油画（oil on canvas, irregular）、顶部边缘的不规则帆布油画（oil on canvas, irregular edges at top）、八角形帆布油画（oil on canvas, octagonal）、椭圆形

---

① Read, H., *The Meaning of Art*, London: Faber, 1931, p. 127.
② "皮埃尔·奥古斯特·雷诺阿"，2015年3月8日（http://zh.wikipedia.org/wiki/%E7%9A%AE%E8%80%B6-%E5%A5%A7%E5%8F%A4%E6%96%AF%E7%89%B9%C2%B7%E9%9B%B7%E8%AB%BE%E7%93%A6#cite_note-1）。
③ 林葳：《延伸的空间——艾德华·威亚尔〈公园〉饰板组研究》，硕士学位论文，桃园："国立"中央大学，2010年。

帆布油画（oil on canvas, oval）、矩形中的椭圆形帆布油画［oil on canvas, oval（set within rectangular format）］、方形帆布油画（oil on canvas, square）、三联帆布油画（oil on canvas, triptych）等。为了使各类别位于同一层次，将这些细类统一为帆布油画（oil on canvas）。经归并整理，被调查的博物馆共收藏了 94 种材质类别的藏品。

　　在 Matlab 环境中，从博物馆数据中提取艺术家与作品的材质属性，并统计出每位艺术家在每种材质类别中的藏品数量，生成艺术家、作品材质及数量统计的列数据，导入树图工具，分别按作品材质、艺术家姓名分组，将标签背景、大小与颜色均设置为艺术家在每种材质中的作品数量，如图 8—6 所示。

　　图 8—6 显示，大部分作品为帆布油画（oil on canvas），其次为木质（wood）、木质油画（oil on wood）等。将前十种材质及其突出的艺术家、藏品数量列入表 8—3。

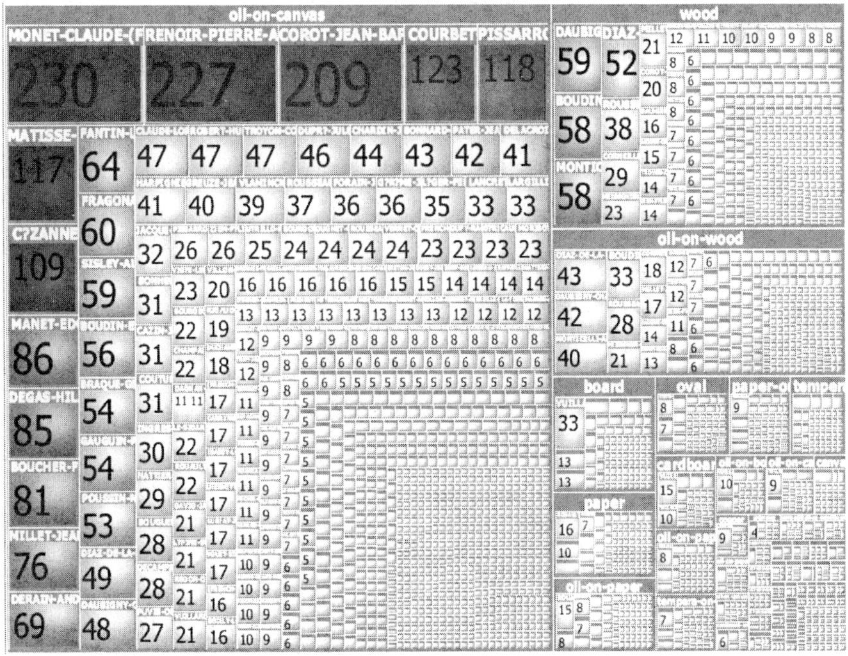

图 8—6　艺术家在不同材质类别中的分布 Treemap 输出

表8—3显示，在帆布油画中，最突出的艺术家为 Monet, Claude; Renoir, Pierre Auguste 和 Corot, Jean Baptiste Camille。如前所述，Monet, Claude 和 Corot, Jean Baptiste Camille 是法国著名的风景油画大师，而 Renoir, Pierre Auguste 则擅长女性主题的帆布油画。

表8—3　　不同材质类别的突出艺术家及其藏品数量

材质	艺术家	藏品数量
帆布油画 (oil on canvas)	Monet, Claude	230
	Renoir, Pierre Auguste	227
	Corot, Jean Baptiste Camille	209
木质（wood）	Daubigny, Charles francois	59
	Boudin, Eugene Louis	58
	Monticelli, Adolphe Joseph Thomas	58
木质油画 (oil on wood)	Diaz, de la Pena Narcisse Virgile	43
	Daubigny, Charles Francois	42
	Monticelli, Adolphe Joseph Thomas	40
板画（board）	Vuillard, Edouard	33
	Rouault, Georges	13
	Toulouse, Lautrec Henri Marie Raymond de	13
纸质（paper）	Rouault, Georges	16
	Corot, Jean Baptiste Camille	10
	Degas, Hilaire Germain Edgar	9
纸质油画 (Oil on paper)	Rouault, Georges	15
	Corot, Jean Baptiste Camille	8
	Degas, Hilaire Germain Edgar	8

续表

材质	艺术家	藏品数量
帆布纸画 (Paper on canvas)	Rouault, Georges	9
	Corot, Jean Baptiste Camille	5
	Degas, Hilaire Germain Edgar	5
水彩画 (Tempera)	Corneille, de Lyon	7
	[French 15th c.]	4
	[French northern 15th c. 1450-1475]	4
纸板画 (cardboard)	Vuillard, Edouard	15
	Toulouse, Lautrec Henri Marie Raymond de	10
	Matisse, Henri	5
帆布上的纸质油画 (Oil on paper on canvas)	Rouault, Georges	8
	Michel, Georges	5
	Degas, Hilaire Germain Edgar	4

在木质作品方面，Daubigny, Charles francois；Boudin, Eugene Louis 和 Monticelli, Adolphe Joseph Thomas 创作了大量作品。威肯登（Wickenden）将杜比尼（Daubigny, Charles Francois）称为画家与蚀刻者，并称其在早年创作了大量在木头上的绘画作品，以维持日常生计，并让其拥有高级艺术——他后来从事的被证明是最高价值的蚀刻——的自由发展。[1] 而布丹（Boudin, Eugene Louis）作为莫奈（Monet, Claude）的老师，其创作的《特鲁维尔海滩》（*The Beach at Trouville*）是经典的木质作品，用大量的沙展现了古朴的海滩场景。[2] 蒙蒂切利（Monticelli, Adolphe Joseph Thomas）则擅长创作精

---

[1] Wickenden, R. J., *Charles—François Daubigny, Painter and Etcher*, Boston: Museum of Fine Arts, 1914, p. 20.

[2] Baldacchino, G., "Replacing materiality A western anthropology of sand", *Annals of Tourism Research*, Vol. 37, No. 3, 2010, pp. 763-778.

美的木质内饰,如将木头丰富的黑暗阴影投影到前景中的一群妇女儿童之间,被认为是当时最好的范例。①

由此可见,从博物馆藏品数据中能够有效地提取艺术家擅长的材质类别,其研究发现有助于游览者迅速了解艺术家的相关知识,选择感兴趣的博物馆藏品进行游览。

三 艺术家的作品尺寸分析

作品尺寸的差异对于作品欣赏者的感觉是大不相同的,对于艺术家的技巧要求也不尽相同。巨幅作品通常使欣赏者感到宏伟或身临其境,而艺术家也需要整体把握布局的安排与设计;小型作品则需要欣赏者在近距离仔细观赏,而艺术家也需要认真地把握细节。有学者指出,大尺寸的特征会比小尺寸的特征吸引更多的注意力。②虽然有些艺术家既可以创作大型画作,也可以创作中型或小型画作,但是许多艺术家表现出特定的尺寸偏好。因此,区分艺术家的作品尺寸特征对于游览者了解艺术家的专长与特征是十分有益的。

鉴于此,笔者从博物馆的藏品数据中提取尺寸属性,其格式类似于 10.0 by 15.5 (cm) 或 10.75 by 8.5 (in),即分为厘米与英寸。为了方便后续分析,将英寸换算为厘米,并将作品的长与宽相加,使每幅作品仅有一个数值属性值,如前面这两个例子的长与宽之和分别为 25.5cm 和 48.895cm。

经分析发现,被调查的博物馆藏品的长与宽之和最小值为 9.6cm,最大值为 1689.1cm。为了使各尺寸类别中的藏品数量尽量相等,根据藏品尺寸分布的 1/5、2/5、3/5、4/5 位数,将长与宽之和小于 75cm 的作品划分为极小型,将大于等于 75cm 且小于等于 104cm 的作品划分为小型,将大于 104cm 且小于 142cm 的作品划分为中型,将大于等于 142cm 且小于 187cm 的作品划分为大型,将大于等于 187cm 的作品划分为巨幅。

在 Matlab 环境中统计各种尺寸分类的艺术家藏品数量,生成艺

---

① Cole, B. D., "Monticelli", *The Collector and Art Critic*, Vol. 2, No. 14, 1900, p. 230.
② Chan, C. S., "Can style be measured?" *Design Studies*, Vol. 21, No. 3, 2000, pp. 277-291.

术家、尺寸类别、各艺术家的尺寸类别计数的列数据，并导入树图工具，依次按尺寸类别、艺术家分组，标签背景、大小与颜色均设置为每种类别的艺术家作品数量，如图 8—7 所示。

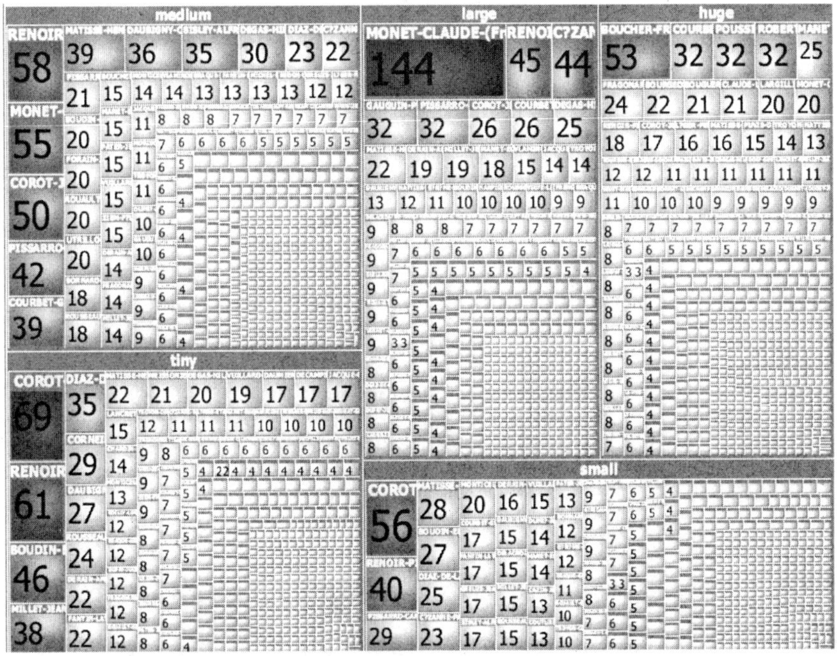

图 8—7　各种尺寸类别在艺术家作品中的分布 Treemap 输出

图 8—7 显示，各尺寸类别的藏品数量基本相等，这说明前述的尺寸类别划分标准较为合理。将各尺寸类别中最突出的前三位艺术家及其藏品数量归纳至表 8—4。

表 8—4　　各尺寸类别中最突出的艺术家及其作品数量

尺寸类别	艺术家	藏品数量
巨幅（huge）	Boucher, Francois	53
	Courbet, Gustave	32
	Poussin, Nicolas	32

续表

尺寸类别	艺术家	藏品数量
大型（large）	Monet, Claude	144
	Renoir, Pierre Auguste	45
	Cezanne, Paul	44
中型（medium）	Renoir, Pierre Auguste	58
	Monet, Claude	55
	Corot, Jean Baptiste Camille	50
小型（small）	Corot, Jean Baptiste Camille	56
	Renoir, Pierre Auguste	40
	Pissarro, Camille	29
极小型（tiny）	Corot, Jean Baptiste Camille	69
	Renoir, Pierre Auguste	61
	Boudin, Eugene Louis	46

表8—4显示，Boucher, Francois；Courbet, Gustave和Poussin, Nicolas是突出的巨幅作品艺术家。实际上，Boucher, Francois的画作多为浪漫的、装饰风格的壁画，是18世纪法国浮华优雅风格的代表。[1] 当时的时尚认为，将画直接画在墙壁上比挂在墙上更佳。[2] 可想而知，壁画通常都是很大的。罗宾逊指出，一种常见的装饰方案就是一组四季壁画，这些保留下来为数不多的壁画与凡尔赛宫的国际风格和路易十四的法国宫廷相呼应，而目前保存在纽约的Boucher, Francois的《四季》就是集大成者。[3] Courbet, Gustave是

---

[1] "弗朗索瓦·布歇"，2015年3月9日（http：//zh. wikipedia. org/wiki/%E5%BC%97%E6%9C%97%E7%B4%A2%E7%93%A6%C2%B7%E5%B8%83%E6%AD%87）。

[2] Loos, W., Te Rijdt, R. J., and Van Heteren, M. (eds.) *On Country Roads and Fields: The Depiction of the 18th- and 19th Century Landscape*, Amsterdam: Rijksmuseum, 1997.

[3] Robinson, P. J., "Ice and snow in paintings of Little Ice Age winters", *Weather*, Vol. 60, No. 2, 2005, pp. 37-41.

法国现实主义画派的创始人①。1864 年，他开始为即将到来的沙龙绘画巨幅人物画，描绘两个真人大小的女人，标题为《女性研究》。② 与 Boucher, Francois 相类似，Poussin, Nicolas 也创作壁画，如于 1621 年为卢森堡宫画壁画。他是 17 世纪法国巴洛克时期重要画家，属于古典主义画派。③

另外，Corot, Jean Baptiste Camille；Renoir, Pierre Auguste 和 Boudin, Eugene Louis 则创作了许多极小型艺术品。如前所述，Corot, Jean Baptiste Camille 是法国著名的油画大师。他擅长观察人物，如他创作的《男人肖像》(Portrait of a Man) 与 Vieillard assis sur la Malle de Corot 一样是一幅极小型作品，以暗色描绘，仅有少数亮点，但却以简单经济的方式描绘该男子。④ 而 Renoir, Pierre Auguste 晚年致力于绘画与雕塑相结合，他的代表性作品 Venus Victrix, The Judgment of Paris 和 Washerwoman 就是类似的极小型装饰性雕塑。⑤

由此可见，从博物馆藏品数据中能够有效地提取艺术家在作品尺寸上的特征，有助于游览者迅速掌握艺术家的相关知识，选择感兴趣的藏品与博物馆进行游览。

第五节　面向艺术家偏好的博物馆游览推荐研究

本节旨在为游客提供面向艺术家偏好的博物馆游览推荐。游客的艺术家偏好可能有三种类型：①游客在游览了某博物馆之后，可

---

① "居斯塔夫·库尔贝"，2015 年 3 月 9 日（http：//zh. wikipedia. org/wiki/%E5%B1%85%E6%96%AF%E5%A1%94%E5%A4%AB%C2%B7%E5%BA%93%E5%B0%94%E8%B4%9D）。

② Chu, P. T. D., "Gustave Courbet's Venus and Psyche: Uneasy Nudity in Second-Empire France", *Art Journal*, Vol. 51, No. 1, 1992, pp. 38–44.

③ "尼古拉·普桑"，2015 年 3 月 9 日（http：//zh. wikipedia. org/wiki/%E5%B0%BC%E5%8F%A4%E6%8B%89%C2%B7%E6%99%AE%E6%A1%91）。

④ Cunningham, C. C., "Some Corot paintings in the museum's collection", *Bulletin of the Museum of Fine Arts*, Vol. 34, No. 206, 1936, pp. 99–103.

⑤ Donahue, N. J., *Decorative Modernity and Avant-Garde Classicism in Renoir's Late Work*, 1892-1919, New York: Doctoral Dissertation of New York University.

能倾向于继续游览与该博物馆的艺术家相似的博物馆；②游客在游览了某博物馆之后，可能倾向于游览与该博物馆的艺术家互补的博物馆；③游客倾向于游览收藏了特定艺术家作品的博物馆。考虑到游客的旅行成本，如某游客刚游览了芝加哥博物馆，即使位于爱尔兰的某博物馆与芝加哥博物馆涉及的艺术家集合非常相似或互补，游客也不太可能从美国长途飞行到欧洲进行游览。因此，针对前两种偏好，需限定地理位置较近的博物馆推荐给游客。

一 基于艺术家相似性与互补性的博物馆游览推荐研究

针对前两种游客的艺术家偏好，首先生成博物馆—艺术家输入矩阵 M_1，共有 90 行与 1106 列。注意不同的艺术家作品在被调查的博物馆中可能具有不同的频次范围。例如，Renoir, Pierre Auguste 的作品频次从 0 到 43 次之间变化，而 Yvon, Adolphe 等众多艺术家的作品频次则从 0 到 1 次之间不等。也就是说，输入矩阵 M_1 的不同的属性（列）可能具有不同的取值范围。为了避免取值范围较大的属性在 SOM 输出中占据统治地位，首先利用 Var 方法[①]对 SOM 输入矩阵进行规范化，将属性的方差线性规范化为 1。在这种情况下，不同取值范围的属性就在 SOM 训练过程中被平等地对待。为了避免"边缘效应"[②]，SOM 输出采用超环面空间。

安璐等人的研究结果[③]显示，线性初始化与批学习算法这种组合与其他组合（即随机与线性初始化和序列与批学习）相比，能够获得最小的最终量化误差，因此，采用线性初始化与批学习算法训练规范化之后的输入矩阵。计算 U-matrix 的值，并应用于 SOM 输出的背景颜色，如图 8—8（a）与图 8—8（b）（文前均有彩图）所示。

---

① *SOM_ Norm_ Variable* [2012-12-02]. http://www.cis.hut.fi/somtoolbox/package/docs2/som norm.variable.html.

② Kohonen, T., *Self-Organizing Maps* (3rd ed.), Berlin: Springer, 2001.

③ An, L., Zhang, J., & Yu, C., "The visual subject analysis of library and information science journals with self-organizing map", *Knowledge Organization*, Vol. 38, No. 4, 2011, pp. 299-320.

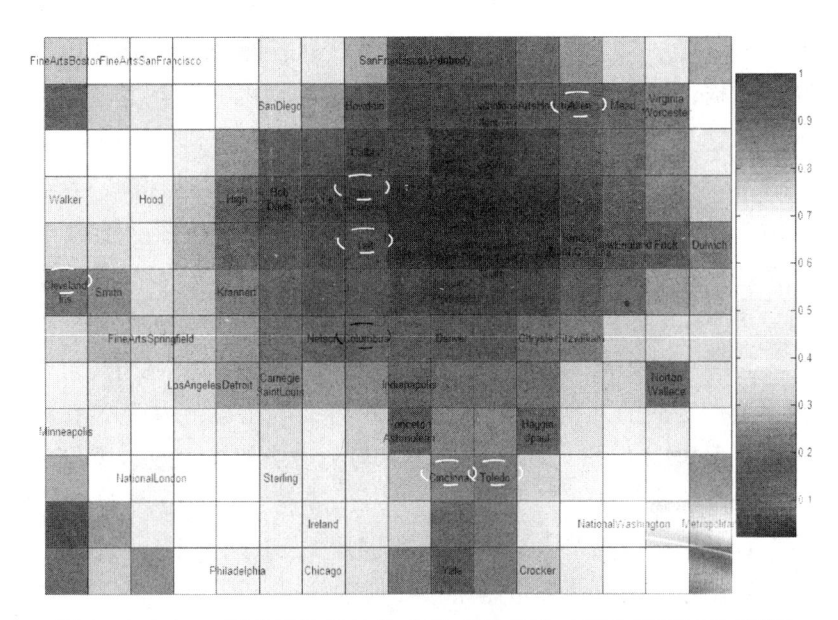

第八章 博物馆藏品特征的可视化挖掘　211

图 8—8（a） 博物馆涉及的艺术家 SOM 输出（博物馆缩写为标签）

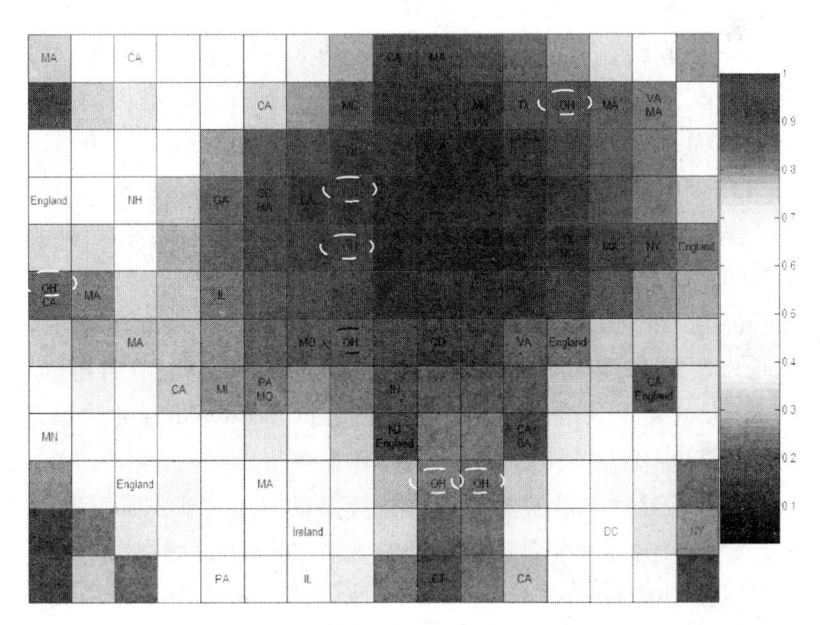

图 8—8（b） 博物馆涉及的艺术家 SOM 输出（国家或州缩写为标签）

图 8—8（a）和图 8—8（b）右边的颜色条指示每种颜色代表

的U-matrix值。图8—8（a）中的标签（即各博物馆的缩写）表示不同的机构，图8—8（b）中的标签表示不同的州或国家。附录2给出了标签与博物馆、州或国家之间的对应关系。

图8—8（a）与图8—8（b）中的SOM输出共包含12行与16列。为了方便后续确定各SOM节点的位置，将行按照从上到下编号，将列按照从左到右编号。位于第i行第j列的SOM节点，称为（i, j）节点。（i, j）节点与其直接邻居（即上、下、左、右邻居）节点之间的几何距离为1，与其对角线邻居（即左上、左下、右上、右下）节点之间的几何距离为2，以此类推。注意：由于本节采用的是超环面SOM输出，图形的上边缘与下边缘相连，左边缘与右边缘相连，因此，（12, j）节点与（1, j）节点之间的距离为1，（i, 1）节点与（i, 16）节点之间的距离也是1，以此类推。

游览者可以采取两种策略来选择博物馆进行游览。

一是就近寻找与已游览的博物馆涉及的艺术家最相似的博物馆进行游览。例如，某浏览者已经浏览了Columbus博物馆［OH，位于（7, 8）节点］，如图8—8（a）和图8—8（b）中黑色虚线椭圆所示位置。除了该博物馆之外，还有6个位于OH的博物馆，分别位于SOM输出中的（6, 1）、（4, 8）、（5, 8）、（10, 10）、（10, 11）和（2, 13）节点，如图8—8（b）中白色虚线椭圆所示位置。从图8—8（a）中可以找到这6个博物馆的缩写分别为Cleveland、Canton、Taft、Cincinnati、Toledo和Allen。可以算出，Columbus与Cleveland、Canton、Taft、Cincinnati、Toledo和Allen之间的几何距离分别为8、3、2、5、6和10。这说明，Columbus与Taft所涉及的艺术家最相似，游览者在游览了Columbus博物馆之后可以游览Taft博物馆中类似的艺术家作品。

二是就近寻找与已游览的博物馆涉及的艺术家差异最大的博物馆进行游览。例如，某游览者已经游览了Columbus博物馆。如前所述，可以发现Columbus与Allen所涉及的艺术家范围差异最大，该游览者可以就近游览Allen博物馆中不同的艺术家作品。

寻找艺术家范围相类似的博物馆是比较简单的。根据SOM的原理，映射到相同或相邻节点中的对象具有相似的属性值。因此，在

SOM 输出中，距离博物馆 A 的几何距离较近的博物馆与博物馆 A 具有相似的艺术家范围。用户可以首先定位博物馆 A，在其附近寻找相同或相邻州（或国家）的博物馆，比较其在 SOM 输出中的几何距离，找出地理位置相近且艺术家范围最相似的博物馆。

寻找艺术家范围差异最大的博物馆这一任务相对比较复杂。一个较为简便地找出属性差异最大（即在 SOM 输出中几何距离最远）的博物馆方法如下：由于图 8—8（a）与图 8—8（b）中的 SOM 输出为超环面，且具有 12 行与 16 列，可以证明，距离某个 SOM 节点［表示为（i, j）节点］几何距离最远的 SOM 节点位于（i+8, j+6）位置，参见表 8—5。其中，s 为起始 SOM 节点（用粗体显示）。为了方便显示，这里选择（1, 1）节点为起始节点。如图 8—9 显示，（2, 1）、（1, 2）、（12, 1）、（12, 16）与起始节点之间的距离为 1，因此在这些节点中填写数字 1，代表距离 s 结点的距离为 1。在每个节点中填写距离 s 节点的几何距离，以此类推，可以发现，（9, 7）节点（用粗体显示）与起始节点（1, 1）之间的距离最大，达到 14。由于采用的是超环面，因此距离任何一个节点（i, j）距离最远的节点均为（i+8, j+6），与某博物馆的艺术家范围差异最大的博物馆即映射在该节点或邻近节点（如果该节点为空节点）中。

表 8—5　　　　　　　　SOM 节点之间的距离

s	1	2	3	4	5	6	7	7	6	5	4	3	2	1
1	2	3	4	5	6	7	8	9	8	7	6	5	4	3	2
2	3	4	5	6	7	8	9	10	9	8	7	6	5	4	3
3	4	5	6	7	8	9	10	11	10	9	8	7	6	5	4
4	5	6	7	8	9	10	11	12	11	10	9	8	7	6	5
5	6	7	8	9	10	11	12	13	12	11	10	9	8	7	6
6	7	8	9	10	11	12	13	14	13	12	11	10	9	8	7
5	6	7	8	9	10	11	12	13	12	11	10	9	8	7	6
4	5	6	7	8	9	10	11	12	11	10	9	8	7	6	5
3	4	5	6	7	8	9	10	11	10	9	8	7	6	5	4
2	3	4	5	6	7	8	9	10	9	8	7	6	5	4	3
1	2	3	4	5	6	7	8	9	8	7	6	5	4	3	2

按照这一规则，将每个博物馆地理位置相近且艺术家差异最大的博物馆归纳至表8—6。为了方便用户迅速找到每所博物馆所映射的位置，利用 SOM Toolbox 给每所博物馆定位，并用（i，j）形式给出每所博物馆在 SOM 输出中的节点位置。注意：当某博物馆与两个或两个以上的博物馆之间的几何距离相同时，比较其背景颜色（U-matrix 值），取 U-matrix 值较大的博物馆为推荐博物馆。例如，Allen 与 Cleveland 和 Taft 之间的距离都是 8，但是 Cleveland 的 U-matrix 值比 Taft 的 U-matrix 的值要大，因此取 Cleveland 为推荐博物馆。

表 8—6 艺术家相似或互补的邻近博物馆

起点博物馆	州/国家	节点位置	相似博物馆	距离	互补博物馆	距离
Allen	OH	(2, 13)	Toledo	6	Cleveland	8
Allentown	PA	(4, 11)	Bucknell	1	Philadelphia	10
Chicago	IL	(12, 8)	Contemporary	7	David	9
Princeton	NJ	(9, 9)	NewJersey	6	NewJersey	6
Ashmolean	England	(9, 9)	Fitzwilliam	6	Walker	13
Baltimore	MD	(2, 11)	Walters	4	Walters	4
Birmingham	AL*	(4, 11)	Montgomery	0	High	6
Bob	SC	(4, 6)	Columbia	5	Columbia	5
Bowdoin	ME*	(2, 8)	Hood	7	Hood	7
Bucknell	PA	(4, 10)	Allentown	1	Philadelphia	9
Canton	OH	(4, 8)	Taft	1	Toledo	9
Carnegie	PA	(8, 6)	Philadelphia	5	Allentown	9
Chrysler	VA	(7, 12)	Virginia	8	Virginia	8
Cincinnati	OH	(10, 10)	Toledo	1	Cleveland	11
Cleveland	OH	(6, 1)	Taft	8	Cincinnati	11

续表

起点博物馆	州/国家	节点位置	相似博物馆	距离	互补博物馆	距离
Columbia	SC	(4, 11)	Bob	5	Bob	5
Columbus	OH	(7, 8)	Taft	2	Allen	10
Crocker	CA	(12, 13)	Haggin, Jpaul	3	Iris	11
Dallas	TX	(3, 8)	El	4	Kimbell	7
David	IL	(4, 11)	Contemporary	1	Chicago	9
Davis	MA	(4, 6)	Longfellow	2	Mead	10
Denver	CO*	(7, 10)	Spencer	2	Spencer	2
Detroit	MI*	(8, 5)	Columbus, Indianapolis	4	Allen	14
Dulwich	England	(5, 16)	Walker	2	Ashmolean	11
El	TX	(4, 11)	Kimbell	3	Dallas	4
FineArtsSanFrancisco	CA	(1, 3)	Walker	2	Haggin, JPaul	11
Fisher	CA	(4, 10)	Pasadena, Pomona	0	FineArtsSanFrancisco	10
Fitzwilliam	England	(7, 13)	Wallace	3	NationalLondon	9
Fogg	MA	(4, 11)	MIT	0	FineArtsBoston	9
Frick	NY	(5, 15)	Metropolitan	7	Metropolitan	7
Haggin	CA	(9, 12)	Jpaul	0	SanDiego	13
High	GA*	(4, 5)	Bob	1	John	8
Hood	NH*	(4, 3)	Davis	3	Peabody	10
Huntington	CA	(5, 9)	Timken, Fisher, Pasadena, Pomona	2	FineArtsSanFrancisco	10
Indiana	IN	(4, 10)	Indianapolis	5	Indianapolis	5
Indianapolis	IN	(8, 9)	Indiana	5	Indiana	5

续表

起点博物馆	州/国家	节点位置	相似博物馆	距离	互补博物馆	距离
Iris	CA	(6, 1)	Norton	4	SanFrancisco Modern	13
Isabella	MA	(6, 10)	Fog, MIT	3	FineArtsBoston	12
Jpaul	CA	(9, 12)	Haggin	0	SanDiego	13
John	FL*	(5, 12)	High	8	High	8
Kimbell	TX	(5, 13)	El	3	Dallas	7
Krannert	IL	(6, 5)	David	8	Contemporary	9
Longfellow	MA	(4, 8)	Davis	2	Mead	8
LosAngeles	CA	(8, 4)	Norton	5	Ruth	11
Mead	MA	(2, 14)	Worcester	1	Sterling	12
Memphis	TN*	(4, 10)	Birmingham, Montgomery	1	High	5
Metropolitan	NY	(11, 16)	Frick	7	Frick	7
Minneapolis	MN	(9, 1)	Tweed	12	Tweed	12
MIT	MA	(4, 11)	Fogg	0	FineArts Springfield	11
Montgomery	AL*	(4, 11)	Birmingham	0	High	6
Missouri	MO	(4, 11)	Nelson	7	SaintLouis	9
Contemporary	IL	(3, 11)	David	1	Krannert	9
FineArtsBoston	MA	(1, 1)	Worcester	3	Isabella	12
FineArtsSpringfield	MA	(7, 3)	Smith	2	Peabody	13
FineArtsHouston	TX	(2, 12)	El	3	Dallas	5
NationalLondon	England	(10, 3)	Wallace	6	Fitzwilliam	9
NationalWashington	DC*	(11, 14)	Virginia	3	Walters	8

续表

起点博物馆	州/国家	节点位置	相似博物馆	距离	互补博物馆	距离
Ireland	Ireland*	(11, 7)	NationalLondon	5	Dulwich	13
Nelson	MO	(7, 7)	SaintLouis	2	Missouri	7
NewJersey	NJ	(4, 10)	Princeton	6	Princeton	6
NewOrleans	LA*	(4, 7)	Arizona	3	Portland	5
NorthCarolina	NC*	(5, 13)	Chrysler	3	Bob	8
Norton	CA	(8, 15)	Haggin, Jpaul	4	SanFrancisco Modern	11
Pasadena	CA	(4, 10)	Pomana	0	FineArtsSan Francisco	10
Peabody	MA	(1, 10)	MIT, Fogg	4	Smith	13
Philadelphia	PA	(12, 6)	Carnegie	5	Allentown	11
Pomona	CA	(4, 10)	Pasadena	0	FineArtsSan Francisco	10
Portland	OR*	(6, 10)	Timken, Fisher, Pasadena, Pomona	2	FineArtsSan Francisco	12
Rhode	RI*	(4, 11)	MIT, Fogg	0	Sterling	11
Ruth	CA	(4, 11)	Timken	1	FineArtsSan Francisco	11
SaintLouis	MO	(8, 6)	Nelson	2	Missouri	9
SanDiego	CA	(2, 6)	SanFrancisco Modern	4	Haggin, JPaul	13
SanFrancisco Modern	CA	(1, 9)	Fisher, Pasadena, Pomona	4	Iris	13
Seattle	WA*	(4, 11)	Portland	3	Portland	3
Smith	MA	(6, 2)	FineArts Springfield	2	Peabody	13

续表

起点博物馆	州/国家	节点位置	相似博物馆	距离	互补博物馆	距离
NewEngland	MA	(5, 14)	Mead	3	Sterling	13
Spencer	KS*	(5, 10)	Missouri	2	Missouri	2
Sterling	MA	(10, 6)	FineArts Springfield	6	NewEngland	13
Taft	OH	(5, 8)	Canton	1	Toledo	8
Timken	CA	(5, 11)	Ruth	1	FineArtsSan Francisco	12
Toledo	OH	(10, 11)	Cincinnati	1	Cleveland	10
Tweed	MN	(5, 9)	Minneapolis	12	Minneapolis	12
Arizona	AZ*	(4, 10)	Fisher, Pasadena, Pomana	0	FineArtsSan Francisco	10
Virginia	VA	(2, 15)	Chrysler	8	Chrysler	8
Wadsworth	CT	(4, 10)	Yale	4	Yale	4
Walker	England	(4, 1)	Dulwich	2	Ashmolean	13
Wallace	England	(8, 15)	Fitzwilliam	3	Ashmolean	7
Walters	MD	(5, 12)	Baltimore	4	Baltimore	4
Worcester	MA	(2, 15)	Mead	1	Sterling	11
Yale	CT	(12, 11)	Wadsworth	4	Wadsworth	4

说明：带*的州只有一所博物馆，于是从相邻州中找出最相似及最互补的博物馆作为推荐游览的对象。如果一个州虽然有两所博物馆，但是映射到同一SOM节点，那么也需要从相邻州寻找最互补的博物馆进行推荐。

需要说明的是，有些州（例如 ME、CO、MI 等，用*标识）或国家（例如 Ireland）只有一个博物馆，需要在相邻的州或国家寻找艺术家相似或互补的博物馆。其中，AL 州虽然有两所博物馆，但是映射到相同的 SOM 节点，说明这两所博物馆的艺术家范围非常相似，只能作为相似的博物馆，不宜作为互补的博物馆，因此，也需要在相邻州寻找互补的博物馆。于是，根据美国与欧洲地图，给出这些州或国家的相邻州或国家，如表 8—7。

表 8—7　　　　　若干州或国家的相邻州或国家

州或国家缩写	相邻州或国家缩写
AL	MS、TN、GA
ME	NH
CO	UT、NM、KS、WY、NE
MI	OH、IN
GA	FL、SC、AL、TN
NH	ME、MA、NY
FL	GA
TN	KY、NC、AR、MS、AL、GA
AZ	UT、NM、CA、NV
DC	MD、DE、VA
LA	AZ、NV、OR
NC	VA、SC、TN
OR	WA、ID、CA、NV
RI	MA、CT
WA	OR、ID
KS	NE、MO、OK、CO
Ireland	England

根据表 8—7 给出的相邻州信息，为只有一所博物馆的州找出相

邻州中最相似或最互补的博物馆，也列入表8—5。

二　基于特定艺术家的博物馆推荐研究

鉴于某些游览者对特定艺术家存在特别的偏好，需针对这类游览者推荐符合其特定偏好的博物馆。为了实现这一目标，将博物馆名称、地点、艺术家、艺术家数量的列数据导入树图工具，依次按照艺术家、博物馆地点、博物馆名称分组，标签背景、大小与颜色均设置为艺术家数量，如图8—9（a）所示。在树图工具中，用户可对该图形进行放大、缩小、下钻与上卷，观察更多细节。

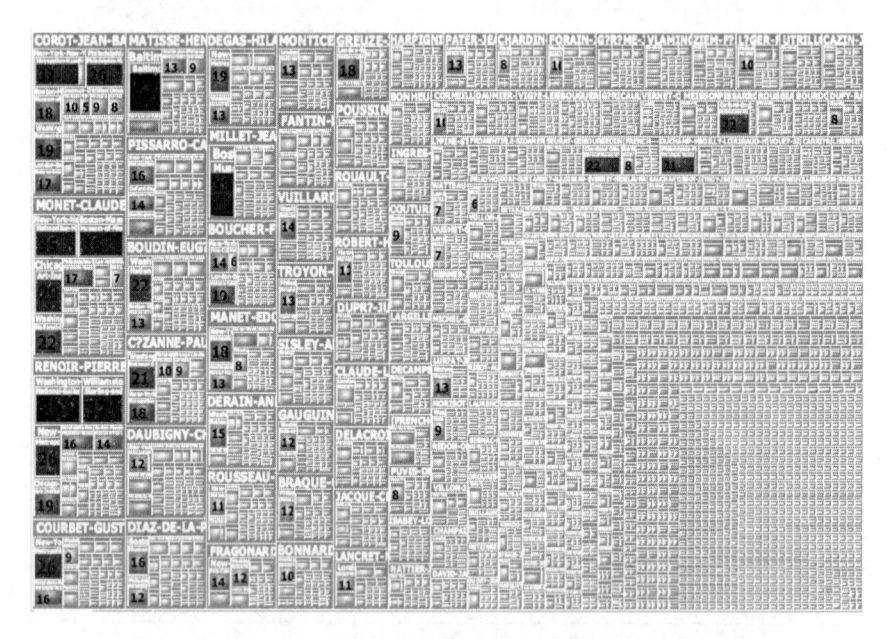

图8—9（a）　艺术家在博物馆中的分布情况 Treemap 输出

为了更清晰地显示重要艺术家在博物馆中的分布情况，从博物馆数据中筛选出前十位艺术家的博物馆数据，按照上述步骤生成树图输出，如图8—9（b）所示。

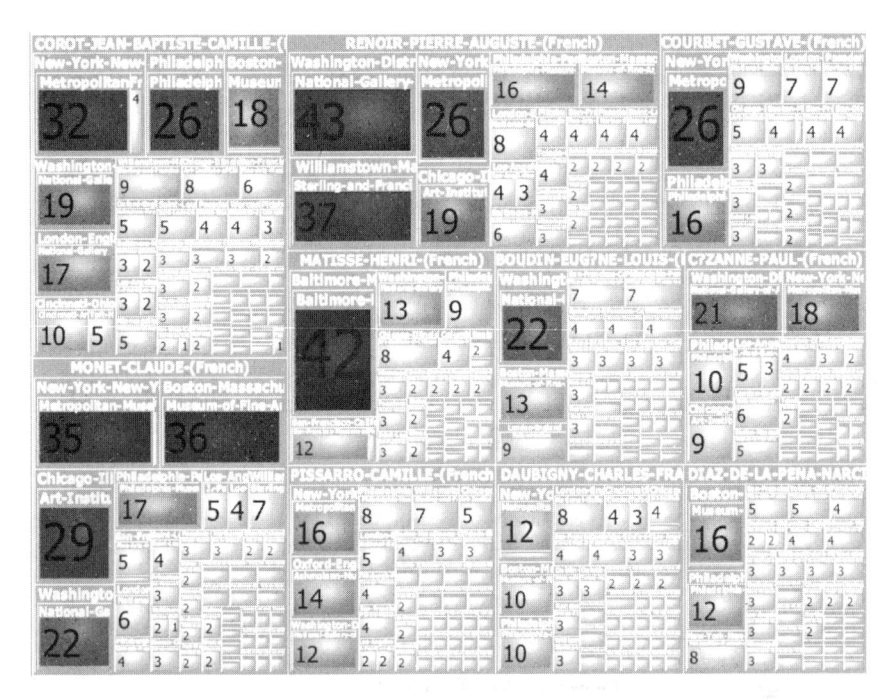

图 8—9（b） 前十位艺术家在博物馆中的分布 Treemap 输出

将前十位艺术家在博物馆中的分布情况归纳至表 8—8。博物馆后面括号里的数字代表该博物馆收藏的该艺术家的作品数量。同时，结合第四节中关于艺术家作品的主题、材质与尺寸分析，将各位艺术家的特征也归纳至表 8—8。

表 8—8　　前十位艺术家在博物馆中的分布及其作品特征

艺术家	博物馆	艺术家作品特征
Corot, Jean Baptiste Camille	Metropolitan Museum of Art（32） Philadelphia Museum of Art（26） National Gallery of Art（19）	极小型、风景、帆布油画
Monet, Claude	Museum of Fine Arts（36） Metropolitan Museum of Art（35） Art Institute of Chicago（29）	大型、风景、帆布油画

续表

艺术家	博物馆	艺术家作品特征
Renoir, Pierre Auguste	National Gallery of Art (43) Sterling and Francine Clark Institute (37) Metropolitan Museum of Art (26)	极小型、女孩、帆布油画
Courbet, Gustave	Metropolitan Museum of Art (26) Philadelphia Museum of Art (16) National Gallery of Art (9)	巨幅、风景、帆布油画
Matisse, Henri	Baltimore Museum of Art (42) National Gallery of Art (13) San Francisco Museum of Modern Art (12)	中型、女性、纸板画
Pissarro, Camille	Metropolitan Museum of Art (16) Ashmolean Museum of Art and Archaeology (14) National Gallery of Art (12)	小型、巴黎、帆布油画
Boudin, Eugene Louis	National Gallery of Art (22) Museum of Fine Arts (13) National Gallery (9)	极小型、法国、木质
Cezanne, Paul	National Gallery of Art (21) Metropolitan Museum of Art (18) Philadelphia Museum of Art (10)	大型、风景、帆布油画
Daubigny, Charles Francois	Metropolitan Museum of Art (12) Museum of Fine Arts (10) Philadelphia Museum of Art (10)	中型、河流、木质
Diaz, de la Pena Narcisse Virgile	Museum of Fine Arts (16) Philadelphia Museum of Art (12) Metropolitan Museum of Art (8)	中型、风景、木质油画

注：作品长与宽之和小于 75cm 的作品为极小型，大于等于 75cm 且小于等于 104cm 的作品为小型，大于 104cm 且小于 142cm 的作品为中型，大于等于 142cm 且小于 187cm 的作品为大型，大于等于 187cm 的作品为巨幅。尺寸类别的划分依据参见本章第四节。

表8—7给出了前十位重要艺术家作品在博物馆中的分布及其作品特征。偏爱这些艺术家作品的游览者可以据此选择对应的博物馆进行游览。更多的艺术家作品在博物馆中的分布状况可参见图8—10（a）。

第六节　面向主题偏好的博物馆游览推荐

本节旨在为游客提供面向主题偏好的博物馆游览推荐。游客的主题偏好可划分为三种类型：

第一，游客在游览了某博物馆之后，可能倾向于继续游览与该博物馆的藏品主题相似的博物馆；

第二，游客在游览了某博物馆之后，可能倾向于游览与该博物馆的藏品主题互补的博物馆；

第三，游客倾向于游览收藏特定主题作品的博物馆。

与第五节相类似，同样需要考虑游客的旅行成本，避免将游客引导到距离太远的博物馆，而应当就近在相同或相邻的州（或国家）推荐博物馆。

一　基于主题相似性与互补性的博物馆游览推荐研究

针对前两种游客的主题偏好，首先生成博物馆—主题输入矩阵M_2，共有90行与3538列。注意不同的主题在被调查的博物馆中可能具有差异很大的出现次数。例如，landscape（风景）的出现频次从0到141次之间变化，而angel（天使）的频次则从0到7次之间不等。因此，输入矩阵M_2的不同的属性（列）可能具有不同的取值范围。为了避免取值范围较大的属性在SOM输出中占据统治地位。首先利用Var方法[1]对SOM输入矩阵进行规范化，将属性的方差线性规范化为1。在这种情况下，不同取值范围的属性就在SOM

---

[1] SOM_Norm_Variable［2012－12－31］．http：//www.cis.hut.fi/somtoolbox/package/docs2/som norm variable. html.

训练过程中被平等地对待。为了避免"边缘效应"①，SOM 输出采用超环面空间。

与第五节类似，采用线性初始化与批学习算法训练规范化之后的输入矩阵。计算 U-matrix 的值，并应用于 SOM 输出的背景颜色，如图 8—10（a）与图 8—10（b）（文前均有彩图）所示。右边的颜色条指示每种颜色代表的 U-matrix 值。图 8—10（a）中的标签（即各博物馆的缩写）表示不同的机构，图 8—10（b）中的标签表示不同的州或国家。附录 2 给出了标签与博物馆、州或国家之间的对应关系。

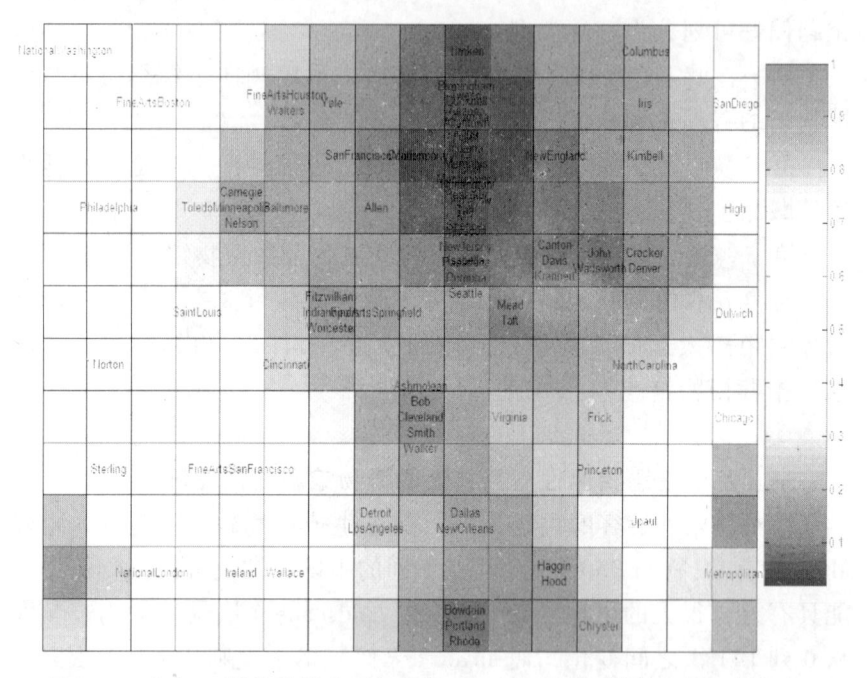

图 8—10（a）　博物馆的主题相似性 SOM 输出（以博物馆缩写为标签）

与第五节相类似，针对每所博物馆找出其地理位置相近且主题最相似与主题差异最大的博物馆，归纳至表 8—9，并给出每所博物馆在 SOM 输出中的节点位置以及它与最相似的博物馆以及最互补的

---

① Kohonen, T., *Self-organizing maps*（3rd ed.），Berlin：Springer, 2001.

博物馆之间的几何距离。

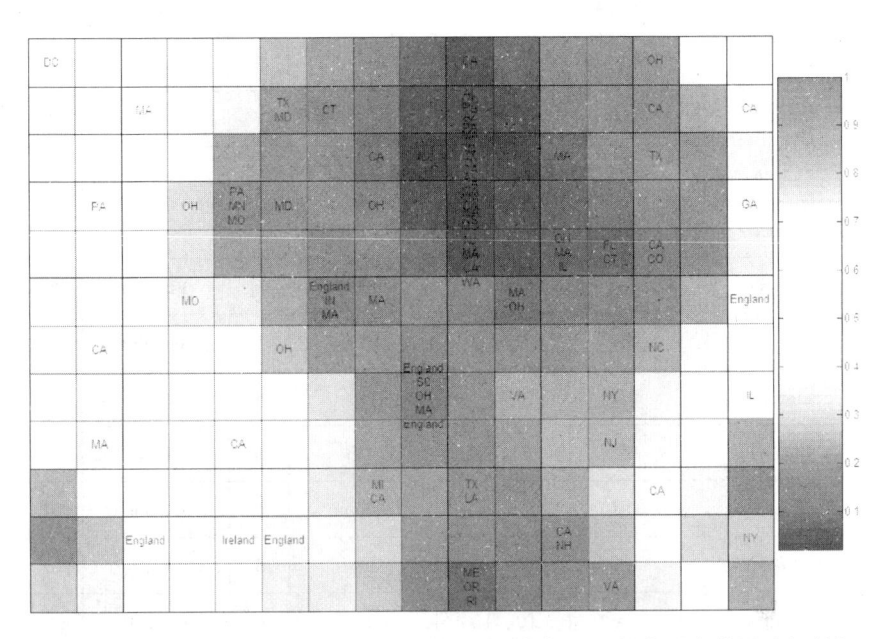

图 8—10（b） 博物馆的主题相似性 SOM 输出（以州或国家缩写为标签）

表 8—9　　　　　　　主题最相似或最互补的邻近博物馆

起点博物馆	州/国家	节点位置	相似博物馆	距离	互补博物馆	距离
Allen	OH	（4，8）	Toledo	4	Columbus	9
Allentown	PA	（4，10）	Bucknell	1	Philadelphia	8
Chicago	IL	（8，16）	Krannert	7	Contemporary	12
Princeton	NJ	（9，13）	NewJersey	8	NewJersey	8
Ashmolean	England	（8，9）	Walker	0	NationalLondon	9
Baltimore	MD	（4，6）	Walters	2	Walters	2
Birmingham	AL*	（3，10）	Montgomery	0	High	7
Bob	SC	（8，9）	Columbia	6	Columbia	6

续表

起点博物馆	州/国家	节点位置	相似博物馆	距离	互补博物馆	距离
Bowdoin	ME*	(12, 11)	hood	3	hood	3
Bucknell	PA	(3, 10)	Allentown	1	Philadelphia	9
Canton	OH	(5, 12)	Taft	2	Cincinnati	8
Carnegie	PA	(4, 5)	Philadelphia	3	Bucknell	6
Chrysler	VA	(12, 14)	Virginia	6	Virginia	6
Cincinnati	OH	(7, 6)	Allen	5	Columbus	14
Cleveland	OH	(8, 9)	Taft	4	Columbus	12
Columbia	SC	(3, 10)	Bob	6	Bob	6
Columbus	OH	(1, 14)	Canton	6	Cincinnati	14
Crocker	CA	(5, 14)	Iris	3	LosAngeles	11
Dallas	TX	(10, 10)	El	6	Kimbell	9
David	IL	(4, 10)	Contemporary	2	Chicago	12
Davis	MA	(5, 12)	Mead, NewEngland, Isabella	2	Sterling	10
Denver	CO*	(5, 14)	Spencer	6	Spencer	6
Detroit	MI*	(10, 8)	Cleveland	3	Toledo	10
Dulwich	England	(6, 16)	Fitzwilliam	7	Wallace	11
El	TX	(4, 10)	Kimbell	5	Dallas, FineArts Houston	6
FineArtsSanFrancisco	CA	(9, 5)	LosAngeles	4	Iris	14
Fisher	CA	(4, 10)	Huntington, Pasadena, Pomona	0	Norton	11
Fitzwilliam	England	(6, 7)	Ashmolean	3	NationalLondon	9

续表

起点博物馆	州/国家	节点位置	相似博物馆	距离	互补博物馆	距离
Fogg	MA	(3, 10)	Peabody	0	Sterling	14
Frick	NY	(8, 13)	Metropolitan	6	Metropolitan	6
Haggin	CA	(11, 12)	Jpaul	3	Norton	10
High	GA*	(4, 16)	John	4	Bob	11
Hood	NH*	(11, 12)	Bowdoin	3	Worcester	10
Huntington	CA	(4, 10)	Fisher, Pasadena, Pomona	0	Norton	11
Indiana	IN	(3, 10)	Indianapolis	6	Indianapolis	6
Indianapolis	IN	(6, 7)	Indiana	6	Indiana	6
Iris	CA	(2, 14)	SanDiego	2	FineArtsSanFrancisco	14
Isabella	MA	(5, 10)	Longfellow, MIT	1	Sterling	12
Jpaul	CA	(10, 14)	Haggin	3	SanFranciscoModern	11
John	FL*	(5, 13)	High	4	High	4
Kimbell	TX	(3, 14)	El	5	Dallas	11
Krannert	IL	(5, 12)	David	3	Chicago	7
Longfellow	MA	(4, 10)	MIT	0	Sterling	13
LosAngeles	CA	(10, 8)	FineArtsSanFrancisco	4	SanDiego	12
Mead	MA	(6, 11)	Isabella	2	FineArtsBoston	12
Memphis	TN*	(3, 10)	Birmingham, Montgomery	0	High	7
Metropolitan	NY	(11, 16)	Frick	6	Frick	6
Minneapolis	MN	(4, 5)	Tweed	7	Tweed	7

续表

起点博物馆	州/国家	节点位置	相似博物馆	距离	互补博物馆	距离
MIT	MA	(4, 10)	Longfellow	0	Sterling	13
Montgomery	AL*	(3, 10)	Birmingham	0	High	7
Missouri	MO	(4, 10)	Nelson	5	SaintLouis	8
Contemporary	IL	(3, 9)	David	2	Chicago	12
FineArtsBoston	MA	(2, 3)	Sterling	6	Smith, Mead	12
FineArtsSpringfield	MA	(6, 8)	Worcester	1	FineArtsBoston	9
FineArtsHouston	TX	(2, 6)	El	6	Kimbell	9
NationalLondon	England	(11, 3)	Wallace	3	Fitzwilliam	9
NationalWashington	DC*	(1, 1)	Chrysler	5	Virginia	13
Ireland	Ireland*	(11, 5)	Wallace	1	Dulwich	10
Nelson	MO	(4, 5)	SaintLouis	3	Missouri	5
NewJersey	NJ	(4, 10)	Princeton	8	Princeton	8
NewOrleans	LA*	(10, 10)	Portland	2	Arizona	4
NorthCarolina	NC*	(7, 14)	Virginia	4	Columbia, Memphis	8
Norton	CA	(7, 2)	FineArtsSanFrancisco	5	Timken	14
Pasadena	CA	(4, 10)	Pomona, Fisher, Huntington	0	Norton	11
Peabody	MA	(3, 10)	Fogg	0	Sterling	14
Philadelphia	PA	(4, 2)	Carnegie	3	Bucknell	9
Pomona	CA	(4, 10)	Pasadena, Fisher, Huntington	0	Norton	11
Portland	OR*	(12, 11)	Timken	1	Norton	13

续表

起点博物馆	州/国家	节点位置	相似博物馆	距离	互补博物馆	距离
Rhode	RI*	(12, 11)	Fogg, Peabody	3	Sterling	11
Ruth	CA	(3, 10)	Fisher, Huntington, Pasadena, Pomona	1	FineArtsSan Francisco	11
SaintLouis	MO	(6, 4)	Nelson	3	Missouri	8
SanDiego	CA	(2, 16)	Iris	2	LosAngeles	12
SanFranciscoModern	CA	(3, 8)	Ruth	2	Jpaul	13
Seattle	WA*	(4, 10)	Portland	4	Portland	4
Smith	MA	(8, 9)	FineArts Springfield	3	FineArtsBoston	12
NewEngland	MA	(3, 12)	Fogg, Peabody	2	Sterling	12
Spencer	KS*	(3, 10)	Missouri	1	SaintLouis	9
Sterling	MA	(9, 2)	FineArtsBoston	6	Fogg, Peabody	14
Taft	OH	(6, 11)	Canton	2	Toledo	9
Timken	CA	(1, 10)	Ruth	2	Norton	14
Toledo	OH	(4, 4)	Allen	4	Cleveland	9
Tweed	MN	(2, 10)	Minneapolis	7	Minneapolis	7
Arizona	AZ*	(2, 10)	Ruth	1	Norton	13
Virginia	VA	(8, 11)	Chrysler	6	Chrysler	6
Wadsworth	CT	(5, 13)	Yale	9	Yale	9
Walker	England	(8, 9)	Ashmolean	0	NationalLondon	9
Wallace	England	(11, 6)	NationalLondon	3	Dulwich	11
Walters	MD	(2, 6)	Baltimore	2	Baltimore	2

续表

起点博物馆	州/国家	节点位置	相似博物馆	距离	互补博物馆	距离
Worcester	MA	(6, 7)	FineArts Springfield	1	NewEngland	8
Yale	CT	(2, 7)	Wadsworth	9	Wadsworth	9

说明：* 表示该州或国家只有一所博物馆，需要在相邻的州或国家寻找最相似或最互补的博物馆。AL虽然有两所博物馆，但是映射到相同的节点，因此也需要在相邻的州寻找最互补的博物馆。

二　基于特定主题的博物馆推荐研究

某些游客对于特定的主题（例如风景、人物、静物或花草等）具有专门的偏好。为了向其推荐感兴趣的博物馆，生成博物馆名称、地点、主题及各博物馆藏品涉及不同主题的次数的列数据，并导入树图工具。依次按主题、博物馆地点、博物馆名称分类，背景说明、标签大小与颜色均设置为各博物馆藏品涉及不同主题的次数，如图8—11（a）。

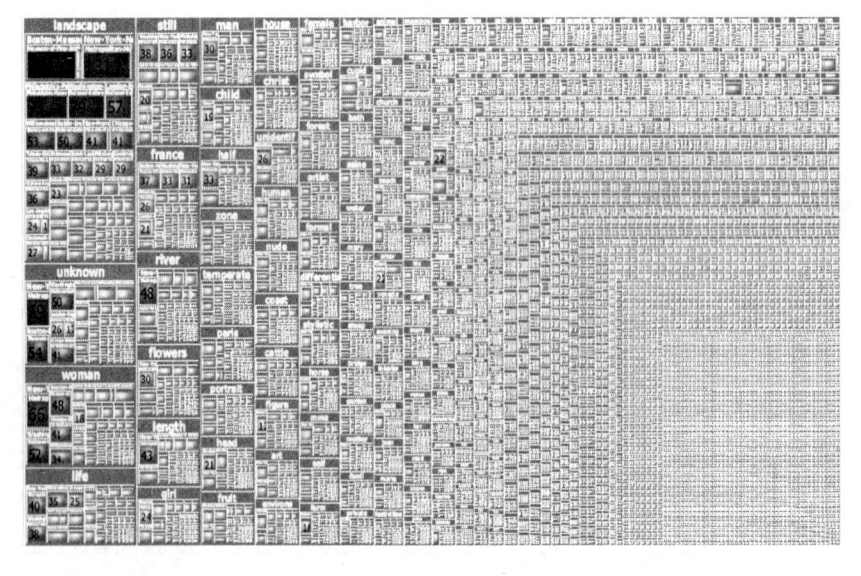

图 8—11（a）　主题在博物馆中的分布 Treemap 输出

为了更清晰地显示前 15 个主题在博物馆中的分布，从前述博物馆藏品数据中筛选出现次数最多的前 15 个主题，将其分布显示在图 8—11（b）中。

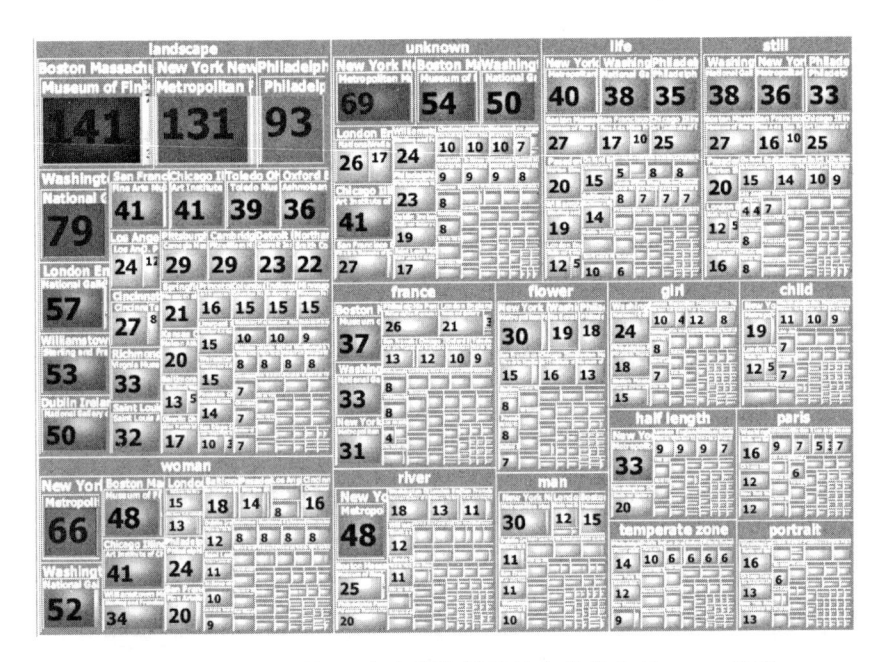

图 8—11（b）　前 15 个主题在博物馆中的分布 Treemap 输出

鉴于 length 在主题中通常与 full、half 或 three quarter 组合使用，分别表示作品系全长、半长或四分之三长度，单独的 length 并无实际含义，因此在图 8—11（b）中未显示 length 在博物馆中的分布，而是将 half 改为 half length，代表半长。鉴于 Temperate 总是与 zone 连用，表示温带，因此将这两个词合并成一个词组。

将前 15 个主题在博物馆中的分布情况归纳至表 8—10。

表 8—10 显示，被调查的博物馆藏品中的热门主题依次为风景、女性、生活、静物、法国、河流、花、男性、女孩、儿童、温带、巴黎与肖像。由于本章的数据集为法国艺术家在博物馆中的藏品，因此热门主题中出现法国与巴黎，这说明，法国艺术家喜爱创作与本国相关的作品，而与女性相关的作品多于与男性相

关的作品，甚至有不少关于女孩这一细类的作品。在作品尺寸方面，最常见的是半长。游览者可以根据其主题偏好选择对应的博物馆进行游览。

表 8—10　　　　　前 15 个主题在博物馆中的分布情况

主题	博物馆	地点	藏品数量
Landscape（风景）	Museum of Fine Arts	Boston, Massachusetts	141
	Metropolitan Museum of Art	New York, New York	131
	Philadelphia Museum of Art	Philadelphia, Pennsylvania	93
Woman（女性）	Metropolitan Museum of Art	New York, New York	66
	National Gallery of Art	Washington District of Columbia	52
	Museum of Fine Arts	Boston, Massachusetts	48
Unknown（未知）	Metropolitan Museum of Art	New York, New York	69
	Museum of Fine Arts	Boston, Massachusetts	54
	National Gallery of Art	Washington District of Columbia	50
Life（生活）	Metropolitan Museum of Art	New York, New York	40
	National Gallery of Art	Washington District of Columbia	38
	Philadelphia Museum of Art	Philadelphia, Pennsylvania	35
Still（静物）	National Gallery of Art	Washington District of Columbia	38
	Metropolitan Museum of Art	New York, New York	36
	Philadelphia Museum of Art	Philadelphia, Pennsylvania	33
France（法国）	Museum of Fine Arts	Boston, Massachusetts	37
	National Gallery of Art	Washington District of Columbia	33
	Metropolitan Museum of Art	New York, New York	31

续表

主题	博物馆	地点	藏品数量
River（河流）	Metropolitan Museum of Art	New York, New York	48
	Museum of Fine Arts	Boston, Massachusetts	25
	Philadelphia Museum of Art	Philadelphia, Pennsylvania	20
Flower（花）	Metropolitan Museum of Art	New York, New York	30
	National Gallery of Art	Washington District of Columbia	19
	Philadelphia Museum of Art	Philadelphia, Pennsylvania	18
Man（男性）	Metropolitan Museum of Art	New York, New York	30
	Museum of Fine Arts	Boston, Massachusetts	15
	National Gallery	London, England	12
Girl（女孩）	National Gallery of Art	Washington District of Columbia	24
	Philadelphia Museum of Art	Philadelphia, Pennsylvania	18
	Museum of Fine Arts	Boston, Massachusetts	15
Child（儿童）	Metropolitan Museum of Art	New York, New York	19
	National Gallery	London, England	12
	Fine Arts Museums of San Francisco	San Francisco, California	11
Half length（半长）	Metropolitan Museum of Art	NewYork, NewYork	33
	National Gallery of Art	Washington District of Columbia	20
	National Gallery	London, England	9
Temperate zone（温带）	Philadelphia Museum of Art	Philadelphia, Pennsylvania	14
	Metropolitan Museum of Art	NewYork, NewYork	12
	National Gallery of Ireland	Dublin, Ireland	10

续表

主题	博物馆	地点	藏品数量
Paris（巴黎）	National Gallery of Art	Washington District of Columbia	16
	ArtInstitute of Chicago	Chicago, Illinois	12
	Metropolitan Museum of Art	New York, New York	12
Portrait（肖像）	National Gallery of Art	Washington District of Columbia	16
	ArtInstitute of Chicago	Chicago, Illinois	13
	Metropolitan Museum of Art	New York, New York	13

第七节　小结

本章建立了一套博物馆藏品特征分析的方法体系，其研究内容包括博物馆的藏品概况的可视化分析、艺术家的专长与特征识别、面向艺术家偏好的博物馆游览推荐以及面向主题偏好的博物馆游览推荐。利用统计学与信息可视化方法，包括树图与自组织映射方法，对 Getty 研究所的法国艺术家数据库中覆盖的 90 所美国、英国与爱尔兰等国的博物馆的 7000 多件藏品、1000 多位艺术家与 3000 多个主题进行了可视化分析，揭示了博物馆藏品所涉及的艺术家构成与主题结构。为了方便博物馆的游览者迅速全面地了解艺术家的专长与特征，对艺术家作品的主题、材质、尺寸等特征进行了可视化分析，勾勒出若干重要艺术家在这些特征上的表现与分布，有助于游览者据此选择感兴趣的艺术家及其作品分布的博物馆进行游览。

为了建立一套较为完整的博物馆游览推荐机制，将游览者对艺术家的偏好分为三种，即倾向于继续游览类似的艺术家作品的博物馆、倾向于游览互补的艺术家作品的博物馆以及倾向于游览特定艺术家作品的博物馆。由于博物馆涉及的艺术家数量众多，普通的统计分析方法并不能揭示这种高维数据，鉴于此，针对前两种艺术家偏好，采用自组织映射方法将被调查的博物馆按照其涉及的艺术家范围映射到低维的 SOM 输出空间，将 U-matrix 应用于背景颜色，根据各博物馆映射到 SOM 节点之间的几何位置的邻近性以及 U-matrix 值，为每所博物馆找到地理位置最近且最相似或最互补的博物馆，向游览者推荐。针对第三种艺术家偏好，利用树图揭示不同艺术家作品在博物馆中的分布，并根据前述关于艺术家的专长与特征分析的结果，给出不同艺术家擅长的作品主题、材质与尺寸，供游览者选择。

此外，从主题角度，同样将游览者对主题的偏好分为三种，即倾向于继续游览类似主题的博物馆、倾向于游览主题互补的博物馆以及倾向于游览特定主题的博物馆。利用 SOM 方法，为每所博物馆找出地理位置最近且主题最相似或最互补的博物馆，向游览者推荐。针对第三种主题偏好，利用树图揭示不同主题在博物馆中的分布，方便游览者选择感兴趣的博物馆进行游览。

其研究发现有助于游览者全面迅速地了解被调查博物馆的藏品特征以及法国艺术家作品的相关知识。在充分了解的基础上，以最省时省力的方式，就近选择感兴趣的博物馆进行游览。

第九章

总结及展望

科研文化机构作为国家科技创新与文化交流的主体,其公开出版物与文化知识储藏具有丰富的内容与很高的价值。对这些文献与藏品的主题可视化挖掘,有助于科研资助与文化管理机构从整体上把握学科发展与文化传播和交流的现状,帮助科研文化机构更好地了解自身所处的地位、优势与不足;有助于新进入的研究者与广大公众更好地了解科研文化机构的主题特征,采取相应的求学、求职、游览等决策。

科研文化机构的主题特征可视化挖掘是一项复杂烦琐的任务。这一方面是因为科研文化机构的主题表征载体的丰富性与多样性,另一方面是因为科研文化机构主题挖掘的角度与内容颇为繁杂。研究者需要厘清分析的目的与用途,选择恰当的研究对象与分析单元,利用各种可视化知识发现的方法与工具来实现其目标。

本书建立了一套科研文化机构的主题可视化挖掘的方法体系,将科研机构的主题分析归纳为科研机构研究领域的可视化比较、科研机构对新兴与热点主题的贡献度分析、科研机构的研究领域演化分析等若干任务。在科研机构研究领域的可视化比较方面,以中美图书馆学情报学科研机构为研究对象,利用自组织映射、多维标度、自定义的综合成分图等方法,对被调查的科研机构进行了主题聚类分析,发现潜在的国内外合作机构,识别被调查机构的热点与特色研究领域,并揭示了对热点研究领域做出主要贡献的科研机构。

在科研机构对新兴与热点主题的贡献度可视化分析方面,建立了一套区分主题的新兴与热点程度并加权的方法。以中美图情领域的科研机构为例,演示了该方法如何结合树图来量化并可视化地显示科研机构对新兴与热点主题的贡献度的过程。在科研机构的研究领域演化分析方面，将科研机构的公开出版物数据划分为若干时间段，利用树图显示科研机构研究领域的演化过程。

最后，在文化机构的主题可视化挖掘方面，以艺术博物馆为例，建立了一套博物馆藏品特征，包括藏品数量、艺术家专长、主题内容等方面的分析方法，构建了面向艺术家偏好与主题偏好的博物馆游览推荐机制。其研究发现有助于公众更好地了解各艺术博物馆的藏品特征与相关艺术家的专长特点，对于激发公众的艺术博物馆游览兴趣，选择感兴趣且有价值的博物馆进行游览具有重要意义与借鉴价值。

本书的不足之处在于：关于新兴主题的识别还缺乏比较研究，后续笔者将继续利用其他方法与工具，如 VOSviewer 来识别新兴主题，与现有的根据分类号的引入时间所识别的新兴主题进行比较。此外，在科研机构的潜在合作机构识别方面，后续将利用非相关文献的知识发现方法找出分别属于不同的机构聚类但存在主题联系的潜在合作机构。科研机构的专利主题可视化挖掘也将包括在未来的研究内容之中。

附 录

附录1 被调查的中美图情科研机构列表

机构名称	标签
Catholic University of America - School of Library and Information Science	CathU
CUNY-Queens College - Graduate School of Library and Information Studies	QueeC
Drexel University - College of Information Science and Technology	Drexel
Emporia State University - School of Library and Information Management	EmpoSt
Florida State University - College of Information	FlorSt
Indiana University-Bloomington-School of Library and Information Science	IndiU
Kent State University-School of Library and Information Science	KentSt
Long Island University-Brookville (Palmer) - Palmer School of Library and Information Science	LongIslaU
Louisiana State University-Baton Rouge-School of Library and Information Science	LouiSt
North Carolina Central University-School of Library and Information Sciences	NCaroCentU
Pratt Institute - School of Information and Library Science	PratI
Rutgers, the State University of New Jersey, School of Communication and Information	Rutg
San Jose State University-School of Library and Information Science	SanJoseSt
Simmons College - Graduate School of Library and Information Science	SimmC
St. John's University - Division of Library and Information Science	StJohnU
Syracuse University - School of Information Studies	SyraU
Texas Woman's University - School of Library and Information Studies	TexaWomaU
University at Albany-SUNY - Department of Information Studies	UAlbany

续表

机构名称	标签
University at Buffalo-SUNY - Department of Library and Information Studies	UBuff
University of Alabama - School of Library and Information Studies	UAlabama
University of Arizona - School of Information Resources and Library Science	UAriz
University of California-Los Angeles - Department of Information Studies	UCLA
University of Hawaii-Manoa - Library and Information Science Program	UHawa
University of Illinois Urbana Champaign School of Library and Information Science	UIUC
University of Iowa - School of Library and Information Science	UIowa
University of Kentucky - School of Library and Information Science	UKent
University of Maryland-College Park - College of Information Studies	UMary
University of Michigan-Ann Arbor - School of Information	UMich
University of Missouri - School of Information Science and Learning Technologies	UMiss
University of North Carolina Chapel Hill - School of Information and Library Science	UNCaroChap
University of North Carolina-Greensboro - Department of Library and Information Studies	UNCaroGree
University of North Texas - School of Library and Information Sciences	UNTexa
University of Oklahoma - School of Library and Information Studies	UOkla
University of Pittsburgh - School of Information Sciences	UPitt
University of Rhode Island - Graduate School of Library and Information Studies	URhodIsla
University of South Carolina - School of Library and Information Science	USCaro
University of South Florida - School of Library and Information Science	USFlor
University of Tennessee-Knoxville - School of Information Sciences	UTenn

续表

机构名称	标签
University of Texas-Austin - School of Information	UTexaAust
University of Washington - The Information School	UWash
University of Wisconsin-Madison - School of Library and Information Studies	UWMadi
University of Wisconsin-Milwaukee - School of Information Studies	UWMilw
Wayne State University - School of Library and Information Science	WaynStU
安徽大学管理学院	$AnhuiU_{CN}$
北京大学信息管理系	BJU_{CN}
北京理工大学管理与经济学院	$BJInstTech_{CN}$
北京师范大学管理学院	$BJNormU_{CN}$
东北师范大学传媒科学学院	$NENormU_{CN}$
东南大学经济管理学院	SEU_{CN}
复旦大学管理学院	$FudanU_{CN}$
广西民族大学管理学院	$GXNatiU_{CN}$
河北大学管理学院	$HebeiU_{CN}$
黑龙江大学信息管理学院	$HLJU_{CN}$
华东师范大学商学院	$ECNormU_{CN}$
华南师范大学经济与管理学院	$SCNormU_{CN}$
华中师范大学信息管理系	$CCNormU_{CN}$
吉林大学管理学院	$JilinU_{CN}$
江苏大学管理学院	$JiangsU_{CN}$
兰州大学管理学院	$LanzhU_{CN}$
辽宁师范大学管理学院	$LiaonNormU_{CN}$
南昌大学信息工程学院	$NancU_{CN}$

续表

机构名称	标签
南京大学信息管理学院	NJU_{CN}
南京理工大学经济管理学院	$NJUST_{CN}$
南京农业大学信息科技学院	$NJAgriU_{CN}$
南开大学商学院	$NankU_{CN}$
山东大学管理学院	$ShandU_{CN}$
山西大学管理学院	$ShanxU_{CN}$
上海大学管理学院	$ShanghU_{CN}$
上海交通大学安泰经济与管理学院	$ShanghJTU_{CN}$
四川大学公共管理学院	$SichU_{CN}$
天津大学管理与经济学部	$TianjU_{CN}$
天津工业大学管理学院	$TianjPolyU_{CN}$
天津师范大学管理学院	$TJNormU_{CN}$
同济大学经济与管理学院	$TongjU_{CN}$
武汉大学信息管理学院	$WuhanU_{CN}$
西安电子科技大学经济管理学院	$XidianU_{CN}$
西安交通大学管理学院	$XianJTU_{CN}$
西南大学计算机与信息科学学院	SWU_{CN}
湘潭大学公共管理学院	$XiangtU_{CN}$
云南大学公共管理学院	$YunnU_{CN}$
浙江大学公共管理学院	$ZhejU_{CN}$
郑州大学信息管理系	$ZhenzhU_{CN}$
中国农业大学经济管理学院	$CAgriU_{CN}$
中国人民大学信息资源管理学院	$CRenminU_{CN}$

续表

机构名称	标签
中南大学商学院	ZhongnU$_{CN}$
中山大学资讯管理学院	SunYSU$_{CN}$
重庆大学经济与工商管理学院	ChongqU$_{CN}$

附录2 被调查的博物馆名称、地点和标签对照表

博物馆名称	地点	名称标签	地点标签
Allen Memorial Art Museum	Oberlin, Ohio	Allen	OH
Allentown Art Museum	Allentown, Pennsylvania	Allentown	PA
Art Institute of Chicago	Chicago, Illinois	Chicago	IL
Art Museum, Princeton University	Princeton, NewJersey	Princeton	NJ
Ashmolean Museum of Art and Archaeology	Oxford, England	Ashmolean	England
Baltimore Museum of Art	Baltimore, Maryland	Baltimore	MD
Birmingham Museum of Art	Birmingham, Alabama	Birmingham	AL
Bob Jones University Collection of Sacred Art	Greenville, South Carolina	Bob	SC
Bowdoin College Museum of Art	Brunswick, Maine	Bowdoin	ME
Bucknell University	Lewisburg, Pennsylvania	Bucknell	PA
Canton Museum of Art	Canton, Ohio	Canton	OH
Carnegie Museum of Art	Pittsburgh, Pennsylvania	Carnegie	PA
Chrysler Museum	Norfolk, Virginia	Chrysler	VA
Cincinnati Art Museum	Cincinnati, Ohio	Cincinnati	OH
Cleveland Museum of Art	Cleveland, Ohio	Cleveland	OH

续表

博物馆名称	地点	名称标签	地点标签
Columbia Museum of Art	Columbia, South Carolina	Columbia	SC
Columbus Museum of Art	Columbus, Ohio	Columbus	OH
Crocker Art Museum	Sacramento, California	Crocker	CA
Dallas Museum of Art	Dallas, Texas	Dallas	TX
David and Alfred Smart Museum of Art	Chicago, Illinois	David	IL
Davis Museum and Cultural Center	Wellesley, Massachusetts	Davis	MA
Denver Art Museum	Denver, Colorado	Denver	CO
Detroit Institute of the Arts	Detroit, Michigan	Detroit	MI
Dulwich Picture Gallery	London, England	Dulwich	England
El Paso Museum of Art	ElPaso, Texas	El	TX
Fine Arts Museums of San Francisco	SanFrancisco, California	FineArtsSanFrancisco	CA
Fisher Gallery, University of Southern California	LosAngeles, California	Fisher	CA
Fitzwilliam Museum	Cambridge, England	Fitzwilliam	England
Fogg Art Museum, Harvard University Art Museums	Cambridge, Massachusetts	Fogg	MA
Frick Collection	NewYork, NewYork	Frick	NY
Haggin Museum	Stockton, California	Haggin	CA
High Museum of Art	Atlanta, Georgia	High	GA
Hood Museum of Art	Hanover, NewHampshire	Hood	NH
Huntington Library, Art Collections and Botanical Gardens	SanMarino, California	Huntington	CA

续表

博物馆名称	地点	名称标签	地点标签
Indiana University Art Museum	Bloomington, Indiana	Indiana	IN
Indianapolis Museum of Art	Indianapolis, Indiana	Indianapolis	IN
Iris and B. Gerald Cantor Center for Visual Arts at Stanford University	Stanford, California	Iris	CA
Isabella Stewart Gardner Museum	Boston, Massachusetts	Isabella	MA
J. Paul Getty Museum	LosAngeles, California	Jpaul	CA
John and Mable Ringling Museum of Art	Sarasota, Florida	John	FL
Kimbell Art Museum	FortWorth, Texas	Kimbell	TX
Krannert Art Museum	Champaign, Illinois	Krannert	IL
Longfellow National Historic Site	Cambridge, Massachusetts	Longfellow	MA
Los Angeles County Museum of Art	LosAngeles, California	LosAngeles	CA
Mead Art Museum, Amherst College	Amherst, Massachusetts	Mead	MA
Memphis Brooks Museum of Art	Memphis, Tennessee	Memphis	TN
Metropolitan Museum of Art	NewYork, NewYork	Metropolitan	NY
Minneapolis Institute of Arts	Minneapolis, Minnesota	Minneapolis	MN
MIT Museum	Cambridge, Massachusetts	MIT	MA
Montgomery Museum of Fine Arts	Montgomery, Alabama	Montgomery	AL
Museum of Art and Archaeology, University of Missouri	Columbia, Missouri	Missouri	MO
Museum of Contemporary Art	Chicago, Illinois	Contemporary	IL

续表

博物馆名称	地点	名称标签	地点标签
Museum of Fine Arts	Boston, Massachusetts	FineArtsBoston	MA
Museum of Fine Arts	Springfield, Massachusetts	FineArtsSpringfield	MA
Museum of Fine Arts	Houston, Texas	FineArtsHouston	TX
National Gallery	London, England	NationalLondon	England
National Gallery of Art	Washington, District of Columbia	NationalWashington	DC
National Gallery of Ireland	Dublin, Ireland	Ireland	Ireland
Nelson Atkins Museum of Art	KansasCity, Missouri	Nelson	MO
New Jersey State Museum	Trenton, New Jersey	NewJersey	NJ
New Orleans Museum of Art	New Orleans, Louisiana	NewOrleans	LA
North Carolina Museum of Art	Raleigh, North Carolina	NorthCarolina	NC
Norton Simon Museum	Pasadena, California	Norton	CA
Pasadena Historical Museum	Pasadena, California	Pasadena	CA
Peabody Essex Institute	Salem, Massachusetts	Peabody	MA
Philadelphia Museum of Art	Philadelphia, Pennsylvania	Philadelphia	PA
Pomona College Museum of Art, Montgomery Art Center	Claremont, California	Pomona	CA
Portland Art Museum	Portland, Oregon	Portland	OR
Rhode Island School of Design, Museum of Art	Providence, Rhode Island	Rhode	RI
Ruth Chandler Williamson Gallery, Scripps College	Claremont, California	Ruth	CA
Saint Louis Art Museum	Saint Louis, Missouri	SaintLouis	MO

续表

博物馆名称	地点	名称标签	地点标签
San Diego Museum of Art	SanDiego, California	SanDiego	CA
San Francisco Museum of Modern Art	SanFrancisco, California	SanFranciscoModern	CA
Seattle Art Museum	Seattle, Washington	Seattle	WA
Smith College Museum of Art	Northampton, Massachusetts	Smith	MA
Society for the Preservation of New England Antiquities	Boston, Massachusetts	NewEngland	MA
Spencer Museum of Art	Lawrence, Kansas	Spencer	KS
Sterling and Francine Clark Institute	Williamstown, Massachusetts	Sterling	MA
Taft Museum	Cincinnati, Ohio	Taft	OH
Timken Museum of Art	San Diego, California	Timken	CA
Toledo Museum of Art	Toledo, Ohio	Toledo	OH
Tweed Museum of Art	Duluth, Minnesota	Tweed	MN
University of Arizona Museum of Art	Tucson, Arizona	Arizona	AZ
Virginia Museum of Fine Arts	Richmond, Virginia	Virginia	VA
Wadsworth Atheneum	Hartford, Connecticut	Wadsworth	CT
Walker Art Gallery	Liverpool, England	Walker	England
Wallace Collection	London, England	Wallace	England
Walters Art Gallery	Baltimore, Maryland	Walters	MD
Worcester Art Museum	Worcester, Massachusetts	Worcester	MA
Yale University Art Gallery	NewHaven, Connecticut	Yale	CT

参考文献

1. Allen, S. Don R. Swanson, "Information Science Pioneer, 1924-2012", *UChicago News*, December 6th, 2012. [2012-12-06]. http://news.uchicago.edu/article/2012/12/06/don-r-swanson-information-science-pioneer-1924-2012.

2. An, L., & Yu, C., "Self-organizing maps for competitive technical intelligence analysis", *International Journal of Computer Information Systems and Industrial Management Applications*, Vol. 4, No. 1, 2012.

3. An, L., Yu, C., & Li, G., "Visual topical analysis of Chinese and American Library and Information Science research institutions", *Journal of Informetrics*, Vol. 8, No. 1, 2014.

4. An, L., Zhang, J., & Yu, C., "The visual subject analysis of library and information science journals with self-organizing map", *Knowledge Organization*, Vol. 38, No. 4, 2011.

5. *Apply to join iSchools* [2015-01-18]. http://ischools.org/members/apply-to-join/.

6. *Arrowsmith System* [2015-03-17]. http://en.wikipedia.org/wiki/Arrowsmith_System#cite_note-1.

7. *Arrowsmith* [2015-03-17]. http://arrowsmith.psych.uic.edu/arrowsmith_uic/index.html.

8. *Artificial Neural Network* [2015-03-16]. http://en.wikipedia.org/wiki/Artificial_neural_network.

9. Asahi, T., Turo, D., & Shneiderman, B., "Using Treemaps to visualize the analytic hierarchy process", *Information Systems Research*,

Vol. 6, No. 4, 1995.

10. Baldacchino, G., "Replacing materiality A western anthropology of sand", *Annals of Tourism Research*, Vol. 37, No. 3, 2010.

11. Bassecoulard, E., & Zitt, M., "Indicators in a research institute: A multi-level classification of journals", *Scientometrics*, Vol. 44, No. 3, 1999.

12. Bederson, B. B., Shneiderman, B., & Wattenberg, M., "Orded and quantum treemaps: Making effective use of 2D space to display hierarchies", *ACM Transactions on Graphics*, Vol. 21, No. 4, 2002.

13. Bekhuis, T., "Conceptual biology, hypothesis discovery, and text mining: Swanson's legacy", *Biomedical Digital Library*, Vol. 3, No. 2, 2006.

14. Berg, M., Speckmann, B., & Weele, V., *Treemaps with bounded aspect ratio*, In Proceedings of the 22nd International Symposium on Algorithm Analysis and Computation, Yokohama, Japan, December 5-8, 2011.

15. *Best Graduate School-Library and Information Studies* [2011-12-31]. http://grad-schools.usnews.rankingsandreviews.com/best-graduate-schools/search.result/program+top-library-information-science-programs/top-library-information-science-programs+y.

16. Blank, C. D., Pottenger, W. M., Kessler, G. D., Herr, M., Jaffe, H., Roy, S., Gevry, D., & Wang, Q., *CIMEL: Constructive, Collaborative inquiry-based multimedia e-learning*, In Proceedings of the Sixth Annual Conference on Innovation and Technology in Computer Science Education (ITiCSE), June 2001.

17. Blei, D. M., & Lafferty, J. D., "A correlated topic model of science", *Annals of Applied Statistics*, Vol. 1, No. 1, 2007.

18. Blei, D. M., & Lafferty, J. D., *Dynamic topic models*, In Proceedings of the 23rd International Conference on Machine Learning (ICML'06), New York: ACM, 2006.

19. Blei, D. M., Ng, A. Y., & Jordan, M. I., Journal of Machine

Learning Research, Vol. 3, No. 4-5, 2003.

20. Blessinger, K., & Hrycaj, P., "Highly cited articles in library and information science: An analysis of content and authorship trends", *Library & Information Science Research*, Vol. 32, No. 2, 2010.

21. Borg, I., Groenen, P., *Modern Multidimensional Scaling: Theory and Applications* (2nd ed.), New York: Springer-Verlag, 2005.

22. Börner, K., Chen, C., & Boyack, K., "Visualizing knowledge domains", *Annual Review of Information Science and Technology*, Vol. 37, No. 1, 2003.

23. Boyack, K. W., "Indicator-assisted evaluation and funding of research: Visualizing the influence of grants on the number and citation counts of research papers", *Journal of the American Society for Information Science and Technology*, Vol. 54, No. 5, 2003.

24. Boyack, K. W., "Using detailed maps of science to identify potential collaborations", *Scientometrics*, Vol. 79, No. 1, 2009.

25. Boyack, K. W., & Börner, K., "Indicator-assisted evaluation and funding of research: Visualizing the influence of grants on the number and citationcounts of research papers", *Journal of the American Society for Information Science and Technology*, Vol. 54, No. 5, 2003.

26. Boyack, K. W., Klavans, R., & Börner, K., "Mapping the backbone of science", *Scientometrics*, Vol. 64, No. 3, 2005.

27. Bruls, M., Huizing, K. & van Wijk, J. J., "Squarified treemaps", In W. de Leeuw & R. van Liere, eds, *Data Visualization 2000: Proceedings of Joint Eurographics and IEEE TCVG Symposium on Visualization*, Berlin / Heidelberg: Springer-Verlag, 2000.

28. Bruns, A., Burgess, J., Highfield, T., Kirchhoff, L., & Nicolai, T., "Mapping the Australian Networked Public Sphere", *Social Science Computer Review*, Vol. 29, No. 3, 2011.

29. Callon, M., Law, J., & Rip, A., *Mapping the dynamics of science and technology*, London: The MacMillan Press Ltd., 1986.

30. Cataldi, M., Caro, L. D., & Schifanella, C., "Personalized e-

merging topic detection based on a term aging model", *ACM Transactions on Intelligent Systems and Technology*, Vol. 5, No. 1, 2013.

31. Chan, C. S., "Can style be measured?", *Design Studies*, Vol. 21, No. 3, 2000.

32. Chen, C., "Searching for intellectual turning points: Progressive knowledge domain visualization", *Proceedings of the National Academy of Sciences of the United States of America*, Vol. 101, No. 1, 2004.

33. Chen, C., "CiteSpace II: Detecting and visualizing emerging trends and transient patterns in scientific literature", *Journal of the American Society for Information and Science and Technology*, Vol. 57, No. 3, 2006.

34. Chen, C., Ibekwe-SanJuan, F., & Hou, J., "The structure and dynamics of co-citation clusters: A multiple-perspective co-citation analysis", *Journal of American Society for Information Science and technology*, Vol. 61, No. 7, 2010.

35. Chen, H., Schuffels, C. & Orwig, R., "Internet categorization and search: A machine learning approach", *Journal of Visual Communication and Image Representation*, Vol. 7, No. 1, 1996.

36. Chen, Y. & Liu, Z., *Co-authorship on management science in China*, Proceedings of the 10th Internationai Conference of the Internationai Society for Scitometrics and Informetrics, Stockhoim, Sweden: Karoiinska Unversity Press, 2005.

37. Chu, P. T. D., "Gustave Courbet's Venus and Psyche: Uneasy Nudity in Second-Empire France", *Art Journal*, Vol. 51, No. 1, 1992.

38. Cohen, H., & Lefebvre, C., *Handbook of Categorization in Cognitive Science*, Oxford: Elsevier, 2005.

39. Cole, B. D., "Monticelli", *The Collector and Art Critic*, Vol. 2, No. 14, 1900.

40. Courtial, J. P., "A co-word analysis of scientometrics", *Scientometrics*, Vol. 31, No. 3, 1994.

41. Cunningham, C. C., "Some Corot paintings in the museum's collection", *Bulletin of the Museum of Fine Arts*, Vol. 34, No. 206, 1936.

42. Daigle, R. J., & Arnold, V., "An analysis of the research productivity of AIS faculty", *International Journal of Accounting Information Systems*, Vol. 1, No. 2, 2000.

43. Dalpe, R., Gauthier, E., Lppersiel, M. P., *The State of Nanotechnology Research: Report to the National Research Council of Canada*, 1997.

44. D'Andrea, A., Ferri, F, & Grifoni, P., "An overview of methods for virtual social network analysis", In Abraham, Ajith et al., *Computational Social Network Analysis: Trends, Tools and Research Advances. Berlin: Springer*, 2009.

45. *DataV Treemap* [2015-02-22]. http://datavlab.org/datavjs/#treemap.

46. Davidson, G. S., Hendrickson, B., Johnson, D. K., Meyers, C. E., & Wylie, B. N., "Knowledge Mining with Vxinsight: Discovery through Interaction", *Journal of Intelligent Information System*, Vol. 11, No. 3, 1998.

47. Deerwester, S., Dumais, S. T., Furnas, G. W., Landauer, T. K., & Harshman, R., "Indexing by latent semantic analysis", *Journal of the American Society for Information Science*, Vol. 41, No. 6, 1999.

48. Ding, Y., Chowdhury, G. G., & Foo, S., "Bibliometrics cartography of information retrieval research by using co-word analysis", *Information Processing and Management*, Vol. 37, No. 6, 2001.

49. Donahue, N. J., *Decorative Modernity and Avant-Garde Classicism in Renoir's Late Work*, 1892-1919, New York: Doctoral Dissertation of New York University.

50. Dunne, C., Shneiderman, B., Dorr, B., & Klavans, J., *iOpener Workbench: Tools for rapid understanding of scientific literature*, In Human-Computerinteraction Lab 27th Annual Symposium University of Maryland, College Park, MD [2010-05-27]. ftp://ftp.umiacs.umd.edu/pub/bonnie/iOPENER-5-27-2010.pdf.

51. Dunne, C., Shneiderman, B., Gove, R., Klavans, J., & Dorr,

B., *Rapid understanding of scientific paper collections: Integrating statistics, text analysis, and visualization*, University of Maryland, Human-Computer Interaction Lab Tech Report HCIL-2011, 2011.

52. *Engineering Village* [2013-01-05]. http://www.engineeringvillage.com/controller/servlet/Controller? CID = quickSearch & database = 1.

53. Fischer, F., Fuchs, J. & Mansmann, F., *ClockMap: Enhancing circular Treemaps with temporal glyphs for time-series data*, Proceedings of Eurographics Conference on Visualization, 2012.

54. *Getty Research Institute* [2015-02-26]. http://en.wikipedia.org/wiki/Getty_Research_Institute.

55. Giere, W., & Dettmer, H., *Free text classification and retrieval based on a thesaurus: Eight years of experience at the Johann-Wolgang-Goethe University, Medical School*, Proceedings of Annual Symposium Computer Application Medical Care, Oct. 26, 1986.

56. Girolami, M. & Kaban, A., *On an equivalence between PLSI and LDA*, In Proceedings of SIGIR 2003, New York: Association for Computing Machinery, 2003.

57. Glänzel, W., & Schubert, A., "A new classification scheme of science fields and subfields designed for scientometric evaluation purposes", *Scientometrics*, Vol. 56, No. 3, 2003.

58. Glänzel, W., DeBackere, K., & Meyer, M., " 'Triad' or 'tetrad'? On global changes in a dynamic world", *Scientometrics*, Vol. 74, No. 1, 2008.

59 Glänzel, W., Thijs, B., "Using 'core documents' for detecting and labelling new emerging topics", *Scientometrics*, Vol. 91, No. 2, 2012.

60. Glänzel, W., Thijs, B., Schubert, A., & DeBackere, K., "Subfield-specific normalized relative indicators and a new generation of relational charts: Methodological foundations illustrated on the assessment of institutional research performance", *Scientometrics*, Vol. 78, No. 1, 2009.

61. Good, L., Popat, A. C., Janssen, W. C., & Bier, E., *A fluid*

treemap interface for personal digital libraries, Research and Advanced Technology for Digital Libraries, *Lecture Notes in Computer Science*, Vol. 3652, 2005.

62. Griffith, D. A., Cavusgil, S. T., & Xu, S., "Emerging themes in international business research", *Journal of International Business Studies*, Vol. 39, No. 7, 2008.

63. Havre, S., Hetzler, E., Whitney, P., & Nowell, L., "ThemeRiver: Visualizing thematic changes in large document collections", *IEEE Transactions on Visualization and Computer Graphics*, Vol. 8, No. 1, 2002.

64. Hayes, P. J., & Weinstein, S. P., *Construe-TIS: A system for content-based indexing of a database of news stories*, Proceedings of Annual Conference on Innovative Application, 1990.

65. *Hierarchical Clustering* [2015-03-16]. http://en.wikipedia.org/wiki/Hierarchical_ clustering#cite_ note-1.

66. Hoang, L. M., *Emerging Trend Detection from Scientific Online Documents* [2007-08-01]. http://www.jaist.ac.jp/library/thesis/ks- do ctor-2006/ paper/ hoangle/ paper.pdf.

67. Horn, M. S., Tobiasz, M., & Shen, C., *Visualizing biodiversity with Voronoi Treemaps*, In Proceedings of Sixth Annual International Symposium on Voronoi Diagrams in Science and Engineering, Copenhagen, Denmark, June 2009.

68. Huang, Z., Chen, H., Chen, Z. K., & Roco, M. C., "International nanotechnology development in 2003: Country, institution, and technology field analysis based on USPTO patent database", *Journal of Nanoparticle Research*, Vol. 6, No. 4, 2004.

69. *iSchools Directory* [2015-01-03]. http://ischools.org/members/directory/.

70. Johnson, B., & Shneiderman, B., *Treemaps: A space-filling approach to the visualization of hierarchical information structures*, Proceedings of the IEEE Conference on Visualization, San Diego, CA, Oct. 22-25, 1991, American: IEEE Press, 1991.

71. Khan, M. S., Coenen, F., Reid, D., Patel, R., & Archer, L., "A sliding windows based dual support framework for discovering emerging trends from temporal data", *Knowledge Based Systems*, Vol. 23, No. 4, 2010.

72. Klavans, R., & Boyack, K. W., "Quantitative evaluation of large maps of science", *Scientometrics*, Vol. 68, No. 3, 2006.

73. Klavans, R., & Boyack, K. W., "Thought leadership: A new indicator for national and institutional comparison", *Scientometrics*, Vol. 75, No. 2, 2008.

74. Klavans, R., & Boyack, K. W., "Toward an objective, reliable and accurate method for measuring research leadership", *Scientometrics*, Vol. 82, No. 3, 2010.

75. *K-means Clustering* [2015-03-16]. http://en.wikipedia.org/wiki/K-means_clustering.

76. Kohonen, T., *Self-Organizing Maps* (3rd ed.), Berlin: Springer, 2001.

77. Kontostathis, A., De, I., Holzman, L. E., & Pottenger, W. M., *Use of term clusters for emerging trend detection*, Technical Report, Lehigh University, 2004.

78. Kontostathis, A., Galitsky, L. M., Pottenger, W. M., Roy, S., & Phelps, D. J., "A survey of emerging trend detection in textual data mining", In M. W. Berry, eds., *Survey of Text Mining*, New York: Springer, 2004.

79. *Latent Dirichlet Allocation* [2015-03-18]. http://en.wikipedia.org/wiki/Latent_Dirichlet_allocation#cite_note-blei2003-1.

80. Law, J., Bauin, S., Courtial, J. P., & Whittaker, J., "Policy and the mapping of scientific change: A co-word analysis of research into environmental acidification", *Scientometrics*, Vol. 25, No. 14, 1988.

81. Lee, W. H., "How to identify emerging research fields using scientometrics: An example in the field of Information Security", *Scientometrics*, Vol. 76, No. 3, 2008.

82. Lent, B., Agrawal, R., & Srikant, R., *Discovering trends in text database*, Proceedings of Knowledge Discovery and Data Mining (KDD-97), 1997.

83. Lin C., Chen, H. & Nunamaker, J. F., "Verifying the proximity hypothesis for self-organizing maps", *Journal of Management Information System*, Vol. 16, No. 3, 2000.

84. *Literature-Based Discovery* [2015-03-17]. http://en.wikipedia.org/wiki/Literature-based_ discovery#cite_ note-2.

85. Loos, W., Te Rijdt, R. J., & Van Heteren, M. (eds.), *On Country Roads and Fields: The Depiction of the 18th- and 19th Century Landscape*. Amsterdam: Rijksmuseum, 1997.

86. Lumer, E. D., & Faieta, B., *Diversity and adaptation in populations of clustering ants*, In Proceedings of the 3rd International Conference on Simulation of Adaptive Behavior: From Animals to Animals, 1994.

87. *MAchine Learning for LanguagE Toolkit* [2015-03-18]. http://mallet.cs.umass.edu/index.php.

88. *Macrofocus. Treemap* [2013-04-10]. http://www.treemap.com/.

89. *Mahout* [2015-03-18]. https://mahout.apache.org/users/clustering/latent-dirichlet-allocation.html.

90. Malcolm, C., Knighting, K., Forbatm L., & Kearney, N., "Prioritisation of future research topics for children's hospice care by its key stakeholders: A Delphi study", *Palliative Medicine*, Vol. 23, No. 5, 2009.

91. Mammo, Y., "Rebirth of library and information science education in Ethiopia: Retrospectives and prospectives", *The International Information & Library Review*, Vol. 43, No. 2, 2011.

92. Marghescu, D., *User evaluation of multidimensional data visualization techniques for financial benchmarking*, Proceedings of the European Conference on Information Management and Evaluation, 2007.

93. Mark, D. M., Skupin, A., & Smith, B., "Features, objects, and other things: Ontological distinctions in the geographic domain", In D.

R. Montello (ed.) , *Lecture Notes in Computer Science* (Vol. 2205) *Spatial Information Theory*: *Foundations of Geographic Information Science*, Berlin: Springer-Verlag, 2001.

94. *Matlab*: *The Language of Technical Computing* [2015-03-16]. http: //www. mathworks. com/products/matlab/.

95. Matsumura, M. N., Matsuo, Y., Ohsawa, Y., & Ishizuka, M., "Discovering emerging topics from WWW", *Journal of Contingencies and Crisis Management*, Vol. 10, No. 2, 2002.

96. Mawhinney, T. C., "Total quality management and organizational behavior management: An integration for continual improvement", *Journal of Applied Behavior Analysis*, Vol. 25, No. 3, 1992.

97. *Microsoft Academic Search* [2015-03-12]. http: //academic. research. microsoft. com/.

98. Ministry of Education of China., *Discipline Directory of Degree Granting and Talent Cultivation* [2013-12-31]. http: //www. moe. gov. cn/ publicfiles/business/htmlfiles/moe/moe834/201104/116439. html.

99. Moed, H. F., Moya-Anegón, F., López-Illescas, C., & Visser, M., "Is concentration of university research associated with better research performance?" *Journal of Informetrics*, Vol. 5, No. 4, 2011.

100. Morris, S. A., Yen, G., "Timeline visualization of research fronts", *Journal of the American Society for Information Science and Technology*, Vol. 55, No. 5, 2003.

101. Narin, F., Pinski, G. & Gee, H. H., "Structure of the biomedical literature", *Journal of the American Society for Information Science*, Vol. 27, No. 1, 1976.

102. Noyons E. C. M., "Bibliometrics Mapping of science in a science policy context", *Scientometrics*, Vol. 50, No. 1, 2001.

103. Pinheiro, C. A. R., *Social Network Analysis in Telecommunications*, Hoboken: John Wiley and Sons, 2011.

104. Piwowarski, B., Amini, M. R., & Lalmas, M., "On using a quantum physics formalism for multidocument summarization", *Journal of*

the American Society for Information Science and Technology, Vol. 63, No. 5, 2012.

105. Plug-and-Play Macroscopes [2015-03-12]. http: //ivl. cns. iu. edu/km/pres/2010-borner-ecsp3. pdf.

106. Porter, A. L., & Detampel, M. J., "Technology opportunities analysis", Technological Forecasting and Social Change, Vol. 49, No. 3, 1995.

107. Pottenger, W. M., Kim, Y. B., and Meling, D. D., $HDDI^{TM}$: Hierarchical Distributed Dynamic Indexing [2007-08-01]. http: //www. dimacs. rutgers. edu/~billp/pubs/HDDIFinalChapter. pdf.

108. Price, D. J., "Networks of Scientific Papers", Science, Vol. 149, No. 3683, 1965.

109. Pritchard, A., "Statistical bibliography or bibliometrics", Journal of Documentation, Vol. 25, No. 4, 1969.

110. Rana, R., "Research trends in library and information science in India with a focus on Panjab University Chandigarh", The International Information & Library Review, Vol. 43, No. 1, 2011.

111. Rauber, A., Merkl, D., & Dittenbach, M., "The growing hierarchical self-organizing map: Exploratory analysis of high-dimensional data", IEEE Transactionson Neural Networks, Vol. 13, No. 6, 2002.

112. Read, H., The Meaning of Art, London: Faber, 1931.

113. Reid, E. F., & Chen, H., "Mapping the contemporary terrorism research domain", International Journal of Human - Computer Studies, Vol. 65, No. 1, 2007.

114. Rios-Berrios, M., Sharma, P., Lee, T. Y., Schwartz, R., & Shneiderman, B., "TreeCovery: Coordinated dual treemap visualization for exploring the Recovery Act", Government Information Quarterly, Vol. 29, No. 2, 2012.

115. Robinson, P. J., "Ice and snow in paintings of Little Ice Age winters", Weather, Vol. 60, No. 2, 2005.

116. Rojas, W. A. C., & Villegas, C. J. M., "Graphical representa-

tion and exploratory visualization for decision trees in the KDD Process", Proceedings of the 2nd International Conference on Integrated Information (IC - ININFO 2012), Budapest, Hungary, August 30 - September 3, 2012, Vol. 73.

117. Rokach, L., & Maimon, O., "Clustering methods", In Maimon, O. and Rokach, L. (eds.), *Data Mining and Knowledge Discovery Handbook*, New York: Springer, 2005.

118. Roy, S., Gery, D., & Pottenger, W. M., *Methodologies for Trend Detection in Textual Data Mining* [2007-08-01]. http://dimacs. rutgers. edu/billp/pubs/ETD Methodologies. pdf.

119. *SAS* [2015-03-16]. http://www. sas. com/zh_ cn/home. html.

120. Schreiber, A. T., Akkermans, H., Anjewierden, A., Dehoog, R., Shadbolt, N., Vandevelde, W., & Wielinga, B., *Knowledge Engineering and Management: The Common KADS Methodology* (1st ed.), Cambridge, MA: The MIT Press, 2000.

121. Schult, R., & Spiliopoulou, M., "Discovering emerging topics in unlabelled text collections", In Manolopoulos, Y., Pokorny, J. & Sellis, T. (eds.), *Advances in Databases and Information Systems*, Lecture Notes in Computer Science, Berlin: Springer, Vol. 4152, 2006.

122. Sci^2 Team., *Science of Science (Sci^2) Tool. Indiana University and SciTech Strategies* [2009-12-31]. https://sci2. cns. iu. edu.

123. Sethi, B. B., & Panda, K. C., "Growth and nature of international LIS research: Analysis of two journals", *The International Information & Library Review*, Vol. 44, No. 2, 2012.

124. Shen, J., Yao, L., Li, Y., Clarke, M., Gan, Q., Fan, Y., Zhong, D. Li, Y., Gou, Y., , & Wang, L., "Visualization studies on evidence-based medicine domain knowledge (series 1): Mapping of evidence-based medicine research subjects", *Journal of Evidence - Based Medicine*, Vol. 4, No. 2, 2011.

125. Shen, J., Yao, L., Li, Y., Clarke, M., Gan, Q., Fan, Y.,

Li, Y., Gou, Y., Zhong, D., & Wang, L., "Visualization studies on evidence-based medicine domain knowledge (series 2): Structural diagrams of author networks", *Journal of Evidence - Based Medicine*, Vol. 4, No. 2, 2011.

126. Shibata, N., Kajikawa, Y., Takeda, Y., Matsushima K., "Detecting emerging research fronts based on topological measures in citation networks of scientific publications", *Technovation*, Vol. 28, No. 11, 2008.

127. Shneiderman, B. & Wattenberg, M., *Ordered treemap layouts*, Proceedings of the IEEE Symposium on Information Visualization, San Diego, October 2001.

128. Skupin, A., "Discrete and continuous conceptualizations of science: Implications for knowledge domain visualization", *Journal of Informetrics*, Vol. 3, No. 3, 2009.

129. Skupin, A., "On geometry and transformation in map-like information visualization", In K. Börner, & C. Chen (eds.), Lecture Notes in Computer Science (Vol. 2539), *Visual Interfaces to Gigital Libraries*, Berlin, Germany: Springer-Verlag, 2002.

130. Small, H., "Tracking and predicting growth areas in science", *Scientometrics*, Vol. 68, No. 3, 2006.

131. Small, H. G. & Griffith, B. C., "The structure of scientific literatures I: Identifying and graphing specialties", *Science Studies*, Vol. 4, No. 1, 1974.

132. *SOM_Norm_Variable* [2012-12-31]. http://www.cis.hut.fi/somtoolbox/package/docs2/som_ norm_ variable. html.

133. Staw, B. M., Sandelands, L. E., Dutton, J. E., "Threat-rigidity effects in organizational behavior: A multilevel analysis", *Administrative Science Quarterly*, Vol. 26, No. 4, 1981.

134. Stegmann, J., & Grohmann, G., "Hypothesis generation guided by co-word clustering", *Scientometrics*, Vol. 56, No. 1, 2003.

135. Sugimoto, C. R., Pratt, J. A., & Hauser, K., "Using field cocitation analysis to assess reciprocal and shared impact of LIS/MIS fields",

Journal of the American Society for Information Science and Technology, Vol. 59, No. 9, 2008.

136. Swanson, D. R., "Fish oil, Raynaud's syndrome, and undiscovered public knowledge", *Perspectives in Biology and Medicine*, Vol. 30, No. 1, 1986.

137. Swanson, D. R., "Migraine and magnesium: Eleven neglected connections", *Perspectives in Biology and Medicine*, Vol. 31, No. 4, 1988.

138. Takahashi, T., Tomioka, R., & Yamanishi, K., "Discovering emerging topics in social streams via link-anomaly detection", *IEEE Transactions on Knowledge and Data Engineering*, Vol. 26, No. 1, 2014.

139. *The Getty Research Institute database of French artists* [2015-02-19]. http://www.getty.edu/research/.

140. Thomson Reuters, *ISI web of knowledge* [2011-12-31]. http://www.isiwebofknowledge.com.

141. Titus, M. A., "No college student left behind: The influence of financial aspects of a state's higher education policy on college completion", *Review of Higher Education*, Vol. 29, No. 3, 2006.

142. *Topicmodels: Topic models* [2015-03-18]. http://cran.r-project.org/web/packages/topicmodels/index.html.

143. Torgerson, W. S., "Multidimensional scaling: I. Theory and method", *Psychometrika*, Vol. 17, 1952.

144. *Transinsight. GoPubMed* [2011-12-31]. http://www.gopubmed.org.

145. *Treemapping* [2015-02-22]. http://en.wikipedia.org/wiki/Treemapping.

146. Ultsch, A., *Self-organizing neural networks for visualization and classification*, In Proceedings of Conference of Society for Information and Classification, Dortmund, Germany, 1992.

147. Ultsch, A., & Siemon, H. P., *Kohonen's self organizing feature maps for exploratory data analysis*, In Proceedings of International Neural Network Conference. Dordrecht, Netherlands: Kluwer Press, 1990.

148. *Unsupervised Learning* [2015-03-16]. http://en. wikipedia. org/wiki/Unsupervised_ learning.

149. US News & World Report, *Best Graduate School-Library and Information Studies* [2013-01-15]. http://grad-schools. usnews. rankingsandreviews. com/best-graduate-schools/search. result/program+top-library-information-science-programs/top-library-information-science-programs+y.

150. Vliegen, R., van der Linden, E. & vanWijk, J. J., "Visualizing business data with generalized Treemaps", *IEEE Transactions on Visualization and Computer Graphics*, Vol. 12, No. 5, 2006.

151. *VOSviewer* [2015-03-11]. http://www. vosviewer. com/Highlights.

152. Wallach, H. M., *Topic modeling: beyond bag-of-words*, In Proceedings of the 23rd International Conference on Machine Learning (ICML' 06), New York: ACM, 2006.

153. Wareham, J. D., Busquets, X. & Austin, R. D., "Creative, convergent, and social: Prospects for mobile computing", *Journal of Information Technology*, Vol. 24, No. 2, 2009.

154. Wattenberg, M., "A Note on space-filling visualizations and space-filling curves", *IEEE Symposium on Information Visualization*, October 23-25, 2005.

155. *Weka 3: Data Mining Software in Java* [2015-03-16]. http://www. cs. waikato. ac. nz/ml/weka/.

156. White, D., "Pathfinder networks and author cocitation analysis", *Journal of the American Society for Information Science and Technology*, Vol. 54, No. 5, 2003.

157. White, H. D. & McCain, K. W., "Visualization of Literatures", *Annual Review of Information Science and Technology*, Vol. 32, 1997.

158. Wickenden, R. J., *Charles-François Daubigny, Painter and Etcher*, Boston: Museum of Fine Arts, 1914.

159. Winston, A. M., "Law firm knowledge management: A selected annotated bibliography", *Law Library Journal*, Vol. 106, No. 2, 2014.

160. *Word Frequency Counter* [2015-02-27]. http://www.writewords.org.uk/word_count.asp.

161. *Yahoo*! [2015-02-20]. http://www.yahoo.com/.

162. Yan, E., & Ding, Y., "Scholarly network similarities: How bibliographic coupling networks, citation networks, cocitation networks, topical networks, coauthorship networks, and coword networks relate to each other", *Journal of the American Society for Information Science and Technology*, Vol. 63, No. 7, 2012.

163. Yang, Y., & Pedersen, J. O., *A comparative study on feature selection in text categorization*, Proceedings of the Fourteenth International Conference on Machine Learning (ICML'97), 1997.

164. Zhang, J., *Visualization for Information Retrieval*, Berlin: Springer, 2008.

165. Zhang, J., An, L., Tang, T., & Hong, Y., "Visual health subject directory analysis based on users' traversal activities", *Journal of the American Society for Information Science and Technology*, Vol. 60, No. 10, 2009.

166. Zhang, J., & An, L., "Visual component plane analysis for the medical subjects based on a transaction log", *Canadian Journal of Information and Library Science*, Vol. 34, No. 1, 2010.

167. Zhang, X., & Li, Y., *Self-organizing map as a new method for clustering and data analysis*, Proceedings of International Joint Conference on Neural Networks, Vol. 3, 1993.

168. 安璐:《学术期刊主题可视化研究》,武汉大学出版社2011年版。

169. 安璐、李纲:《国外图书情报类期刊热点主题及发展趋势研究》,《现代图书情报技术》2010年第9期。

170. 安璐、余传明、杨书会、李纲:《国内图书馆学情报学科研机构研究领域的可视化挖掘》,《情报资料工作》2013年第4期。

171. 安璐、张进、李纲：《自组织映射用于数据分析的方法研究》，《情报学报》2009年第5期。

172. 边茜：《面向期刊论文的知识挖掘研究》，硕士学位论文，河北大学，2014年。

173. 曹福勇、詹佳佳：《基于共词聚类的国外图书馆学博士学位论文研究热点分析》，《中山大学研究生学刊》（社会科学版）2010年第3期。

174. 曹玲、杨静、夏严：《国内竞争情报领域研究论文的共词聚类分析》，《情报科学》2010年第6期。

175. 陈贵梧：《图书情报学的国际研究态势：基于2000—2009年SSCI研究性论文的实证分析》，《中国图书馆学报》2011年第1期。

176. 陈立新、刘则渊、梁立明：《力学各分支学科研究前沿和发展趋势的可视化分析》，《情报学报》2009年第5期。

177. 成纬：《柯罗风景油画研究》，硕士学位论文，苏州大学，2007年。

178. 崔凯、周斌、贾焰、梁政：《一种基于LDA的在线主题演化挖掘模型》，《计算机科学》2010年第11期。

179. 崔雷：《专题文献高频主题词的共词聚类分析》，《情报理论与实践》1996年第19期。

180. 《大都会艺术博物馆》（http://zh.wikipedia.org/wiki/%E5%A4%A7%E9%83%BD%E6%9C%83%E8%97%9D%E8%A1%93%E5%8D%9A%E7%89%A9%E9%A4%A8）。

181. 董士海：《人机交互的进展及面临的挑战》，《计算机辅助设计与图形学学报》2004年第1期。

182. 范秀萍：《博物馆研究文献计量与知识图谱分析》，《情报探索》2014年第1期。

183. 范云满、马建霞、曾苏：《基于知识图谱的领域新兴主题研究现状分析》，《情报杂志》2013年第9期。

184. 范云满、马建霞：《利用LDA的领域新兴主题探测技术综述》，《现代图书情报技术》2012年第12期。

185.《方正 Apabi 艺术博物馆数据库开通试用》（http：//www. library. nenu. edu. cn：8080/wordpress/？p＝833）。

186. 冯克坚、唐际根：《博物馆陈列的主题与主题的表达》，《殷都学刊》2014 年第 3 期。

187. 冯璐、冷伏海：《共词分析方法理论进展》，《中国图书馆学报》2006 年第 2 期。

188."弗朗索瓦·布歇"，2015 年 3 月 9 日（http：//zh. wikipedia. org/wiki/%E5%BC%97%E6%9C%97%E7%B4%A2%E7%93%A6%C2%B7%E5%B8%83%E6%AD%87）。

189. 高启新、吴祖凯：《温州博物馆婴戏馆藏品赏析》，《文物鉴定与鉴赏》2012 年第 6 期。

190. 高雪竹：《高校科技合著网络创新机制与策略研究》，硕士学位论文，哈尔滨工业大学，2012 年。

191. 郭春侠、叶继元：《基于共词分析的国外图书情报学研究热点》，《图书情报工作》2011 年第 20 期。

192. 韩客松：《中文全文标引的主题词标引和主题概念标引方法》，《情报学报》2001 年第 2 期。

193. 韩涛：《知识结构演化深度分析的方法及其实现》，博士学位论文，中国科学院文献情报中心，2008 年。

194. 韩永青：《高校图书馆学科知识服务可视化研究——学科思维导图绘制》，《情报科学》2011 年第 8 期。

195. 侯海燕：《科学计量学知识图谱》，大连理工大学出版社 2008 年版。

196. 侯剑华、陈悦：《战略管理学前沿演进可视化研究》，《科学学研究》2007 年第 S1 期。

197. 侯剑华、刘则渊：《纳米技术研究前沿及其演化的可视化分析》，《科学学与科学技术管理》2009 年第 5 期。

198. 侯素芳、汤建民、朱一红、余丰民：《2000—2011 年中国图情研究主题的"变"与"不变"——以〈图书情报工作〉刊发的论文为样本》，《图书情报工作》2013 年第 10 期。

199. 侯治平、袁勤俭、朱庆华、宗乾进：《国际电子服务领域研究热点及主题演化分析》，《科技管理研究》2014 年第 17 期。

200. 胡阿沛、张静、雷孝平、张晓宇：《生物燃料电池技术专利计量分析》，《全球科技经济瞭望》2013 年第 8 期。

201. 胡德华、王蕊：《信息检索研究的知识图谱探析》，《图书馆杂志》2015 年第 1 期。

202. 胡海荣、赵丽红：《2002—2007 年浙江省图书情报学研究论文的文献计量分析》，《图书馆研究与工作》2008 年第 4 期。

203. 胡云飞：《浅论博物馆藏品研究与陈展质量的提升》，《赤子》2013 年第 10 期。

204. 黄锐、闫雷：《利用 Weka 挖掘白血病与基因的关系》，《中华医学图书情报杂志》2015 年第 1 期。

205. 黄晓斌：《我国图书馆、情报与文献学研究热点的发展——近年来国家社会科学基金立项项目的分析》，《情报资料工作》2003 年第 1 期。

206. 黄晓燕：《情报领域研究热点透视——情报领域论文关键词词频分析（1999—2003）》，《图书与情报》2005 年第 6 期。

207. 吉亚力、田文静、董颖：《基于关键词共现和社会网络分析法的我国智库热点主题研究》，《情报科学》2015 年第 3 期。

208. 教育部：《普通高等学校本科专业目录（2012 年）》，2013 年 1 月 6 日（http：//www.moe.gov.cn/ewebeditor/uploadfile/2012/10/12/20121012084054830.doc）。

209. 揭水平：《多维标度法的聚类分析：问题与解法》，《统计与决策》2009 年第 11 期。

210. 金现夏：《林风眠和马蒂斯的画风比较分析》，硕士学位论文，中央美术学院，2010 年。

211. 晋浩天：《2013 年度中国科技论文统计结果发布》，《光明日报》2014 年 10 月 29 日。

212. "居斯塔夫·库尔贝"，2015 年 3 月 9 日（http：//zh.wikipedia.org/wiki/%E5%B1%85%E6%96%AF%E5%A1%94%E5%A4%AB%C2%B7%E5%BA%93%E5%B0%94%E8%B4%9D）。

213. 赖茂生、王琳、李宇宁：《情报学前沿领域的调查与分析》，《图书情报工作》2008 年第 3 期。

214. 赖茂生、王琳、杨文欣、李宇宁：《情报学前沿领域的确定与讨论》，《图书情报工作》2008 年第 3 期。

215. 李东、黎璨、李继学：《中国信息系统理论研究现状和发展趋势：2000—2009》，《情报学报》2011 年第 11 期。

216. 李纲、吴瑞：《国内近十年竞争情报领域研究热点分析——基于共词分析》，《情报科学》2011 年第 9 期。

217. 李进、刘瑞碌、于伟、赵洋：《作者科研合作网络构建及影响分析——以〈复杂系统与复杂性科学〉期刊为例》，《复杂系统与复杂性科学》2014 年第 3 期。

218. 李鹏：《Thomson Data Analyzer 软件介绍》，《专利文献研究》2008 年第 2 期。

219. 李婷婷：《图书情报学领域中的知识管理研究综述》，《四川图书馆学报》2011 年第 4 期。

220. 李伟：《大城市旅游流网络结构构建与分析——以武汉市为例》，硕士学位论文，华中师范大学，2013 年。

221. 李湘东、张娇、袁满：《基于 LDA 模型的科技期刊主题演化研究》，《情报杂志》2014 年第 33 卷第 7 期。

222. 李雅、黄亚娟、杨明明、陈玉林：《知识图谱方法科学前沿进展实证分析——以动物肠道纤维素酶基因工程研究为例》，《情报学报》2012 年第 5 期。

223. 李长玲、翟雪梅：《基于硕士学位论文的我国图书馆学与情报学研究热点分析》，《情报科学》2008 年第 7 期。

224. 廖胜姣：《科学知识图谱绘制工具：SPSS 和 TDA 的比较研究》，《图书馆学研究》2011 年第 3 期。

225. 林葳：《延伸的空间——艾德华·威亚尔〈公园〉饰板组研究》，硕士学位论文，桃园："国立"中央大学，2010 年。

226. 刘丹青：《论返璞归真的地学博物馆及其主题公园的空间艺术设计——以石头记大观园设计策划为例》，《大众文艺》2014 年第 6 期。

227. 刘菁、董菁、韩骏：《基于科学知识图谱的国内移动学习演进与前沿热点分析》，《中国电化教育》2012 年第 2 期。

228. 刘勘、周晓峥、周洞汝：《数据可视化的研究与发展》，《计算机工程》2002 年第 8 期。

229. 刘利、宋歌、袁曦临、常娥：《论文合著视角下的科研机构合作网络测度分析——以我国电信学科为例》，《现代情报》2014 年第 1 期。

230. 刘孝文：《试论我国图书馆学研究热点及走向——基于国家社科基金课题指南和研究生培养方向的分析》，《情报资料工作》2007 年第 1 期。

231. 刘洋、张博特、郑洪新、刘树春：《基于文献的肾虚专题核心研究者与学术团队分析》，《中国中医药信息杂志》2011 年第 12 期。

232. 卢纹岱、朱一力、沙捷：《SPSS for windows 从入门到精通》，电子工业出版社 1997 年版。

233. 陆伟、彭玉、陈武：《基于 SOM 的领域热点主题探测》，《现代图书情报技术》2011 年第 1 期。

234. 陆妍梅：《地方综合性博物馆陈列展览主题的表达》，《文艺生活·文海艺苑》2014 年第 12 期。

235. 马费成、宋恩梅：《我国情报学研究分析：以 ACA 为方法》，《情报学报》2006 年第 3 期。

236. 马费成、张勤：《国内外知识管理研究热点——基于词频的统计分析》，《情报学报》2006 年第 2 期。

237. 苗红、刘海丽、黄鲁成、娄岩：《基于专利合作网络的北京国际科技合作分析》，《情报杂志》2014 年第 10 期。

238. "尼古拉·普桑"，2015 年 3 月 9 日（http：//zh. wikipedia. org/wiki/%E5%B0%BC%E5%8F%A4%E6%8B%89%C2%B7%E6%99%AE%E6%A1%91）。

239. 庞进：《凤凰博物馆的主题策划与展示方式》，《文博》2010 年第 4 期。

240. "皮埃尔·奥古斯特·雷诺阿"，2015年3月8日（http：//zh.wikipedia.org/wiki/%E7%9A%AE%E8%80%B6-%E5%A5%A7%E5%8F%A4%E6%96%AF%E7%89%B9%C2%B7%E9%9B%B7%E8%AB%BE%E7%93%A6#cite_note-1）。

241. 秦长江、侯汉清：《知识图谱——信息管理与知识管理的新领域》，《大学图书馆学报》2009年第1期。

242. 邱均平、王学东、王碧云：《中国研究生教育及学科专业评价报告：2011—2012》，科学出版社2011年版。

243. 邱均平、温芳芳：《近五年来图书情报学研究热点与前沿的可视化分析》，《中国图书馆学报》2011年第3期。

244. 邱均平、祖旋、郭丽琳、肖婷婷：《机构知识库的研究现状及其发展趋势的可视化分析》，《情报理论与实践》2015年第1期。

245. 史忠植：《知识发现》，清华大学出版社2002年版。

246. 宋洪伟、薄学：《锦州将建化石博物馆数据库》，《国土资源》2013年第10期。

247. 苏新宁：《图书馆、情报与文献学研究热点与趋势分析（2000—2004）——基于CSSCI的分析》，《情报学报》2007年第3期。

248. 孙海生：《国内图书馆情报研究机构科研产出及合作状况研究》，《情报杂志》2012年第2期。

249. 唐晓波、王洪艳：《基于潜在狄利克雷分配模型的微博主题演化分析》，《情报学报》2013年第3期。

250. 田野：《网络时代数字化博物馆数据库整合架设探讨》，《博物馆研究》2009年第4期。

251. 王金龙、徐从富、耿雪玉：《基于概率图模型的科研文献主题演化研究》，《情报学报》2009年第3期。

252. 王立霞、淮晓永：《基于语义的中文文本关键词提取算法》，《计算机工程》2012年第1期。

253. 王凌燕、方曙：《Q测度法对探测新兴研究趋势作用的探讨》，《情报理论与实践》2010年第11期。

254. 王倩飞、宋国建、苏学、吕少妮、天永晓、朱启贞：《关键词词频分析透视 2003—2007 年情报学领域研究热点》，《情报探索》2009 年第 8 期。

255. 王素琴：《近十年来我国数字图书馆研究综述》，《现代情报》2005 年第 8 期。

256. 王伟、王丽伟、朱红：《国际信息计量学研究前沿与热点分析》，《医学信息学杂志》2010 年第 2 期。

257. 王小华、徐宁、谌志群：《基于共词分析的文本主题词聚类与主题发现》，《情报科学》2011 年第 11 期。

258. 王晓光、程齐凯：《基于 NEviewer 的学科主题演化可视化分析》，《情报学报》2013 年第 9 期。

259. 王翼、杜楠、吴斌：《复杂网络在文献信息服务中的应用及实现方法》，《数字图书馆论坛》2008 年第 6 期。

260. 王裕昌：《甘肃省博物馆建设的理论与实践》，甘肃人民出版社 2010 年版。

261. 王哲雄：《印象主义之前——西洋风景画的萌芽及其演变》，《教育科学研究期刊》1988 年第 1 期。

262. 卫军朝、蔚海燕：《基于 CiteSpace Ⅱ 的数字图书馆研究热点分析》，《图书馆杂志》2011 年第 4 期。

263. 魏群义、侯桂楠、霍然：《近 10 年国内情报学硕士学位论文研究热点统计分析》，《图书情报工作》2012 年第 2 期。

264. 魏瑞斌：《科学计量学领域科研机构合作网络演化分析》，《情报杂志》2012 年第 12 期。

265. 温光玉、唐雁、吴梦蝶、黄智兴：《基于图像上下文语义信息的场景分类方法》，《四川大学学报》（自然科学版）2013 年第 6 期。

266. 吴晓英：《国内电子商务研究热点分析》，《电子商务》2015 年第 1 期。

267. 肖明、陈嘉勇、李国俊：《基于 CiteSpace 研究科学知识图谱的可视化分析》，《图书情报工作》2011 年第 6 期。

268. 许振亮、刘则渊、葛莉、赵玉鹏:《基于知识图谱的国际生物科学与工程前沿计量研究》,《情报学报》2009 年第 2 期。

269. 杨良选、李自力、王浩:《基于 CiteSpaceII 的研究前沿可视化分析》,《情报学报》2011 年第 8 期。

270. 杨文欣、杜杏叶、张丽丽、李璐:《基于文献的情报学前沿领域调查分析》,《图书情报工作》2008 年第 3 期。

271. 杨颖、崔雷:《应用改进的共词聚类法探索医学信息学热点主题演变》,《现代图书情报技术》2011 年第 1 期。

272. 殷蜀梅:《判断新兴研究趋势的技术方法分析》,《情报科学》2008 年第 4 期。

273. 张暗、王晓瑜、崔雷:《共词分析法与文献被引次数结合研究专题领域的发展态势》,《情报理论与实践》2007 年第 3 期。

274. 张忱:《马题材收藏品国画与唐三彩市场行情解析》,《理财(收藏)》2014 年第 4 期。

275. 张果果:《图书馆学近十年来研究热点分析及趋势预测》,《新世纪图书馆》2007 年第 1 期。

276. 张敏:《基于 Treemap 的大规模商务层次数据可视化研究》,《科技传播》2010 年第 9 期(上)。

277. 张倩、潘云涛、武夷山:《基于 Web of Science 数据的图书情报学研究聚类分析》,《情报杂志》2007 年第 2 期。

278. 张勤、马费成:《国外知识管理研究范式——以共词分析为方法》,《管理科学学报》2007 年第 6 期。

279. 张勤、徐绪松:《定性定量结合的分析方法——共词分析法》,《技术经济》2010 年第 6 期。

280. 张庆国、薛德军、张振海、张君玉:《海量数据集上基于特征组合的关键词自动抽取》,《情报学报》2006 年第 5 期。

281. 张士靖、杜建、周志超:《信息素养领域演进路径、研究热点与前沿的可视化分析》,《图书情报工作》2009 年第 3 期。

282. 张巍译:《浅析印象派大师莫奈风景油画——〈日出印象〉、〈睡莲〉》,《陕西教育(高教版)》2011 年第 9 期。

283. 张昕、袁晓如:《树图可视化》,《计算机辅助设计与图形学学报》2012 年第 9 期。

284. 张云秋、高歌：《基于文献的新兴趋势探测方法的问题及对策研究》，《情报理论与实践》2011 年第 1 期。

285. 章成志：《主题聚类及其应用研究》，博士学位论文，南京大学，2007 年。

286. 章成志：《基于样本加权的文本聚类算法研究》，《情报学报》2008 年第 1 期。

287. 章成志、梁勇：《基于主题聚类的学科研究热点及其趋势监测方法》，《情报学报》2010 年第 2 期。

288. 赵蓉英、王静：《网络计量学研究热点与前沿的知识图谱分析》，《情报学报》2011 年第 4 期。

289. 赵世奇、刘挺、李生：《一种基于主题的文本聚类方法》，《中文信息学报》2007 年第 2 期。

290. 赵晓玲：《近五年来我国图书馆学基础理论研究热点问题探析》，《图书馆学刊》2008 年第 1 期。

291. 中国国防科学技术信息学会编著：《情报学进展 2004—2005 年度评论》，国防工业出版社 2006 年版。

292. 中国知网（http：//ec.cnki.net/cp&fw.html）。

293. 《中华数字书苑——艺术博物馆数据库开通使用》（http：//202.38.232.84/eresources/edetail.php? id=379）。

294. 钟伟金、李佳：《共词分析法研究（一）——共词分析的过程与方式》，《情报杂志》2008 年第 5 期。

295. 钟伟金、李佳、杨兴菊：《共词分析法研究（三）——共词聚类分析法的原理与特点》，《情报杂志》2008 年第 7 期。

296. 周爱民：《从 2006 年中文文献关键词看知识管理领域研究热点的变迁》，《现代情报》2007 年第 10 期。

297. 周金侠：《基于 CiteSpaceII 的信息可视化文献的量化分析》，《情报科学》2011 年第 1 期。

298. 周蕊蕊、李伟、胡静、洪永磊：《基于旅行社线路的城市内部旅游流结构分析》，《山东师范大学学报》（自然科学版）2013 年第 3 期。

299. 祝清松、冷伏海：《基于引文主路径文献共被引的主题演化分析》，《情报学报》2014 年第 5 期。

300.《CAMIO 艺术博物馆数据库试用通知》（http：//lib.tjutcm.edu.cn/info/5502/3057.htm）。